潘淑贞 著

东方管理学

图书在版编目(CIP)数据

东方管理学 / 潘淑贞著. -- 上海：上海财经大学出版社, 2025.7. -- ISBN 978-7-5642-4670-9

Ⅰ.C93

中国国家版本馆 CIP 数据核字第 2025VV7354 号

本书由上海财经大学浙江学院发展基金资助出版

□ 责任编辑　杨　闯
□ 封面设计　张克瑶

东方管理学

潘淑贞　著

上海财经大学出版社出版发行
(上海市中山北一路 369 号　邮编 200083)
网　　址：http://www.sufep.com
电子邮箱：webmaster@sufep.com
全国新华书店经销
浙江天地海印刷有限公司印刷装订
2025 年 7 月第 1 版　2025 年 7 月第 1 次印刷

710mm×1000mm　1/16　15.5 印张　252 千字
定价：49.80 元

前　言

管理对人类社会来说是一个永恒的话题。只要人类文明存在，管理行为就会存在，人们对管理的研究就不会停止。社会现象纷繁复杂，要抓住管理的本质，就要明白管理其实就是人与事的问题。事是由人来完成，而人又离不开文化，故而管理的方式和方法也是因人、因时、因地而异的。

当前各大高校开设的管理学课程，从其内容来说，主要讲述的是西方近代以来的管理思想和方法，准确的叫法应为"西方管理学"。为了响应"文化自信、理论自信"的号召，我们要在文化自信的基础上构建适合中国国情的管理理论。中国的文化源远流长，中国的先贤们已经在管理理论和思想方面作了详细而深入的研究。先秦时期诸子百家的思想是中国管理思想的源头，"东方管理学"课程正是立足于中国古代管理思想，尤其是诸子百家管理思想的基础上形成的。本人自10多年前开始讲授中国管理思想史、中国经济思想史、西方管理学及战略管理等系列课程，在比较不同课程及与现实生活融合的基础上，重新梳理了先秦管理思想以及包括佛学、中医学在内的其他中国古代管理思想，形成了一本通俗版的管理学教材，即这本《东方管理学》，以备当下学子及相关行业的管理工作者参考。

本书共分八章内容。

第一章　导论。本章主要从东西方文明产生的差异入手，在分析两种文明的不同特点的基础上引出它们不同的管理方式和方法。本章还叙述了中西方管理学的发展历程及其交融，以便读者更全面地了解全球范围内的管理学发展动态。

第二章　东方管理的哲学：《易经》。《易经》是中华文化的源头之一，它用宇宙观的哲学思维，从宏观的角度来预测并指导管理工作的开展。

第三章　高层管理：道家的管理思想。本章主要从高层管理者的角度出发，探讨如何从人和自然的高度去制定相应的战略目标和方针策略。

第四章　中层管理：儒家的管理思想。儒家主要从中层管理者的视角探讨人与人的问题，即从人的角度去探讨人际关系以及人伦关系问题。作为管理工作的重要执行人，中层管理者的素质和能力尤其重要，而儒家管理思想尤其适合中层管理者。

第五章　管理的制度性：法家的管理思想。法家思想既有礼法并重者，也有道法相融者，还有严刑重法者，均体现了管理的制度性，本章对此都作了详细的叙述，方便读者进行对比分析。

第六章　管理的物质性：墨家的管理思想。本章主要从基层管理人员（平民）的角度探讨管理内容。墨家的"交相利，兼相爱"的口号体现了管理的物质性，本章对此也进行了相关探讨。

第七章　管理的利他性：佛家的管理思想。本章从中国佛学几个具有代表性的人物入手，从其思想的角度探讨了组织存在的意义及价值。

第八章　东方管理系统的护卫：中医的管理思想。如果把东方管理学作为一个系统，中医思想就是维护这个系统顺利运作的护卫者，中医中的顺道观、整体观及预防观都对管理有完美的诠释。

本书的写作经历了4年左右的时间。由于中国传统管理思想内容广博，加之自己学养有限，写作时屡想中止。但是出于对传承中国传统优秀思想的强烈愿望，最终还是坚持了下来——哪怕自己的研究不够成熟、不够深刻，但只要形成一个系统，至少可以让更多的人认识到中国优秀传统文化和思想在管理方面并非一片空白。

希望本书的出版可以让更多的人明白管理学存在东西分野，而不是唯有西方一家。当然，由于学识有限，该书肯定还存在诸多问题，欢迎各位同仁不吝指正。希望能与大家一起为中国优秀的管理思想和文化的传承努力奋斗。

目 录
Contents

第一章　导论 1
　　第一节　溯本归源:中西文化起源　2
　　第二节　管理学的学科发展及东方管理学的学科意义　11

第二章　东方管理的哲学:《易经》 27
　　第一节　《易经》的基本知识　28
　　第二节　《易经》的基本内容　38
　　第三节　《易经》在管理中的运用　53

第三章　高层管理:道家的管理思想 59
　　第一节　道家思想的起源　60
　　第二节　道家的管理哲学　62
　　第三节　老子的管理思想　68
　　第四节　庄子的管理观　78

第四章　中层管理:儒家的管理思想 92
　　第一节　儒家思想背景　93
　　第二节　孔子的管理思想　94
　　第三节　孟子的管理思想　112
　　第四节　荀子的管理思想　119

第五章 管理的制度性:法家的管理思想 130
第一节 管仲的管理思想 131
第二节 商鞅的管理思想 146
第三节 慎到的管理思想 152
第四节 韩非子的管理思想 159

第六章 管理的物质性:墨家的管理思想 171
第一节 墨家思想的起源 172
第二节 墨家的政治理念与经济思想 177
第三节 墨家的军事、教育观 181
第四节 墨家的人才观与制度观 185

第七章 管理的利他性:佛家的管理思想 190
第一节 佛家概说 191
第二节 佛家的人性论 195
第三节 佛家的组织思想 198
第四节 顿悟观:慧能的管理思想 203

第八章 东方管理系统的护卫:中医的管理思想 210
第一节 中医的起源及其发展 211
第二节 中医的顺道观 217
第三节 中医的整体系统观 221
第四节 中医的思辩观 226
第五节 中医的预防观 230

参考文献 235

第一章

导 论

学习要点

1. 了解东西文明的起源。
2. 熟悉东西文明的不同特点。
3. 了解中西文明间的交融史。
4. 了解并掌握西方管理学的发展过程。
5. 了解并掌握东方管理学的发展史。
6. 了解东方管理学的学习方法与内容结构。

管理是人类活动和文明的产物。管理学是研究人类活动一般规律的科学,时代背景不同,环境特征不同,管理活动的规律就会表现出不同的特征。管理的实质是协调组织中的不同成员在不同时空的活动以有效地实现组织的目标。

管理的对象是人和事,事就是活动,而任何活动都需要人来执行,故而管理的核心离不开"人"这个主体。因此,管理的本质就是对人的行为进行协调。由于人具有自然性和社会性的特点,因此管理也具有自然属性和社会属性。自然属性是指管理活动是一种客观存在的行为,而社会属性则是指管理的主体"人"具有时代性和社会性一面。在不同的时代和社会,人的思想会产生不同的行为,从而导致管理的方式和方法产生相应的变化。西方管理学也同样认为管理具有技术性和艺术性的特点。

管理是文明的产物,因此也同样具有文明的特点。当今世界存在着不同的文明和文化,其中又以东方与西方两大主要文明为主流。东西管理的差异还得从中西文明的差异说起,从其文明的起源去探究。

第一节　　溯本归源:中西文化起源

一、人与自然的关系

人是地球上万物的一部分,地球上的人类犹如树木,每一个族群都在自己的区域内经过漫长的时间结出了不同的文明果实。而不同地区的气候和地理位置所能种的果子和口味是有差异的。例如,中国最好的苹果产自北方,而南方却能产荔枝、杨梅等水果。同理,由于人类文明起源地点的不同,自然会产生文化差异。产生于不同地域的文明,它们所展现出来的人类行为和特征都有所差异。东方文明主要以中国为代表,西方文明的起源通常是以古希腊、古罗马为中心。

二、中西文明起源的差异

(一)东方文明的起源

中华文明源远流长。毛泽东同志说:"一个民族能在很长的时间内保存下来,是有理由的,就是因为有其长处及其特点。"[1]黑格尔也说过,"假如我们从上述各国的国运来比较它们,那么,只有黄河、长江流过的那个中华帝国是世界上唯一持久的国家"。[2]

中国文明最早起源于长江、黄河沿岸,远离海岸线,因此从地理位置来看,中国的文明可称之为大陆文明。同时,它又在江、河一带,又可以称之为江河文明。考

---

[1] 毛泽东.西藏工作文选[M].北京:中央文献出版社、中国藏学出版社,2001:113.
[2] [德]黑格尔.历史哲学[M].王造时,译.上海:上海书店出版社,2007:107.

察历史上的古城池,一般都靠近大江、大河沿岸。其原因有二:其一,人类的生存离不开河流,丰富的河流资源可以为人类提供生活、生产所需的重要资源,如饮用水、对作物的浇灌用水等。同时,每年的汛期,可以为大江、大河带来丰富的淤泥,而这些物质为当地农业改善了土壤结构和土质。其二,丰富的水流资源还可以为在交通不发达的社会提供较为便捷的交通通道。

中华文明在漫长的生产活动中,形成了以农业为主要经济来源的文明社会。人类的生存离不开其所处地理环境,地理环境决定了人类的生产方式,生产方式又会影响人文形态,在漫长的生产和生活过程中,自然又会形成不同的文化特征。由于我国拥有辽阔的土地,因此,在漫长的生产生活过程中,我们的先民积累了丰富的农业生产经验,从而形成了以农业为主的文明特征。而这种文明特征具有以下几个特点:

1. 浓厚的宗族意识

在生产力极其低下的状态下,农业耕种需要团队合作,所有成员共同去面对大自然的挑战。而合作的最好方式,便是以血缘为关系的人们共同居住,共同生活,共同面对自然问题,久而久之就形成了以血缘为关系的宗族。宗族、家族、家庭,是中国管理的小型组织单位。

2. 集体主义思想浓厚

农业生产需要大量人力、物力的投入,在大型的生产活动过程中,需要团队成员共同去劳动,慢慢就形成了集体主义思想。而为了维护集体活动的整齐有序性,还需要纪律和秩序的要求。纪律是对团队成员的硬性要求,只有通过纪律要求才能维护大型的集体活动,这是中国人在漫长的农业生产活动中得出的经验。因此,中国人集体主义的观念很浓厚,同时遵守纪律和秩序则也成了最基础的认知。

3. 人本主义思想

首先,人类社会最基本的要求是生存,为了生存,团队中的每个人都需要付出劳动。因此,从生产力的角度来看,人是最重要的生产力,故而中国人一向重视人,重视每个人的生产能力。在古代,战争的目的是什么?无外乎两项内容的争夺:一是土地,二是人。有时,他们会舍弃土地而掠夺大量的人口,只要有人就会有一切。

其次,中国内陆资源丰富,幅员辽阔,而古时候人口稀少,为了更好地生存,人与人之间最好的关系是合作,而不是竞争。因此,在古代乡村中国的人际关系是非常纯朴、友善的。古人真正从骨子里发出的对人的尊重,这是非常纯朴质朴的人本,后来被儒家思想进一步发挥,形成人本思想。

从农业角度来看,农业经营需要大量的人在土地上进行耕耘,光靠个人的力量在广袤的土地上耕种是无法与大自然相抗衡的,因此必然要求团队协作,而作为家庭成员间的合作共济也是最稳妥的途径。如播种、日常管理、水利、秋收等,均是需要长时间多人配合的工作,单靠一人行动是难以完成的,故而,从生存本质上来看,中国人对于"人"重视度比西方国家高。到了春秋时期,孔子提出了"仁者,人也"的观点,明确指出,为君者应该重视人的作用和功能。什么是仁者?对人重视、关心的人才是真正的仁者。而西方管理学也承认,所有的企业领导都深知,任何组织都要依赖人来完成奇妙的事情,这超越了使命的召唤。[①]

4. 对自然的认识和尊重

农业生产是对气候环境最具有依赖性的产业,因而气候变化也就成了决定人类及其民族命运的重要因素。国家的成长与人的生长遵循同一自然规律。人类历史越是久远,其命运兴衰越贴近自然变化,自然气候对人的历史影响表现得也就越直接。

农业生产活动对自然的要求比较高,在中国古代一直就有"靠天吃饭"的说法。由于生产劳动的条件所限,任何一作物的生长对于温度和湿度都有较高的要求,为了保证生产和收入,老百姓非常关注自然界的天气变化以及各种自然规律,以便掌握自然界的规律为农业生产服务,保证人类生存所需的粮食问题。如"六月不热,稻子不结"讲的是气候与粮食生产的关系,"春雷响,万物长"形象地说明了春天是万物生长的时节。因此,中国人骨子里就很重视自然,他们关注整个宇宙对自然的影响。中国人对于天文学的认识在世界上也是最早的,春秋战国时期的《甘石星经》是世界上最早的一部天文学著作。在漫长的岁月里,中国劳动人民在长期的生产劳动中积累了丰富的人与大自然和谐相处的知识。如"好枪不打春天鸟"就是指在春天的时候由于鸟儿要哺育后代因此不能打猎。同理,渔民每年也都有一段时间的休渔期。"人均百棵树,等于建金库""平原绿葱葱,旱涝无影踪""无灾人养树,有灾树养人"意指鼓励人们多种树,保护好生态环境,只有良好的生态环境才能更好地保护好百姓的生活,这是最纯朴的生态概念。"伏里无雨,谷里无米;伏里雨多,谷里米多。""六月不热,谷里无结。"这些谚语讲的是季节性的天气与粮食的关

---

① [英]斯图尔特·克雷纳. 管理百年[M]. 闫佳,译. 北京:中国人民大学出版社,2013:1.

系。中国百姓在长期的生产实践中已经总结出一套适合于本土的种植规律,并通过农谚的方式代代口口相传,以指导后人进行农耕活动。

📰 **知识链接**

《甘石星经》

《甘石星经》是一部天文学专著,甘经、石经各八卷,共十六卷,大致成书于战国时期。在长期观测天象的基础上,战国时期齐人(一说楚人或鲁人)甘德、魏人石申(一名石申夫)各写出一部天文学著作。后人把这两部著作合起来,称为《甘石星经》。他们观测了金、木、水、火、土五个行星的运行,发现了这五个行星出没的规律,书中记录了800个恒星的名字,其中测定了121颗恒星的方位。

中国人的思想相对具有稳定性。大陆性气候变化不大,跟海洋气候相比较为稳定,同时还具有一定的周期性和规律性,气候变化等自然现象在周期内都可以有迹可循。因此,这也逐渐导致了中国人的思想相对较为稳定和具有持续性,这也是很多人批评中国思想不具有创新的理由。不是中国人思想不创新,而是跟西方相比,它具有一定的稳定性、周期性和规律性。创新并不是无中生有,而是在原有的基础上进行适应性改造,很显然中国人很擅长此类创造行为。

(二)西方文明的起源

古希腊被认为是西方文明的起源地。西方文明公认以欧洲为中心再扩展到美洲,而欧洲的文明中心则以爱琴海为源头,古希腊位于爱琴海附近,故而称之为"海洋文明"。

人类要发展,首先要生存。从生存角度来看,适宜的温度和湿度不可或缺,故而人类文明的起源地多集中于温带地区。

海洋是瞬息万变的,人们如果不能随时随地灵活应对,他们就无法在海洋上生存,这也导致以海洋为生存条件的人具有善变的性格特征,也使海洋文明具有善变冒险的特征。

此外,海洋文明还具有较强的竞争性。由于地中海文明所处地理空间面积相对狭小,物质资源较为匮乏,在有限的资源之内为了维持更多人的生存,人与人之间的竞争自然也就难免,优胜劣汰的自然丛林法则在西方比较流行,因为只有经过激烈的竞争和自然的淘汰才能有生存的希望和机会。例如,古罗马的斗兽场就是最好的体现。

资料链接

古罗马斗兽场

古罗马的奴隶主为了取乐,建造巨大的角斗场,强迫奴隶成对角斗,并让角斗士手握利剑、匕首,相互拼杀。古罗马露天竞技场(Colosseum),亦译作罗马大角斗场、罗马竞技场、罗马圆形竞技场、科洛西姆、哥罗塞姆,它的占地面积约2万平方米,原名弗莱文圆形剧场(Amphitheatrum Flavium)。该竞技场位于今天的意大利罗马市中心,是古罗马时期最大的圆形角斗场,由4万名战俘用8年时间(公元72—79年)建造起来的,现仅存遗迹。斗兽场专为野蛮的奴隶主和流氓们看角斗而造。

在斗兽场参加表演的角斗士要与一只牲畜搏斗直到一方死亡为止,也有人与人之间的搏斗。根据罗马史学家狄奥·卡西乌斯(Dio Cassius)的记载,斗兽场建成时罗马人举行了为期100天的庆祝活动,宰杀了9 000只牲畜。斗兽场这种建筑形态起源于古希腊时期的剧场,当时的剧场都傍山而建,呈半圆形,观众席就在山坡上层层升起。但是到了古罗马时期,人们开始利用拱券结构将观众席架起来,并将两个半圆形的剧场对接起来,因此形成了所谓的圆形剧场(Amphi Theatrum),并且不再需要靠山而建了。

罗马斗兽场就是罗马帝国内规模最大的一个椭圆形角斗场,其长轴187米,短轴155米,周长527米,中央为表演区,长轴86米,短轴54米,地面铺上地板,外面围着层层看台。看台约有60排,分为5个区,最下面前排是贵宾(如元老、长官、祭司等)区,第二区供贵族使用,第三区是给富人使用的,第四区由普通公民使用,最后一区则是给底层妇女使用,全部是站席。在观众席上还有用悬索吊挂的天篷,这是用来遮阳的;而且天篷向中间倾斜,便于通风。这些天篷由站在最上层柱廊的水手们像控制风帆那样操控。

斯巴达克起义(The War of Spartacus,公元前73—公元前71年)

奴隶主的残暴统治,迫使奴隶一再发动大规模武装起义。斯巴达克起义是古罗马最大的一次起义,也是古代社会大规模奴隶反抗事件,在世界历史上具有重要意义。起义爆发后,元老院宣布国家进入紧急状态,最后选任大奴隶主克拉苏统率大军镇压起义军。公元前72年秋,斯巴达克的军队在意大利布鲁提亚半岛(今卡拉布里亚)集结,预计乘基利基海盗船渡过墨西拿海峡。但海盗不守信用,没有提供船只,在罗马军队的疯狂围攻下,6万名起义者战死,斯巴达克也壮烈牺牲。

虽然起义军没有一个联合广大被剥削群众的总纲领,但斯巴达克起义的意义远远超出了起义的本身,它沉重地打击了奴隶主统治阶级,加剧了罗马奴隶制的经济危机,加速了罗马政权由共和制向君主制的过渡。

三、中西文明的交融

中西文明犹如花开两枝,各自走上了自己的发展之道。如同一棵苹果树上会结出良果和莠果、桃子也可以嫁接到李子树上一样,族群的文化也可能发生转移。[①] 中国与欧洲虽不接壤,但也通过经贸交流等方式产生了一定联系。

(一)秦汉时期

秦汉以来的对外来往主要以商贸为主,区域则以中国的周边国家和地区为主,如现今的印度、中亚等地区。汉代张骞奉汉武帝之命出使西域,以官方代表的身份打通了西行通道,到达中亚地区的大夏(今阿富汗地区)与安息(今伊朗)。其中,大夏国为亚历山大所建,故而是希腊化最为明显的国家之一。当时中国与西方未曾发生直接的互动,主要与其中介地区或国家间接交流。"中国与罗马帝国之关系,不论其为间接的、直接的,亦不论其是否曾有正式使节往还,罗马之得自我国者,以丝为大宗;我国之得自罗马者,则为珍奇异物。"[②]

(二)隋、唐、元时期

隋唐时期,中国对外的商贸范围也大致在中、西亚间,但当时欧洲也有许多商

---

① [美]埃尔斯沃思·亨廷顿.文明与气候[M].吴俊范,译.北京:商务印书馆,2020:1.
② 方豪.中西交通史[M].上海:上海人民出版社,2008:51.

人通过海上通道辗转来到中国。唐朝政府为此设立了市舶司,其功能相当于今天的海关,主要负责检查入港海舶之货物及征税,收买、出售、保管及运输专卖品及其他船货,管理来华船只及人员等。

到了元代,中西间的商贸交流进一步频繁,远在欧洲的商人也通过印度、伊朗等辗转来到中国做生意。其中有一位商人直接打开了欧洲看中国的大门,并引起了西方人对中国的关注,那便是元代来到中国的马可·波罗。

马可·波罗(Marco Polo,1254年9月15日—1324年1月8日),出生于意大利威尼斯,旅行家、商人。1260年,马可·波罗的父亲、叔叔去金帐汗国出售珠宝,返乡时恰逢战乱,兄弟俩阴差阳错地与波斯使团一起,到了元朝的上都,并受到了忽必烈的接见。大汗命他们出使罗马教廷,请教皇选派教士来华,并把耶稣圣墓的长明灯油带到上都。但他们返回欧洲时,正值教皇去世,两年后,为了向忽必烈复命,他们带着17岁的马可·波罗重启东方之旅。在历时三年半的漫长旅途中,他们经地中海、巴勒斯坦、小亚细亚、亚美尼亚、伊朗高原、帕米尔高原,走过丝绸之路上的荒漠绿洲,终于在1275年到达上都。尽管没有完成大汗的使命,但马可·波罗一家还是得到了谅解和重用。回朝复命时,马可·波罗发现大汗喜欢听臣下讲述各地的风俗民情和奇闻轶事,因此,他每到一处便用心收集这类资料,将所见所闻的一切趣事都记录下来,以满足大汗的好奇心。

1291年,马可·波罗一家陪同蒙古公主阔阔真远嫁伊利汗国,他们顺道回到欧洲。1293年4月,他们拜见了伊利汗国新任君主乞合都。这时候,原国王阿鲁浑已死,阔阔真就嫁给了阿鲁浑的儿子合赞。1295年,马可·波罗一家从波斯出发,经小亚细亚等地回到了威尼斯。

刚回到威尼斯的马可·波罗参与了热那亚与威尼斯的海战并被俘入狱,这个威尼斯商人和骑士文学作家鲁斯蒂切洛相遇。他们在监狱里合作,由马可·波罗口述、鲁斯蒂切洛执笔撰写《东方行记》。1298年,书稿完成。同年夏,威尼斯与热那亚议和,马可·波罗获释回家。

《东方行记》面世即大热,人们在威尼斯街头朗读它,就像中国的"说书人"一样。不过,遭遇了黑死病、十字军东征失败等打击的欧洲人并不愿相信,在东方竟有如此灿烂的文明。哥伦布订购了该书的第一个印刷版本,并于空白处做了近百个眉批。这些眉批主要以拉丁文写成,杂以西班牙文,显示了最吸引哥伦布注意的段落。哥伦布对八卦深表兴趣,但他真正的意图还是贸易经商。几个看来颇有潜力的中国城市被做了记号,其中包括扬州和杭州,但他只对一个城市写下"商机无限"几个字,这个城市就是"汗八里"(指元代都城,今北京)。他在眉批旁还加了一个图案,那是歇息在云端或浪涛上的一只手,所有手指紧握,只有顶端的食指直伸,指向撩动它的那段文字。1492 年,哥伦布扬帆远行,就是为了寻找书里黄金遍地的元大都。他最终没能到达中国,却发现了新大陆,开启了大航海时代。①

(三)明、清中前期

自马可·波罗的《东方行记》一书面世后,欧洲人就一直想到中国来淘金。在哥伦布之后,西班牙的麦哲伦到达了菲律宾,之后,葡萄牙人首次到达中国。1517 年,麦哲伦从广东踏上中国国土,之后,葡萄牙人及欧洲人一直在广东、福建、浙江等沿海地区侵扰。到了明代末期,天主教徒也来华传教,他们通过在高层传教,获得了士绅阶层的支持,并取得了中国高层的认可,在朝内担任一定的职务。如利马窦就是著名的传教士,他参与了中国历法的修正工作。来华的传教士们给中国带来了西方的天文历法、数学、物理、医学、哲学、音乐、绘画等,同时,他们也把中国优秀的经典文籍翻译到西方,如《天工开物》《易经》以及各类典籍,对西方的文艺复兴同样起到了促进作用。

清军入关后,西人还留在北京。1644 年,汤若望被任命为钦天监监正。1674 年,汤若望的学生南怀仁继掌监正之职。随着传教士在华的地位提高,人数也日益增多,有些传教士在华日益猖狂,他们竟于康熙四十三年(1704 年)制定禁约七条,禁止中国信徒尊孔祭祖,规定对天地万物之主需称天主,禁用"天主"及"敬天"字样。康熙四十四年(1705 年)12 月 14 日,他们携约来华,令康熙勃然大怒,谕令西洋传教士:"倘若一意孤行,固执己见,必将严行禁教,逐出国门。"

雍正元年(1723 年),福建省福安县有一个生员教徒突然弃教,向官府告状,声称教士修建教堂,大肆敛财,教堂里男女混杂,实在是败坏风气,有辱斯文。雍正皇帝越发觉得传教士具有无形的危险性,几经思量,终于下诏全国驱逐传教士。西方传教士从中土各地消失殆尽,只在广州一带还有活动。

---
① 孙文晔. 东方行纪——700 多年来马可·波罗故事的去伪与存真[N]. 北京日报,2023-6-27(9).

(四)晚清时期

到了晚清,欧洲工业革命后,急需大量资金和资源来满足资本发展的需要。而当时的清政府,经济实力仍居于世界前列。据史学家麦迪森的《世界经济千年史》统计,1820年中国国内生产总值(GDP)占世界经济总量的32.9%,西欧各国的总和占23.6%,美国和日本分别占1.8%和3%。

据统计,1522—1566年(嘉靖年间),中国的生铁产量达到45 000吨,居世界第一位,而英国到1740年才达到2 000吨。1750年(乾隆十五年),中国工业总产量占世界工业总产量的32%,而全欧洲仅占23%;中国的国内贸易总值为4亿银两。直到1820年(嘉庆二十五年),中国的GDP仍占世界经济总量的32.4%,居世界第一位。因此,"在近代以前时期的所有文明中,没有哪一个国家的文明比中国更发达,更先进""中国乃是一个伟大、富饶、豪华、庄严的国家"。就是说,直到1820年,中国仍然是世界经济的中心。当时中国的商品如生丝、丝织品、瓷器、茶叶、棉布、砂糖、粮食、药材等,在国际市场上享有很高的声誉,具有很强的竞争力。近代曾主持中国海关总税务司的英国人赫德在《中国见闻录》中写道:"中国有世界上最好的粮食——大米;最好的饮料——茶;最好的衣物——棉、丝和皮毛。他们无需从别处购买一文钱的东西。"特别是中国丝货,外国商人更是赞叹不绝,"从中国运来的各种丝货,以白色最受欢迎,其白如雪,欧洲没有一种出品能比得上中国的丝货"。

英国学者保罗·肯尼迪曾在《大国的兴衰》一书中坦言:"在近代以前时期的所有文明中,没有一个国家的文明比中国文明更发达、更先进。它有众多的人口(在15世纪有1亿—1.3亿人口,而欧洲当时只有5 000万—5 500万人口),灿烂的文化,特别肥沃的土壤以及从11世纪起就由一个杰出的运河系统联结起来的、有灌溉之利的平原,并且有受到儒家良好教育的官吏治理的、统一的、等级制的行政机构,这些使中国社会富于经验,具有一种凝聚力,使外国来访者羡慕不已。"

正是这么肥沃的土地,引来了外人的垂涎。欧洲经历了工业革命之后,工业生产能力得到进一步提升。资本的进一步扩大需要大量的资金、市场和资源来满足自身的不断发展。在以往的对华贸易中,西方一直处于劣势,大量白银流入中国,中国成为世界上最大的白银国家。故而,西方资本国家发动了对华的侵略战争,试图用鸦片来代替其他商品,并大肆掠夺中国白银和资源。当时清政府内一些有识之士为了抵制西方列强的不法行径,采取了销毁鸦片的政策,遭到了西方国家的报复,从而引发了鸦片战争。鸦片战争战败后,中国主权旁落,被迫开放沿海沿江城市。曾经被赶出的传教士重新回到中国,并且还受清政府保护。鸦片战争后,西方文化连带商品全部一涌而入,给当时的中国带来了全方位的深刻影响。[①]

(五)中华人民共和国成立后

1949年中华人民共和国成立后,中国政府解除了对外债务,在外交上走向"一边倒"的全面亲苏政策,欧美等国家被排除在外。之后,随着国内和国际形势的变化,中国与欧美等国家建立了外交关系。1978年改革开放之后,我们吸收了西方国家先进的科学技术和制度,但随之西方文化也大量涌入,对中国人的思想、文化和行为等方面产生了深刻的影响。随着市场经济体制的进一步深化,成本和利润观念深入人心,中国传统文化和思想在一定程度上受到了冷落,西方管理思想在较长时间内处于主导地位。

第二节 管理学的学科发展及东方管理学的学科意义

一、西方管理学的发展脉络

(一)西方管理学学科的发展脉络

从西方管理学的发展路径来看,西方最早的学科来源于哲学(即古希腊的哲学思想)。古希腊哲学家们对经济思想的探讨奠定了西方经济思想的基础,如大哲学家苏格拉底(公元前470年左右—公元前399年)的学生色诺芬(公元前427年—公元前355年)从感觉和经验出发最早探讨了经济问题,他提出了商品价格的波动依赖于供给与需求的变化以及物品具有使用和交换两种功效的观点。苏格拉底的另一位学生柏拉图(公元前427年—公元前347年)系统提出了分工和交换理论,并在此基础上对理想国家的组织进行了探讨,这些思想都为后来经济学的发展奠定了基础。随着时代的发展,西方学者不断地扩充理论,后来在哲学的基础上形成

[①] 方豪.中西交通史[M].上海:上海人民出版社,2008:53—55.

了政治学,慢慢地发展出了政治经济学,政治经济学分为两个学科,即政治学与经济学,经济学在发展过程中又慢慢地衍生出管理学。因此,西方管理学的思想必然离不开西方经济学的思想。

经历了重商主义和重农主义思想后,欧洲迎来了资产阶级革命,在此期间产生了一大批古典政治经济学家。最初研究政治经济学的,是像霍布斯、洛克、休谟一类的哲学家,以及像托马斯·莫尔、坦普尔、萨利、德维特、诺思、范德林特、康替龙、富兰克森一类的实业家和政治家……总之,一大批古典政治经济学的先驱诞生了。

1776年,亚当·斯密发表的《国富论》开启了专门注重经济学学术思想和理论的探讨,使得经济学的科学性逐渐提高,最终脱离了哲学、伦理学而成为一门独立的学科。

法国的让巴蒂斯特·萨伊(1767—1832年)最早宣传亚当·斯密的思想,他区分了政治学和经济学,进一步把经济学看作和物理学一样的学科,导致经济学中的科学主义的诞生。

随着学科的进一步分化,经济学逐渐演化,并从中细分出了管理学学科。

(二)西方管理学理论的发展

西方管理学的发展与西方工业化大生产息息相关。18世纪,随着西方工业化的发展,对于工厂的管理也提上了日程。当前学界公认的科学管理始于泰勒,而泰勒的科学管理就是用定量和简单绩效考核的要求来提高工厂效率。沿着这一发展思路,西方把经济学思想深深融入管理思想之中。

1.西方管理理论学派的发展

西方管理理论是随着工厂制度和工厂管理实践的发展在19世纪末20世纪初开始系统形成的。这个时期的管理理论通常被称为古典管理理论,主要研究问题涉及科学管理、一般管理以及科层组织。其主要标志是泰勒的《科学管理原理》和法约尔的《工业管理与一般管理》。

到了20世纪,随着量化经济的发展,管理学也倾向于技术工程化管理,即形成了管理科学学派。这一学派的主要观点是:工程师出身的弗雷德里克·泰勒(Frederick Winslow Taylor,1856—1915年)认为,企业生产效率低下,主要在于三个方面的原因:一是劳动使用不当,包括工作分配不合理和劳动方法不正确;二是薪酬和工人本性等原因导致工人不愿干或不愿多干；三是企业生产组织与管理不当。针对以上原因，泰勒提出了以下三种解决方法：改进工作方法，根据工作的要求挑选和培训工人；改进分配方法，实行差别计件工资制；改进生产组织，加强企业管理等改革措施。泰勒的管理思想，在西方学界被称为"科学管理"，而泰勒也被誉为"科学管理之父"。

作为一般管理理论学派代表人物的法约尔也从"经济人"的角度提出了关于管理的几个概念。企业高管出身的法约尔认为，经营和管理是两个不同的概念，管理只是经营的一部分。除了管理外，经营还包括技术、商业、财务、安全以及会计等一系列职能。法约尔还提出了14条管理原则，即劳动分工、权力和责任、纪律、统一指挥、统一领导、个人利益服从整体利益、人员的报酬、集中、等级制度、秩序、公平、人员稳定、首创精神、人员的团结。

总的来看，上述14项原则都围绕一个中心，即社会组织或社会机构的设计和运行问题。社会组织的框架如何设计，首先要看如何分工，因此明确劳动分工原则是设计组织结构的前提条件。把劳动分工加以具体化，就是要明确规定各个管理人员的权责范围，因此权利与责任原则又是劳动分工原则的发展和落实。等级制度、统一指挥、统一领导和集中等原则都是维护社会组织健康运行的必要条件。人员的报酬、公平、首创精神、团结精神等原则则是保证和提高组织发展的内部动力所必需的物质条件和精神条件。总之，把这14项原则联系起来，全面贯彻下去，才能保证社会组织合理地建立和顺利地运行。法约尔还认为，这些原则并不是固定不变的，而是灵活的，在管理上没有什么绝对死板的东西，只有尺度问题。[1]

组织管理之父马克斯·韦伯(1864—1920)是一位社会学家，对于中国的诸子百家有较多的研究。《中国的宗教：儒教与道教》是韦伯在宗教社会学方面的第二本主要著作。韦伯专注于探索中国社会里那些和西欧不同的地方，尤其是与清教徒的对照，他提出了一个问题："为什么资本主义没有在中国发展呢？"通过对中西方的比较，韦伯认为科层组织是最理想的组织形式，而中国古代的行政官僚体系则是行政效率最高的行政组织结构。

上面几位古典管理理论的杰出代表在不同的方面对西方管理思想和管理理

---

[1] 方振邦.管理思想百年脉络：影响世界管理进程的百名大师[M].北京：中国人民大学出版社，2012：32—37.

论的发展做出了卓越的贡献,并且对管理实践产生了深刻影响,但是他们有一个共同的特点,就是都着重强调管理的科学性、合理性、纪律性,而未给管理中人的因素和作用予以足够重视。他们的理论是基于这样一种假设,即社会是由一群无组织的个人所组成的,他们在思想上、行动上力争获得个人利益,追求最大限度的经济收入(即"经济人"),管理部门面对的仅仅是单一的职工个体或个体的简单总和。基于这种认识,工人被安排去从事固定的、枯燥的和过分简单的工作,成了"活机器"。卓别林导演的《摩登时代》里所描述的工厂场面,就是典型的工人机器化场景。

20世纪60年代以后,西方企业的经营环境发生了重大变化。随着企业规模的不断扩大,资本在国家间相互渗透,出现了许多跨国公司,企业间的经营空间不断拓展,影响和制约经营的因素也不断增加;同时,技术进步的速度日益加快,新的科技用于工业生产的周期大大缩短,新产品、新设备、新工艺、新材料不断出现,企业间的竞争进一步加剧;生产的社会化程度不断提高,许多复杂产品的生产和大型工程的建设,需要组织大规模的广泛协作。这些外部环境的变化直接影响到了企业的经营管理。

上述古典理论的研究范围主要限于企业内部,或者偏重于某一方面,如工作技术、组织管理及其内部管理的问题。为了适应工业化机械大生产的需要,管理理论也需要与时俱进,于是出现了"管理理论的丛林"局面。

从管理思维角度,管理理论可分为系统论与权变观。社会系统学派认为管理的组织就是一个系统,而管理就是对这个系统的协调;管理权变理论则认为由于组织的性质和环境不同,管理的技术和方法也各有不同,因此管理要根据内外条件的变化而随机应变,没有什么不变的,只有对企业适宜的管理方式才是最好的,这也是权变理论的核心。管理本质究竟是什么?自对管理活动进行有意识的思考以来,对这个问题有各种不同的答案。有人说管理就是用人,也有人说管理就是对各种信息的收集与运用。美国学者西蒙认为管理就是决策,所有的管理工作都是围绕着决策的制定和组织实施来进行的,决策贯穿于整个管理过程。

从管理的视角出发,管理学又分为制度学派和技术学派。根据新制度理论,组织行为的选择受到组织外部环境特点的影响,这个环境不仅是指技术环境,而且包括制度环境。技术环境要求组织活动具有有效性,即要选择与社会技术发展水平相适应的恰当方法和程序合理地组织内部的活动,使组织资源尽可能得到有效的利用。制度环境则要求组织内部以符合社会规范或"外界公认或赞许的社会事实"(即"社会制度")的方式进行内部活动。

20世纪80年代以来,信息技术不断发展并被广泛应用到企业管理,20世纪三四十年代形成的理论又无法跟上企业发展的步伐。一些管理学者在企业管理的制度、流程、组织、文化等方面进行了创新。美国自20世纪80年代起率先发起了大规模的"企业重组革命",即"企业再造理论"。

西方的管理学发展在20世纪前主要以欧洲为中心,到了20世纪后,中心移到了美国。美国的管理理论主要以企业的现实为依据,解决现实中发生的问题,因此其理论和观点紧跟企业实际经营,且对管理理论的研究趋向于细化和量化。

知识链接

《摩登时代》

《摩登时代》是查理·卓别林导演并主演的一部喜剧电影,于1936年2月25日上映。该片是卓别林的最后一部无声电影。

影片的故事发生在20世纪30年代的美国,时值美国经济大萧条的高峰期,社会中的每一个人都在自己的生活中苦苦挣扎。查理是一个普通的工人,生活在社会的最底层。每天的生活就是日复一日发疯般地工作,以期能够获得填饱肚子的可怜工资。虽然生活昏暗无比,但查理还是努力地奋斗着。不过面对时代的萧条大潮,查理依然无法保证自己的生活,哪怕是最低的要求。

而此时工厂的管理层开始疯狂地压榨员工,昏天黑地的工作使人们开始麻木。查理自然也成为其中的一员,他成天挣扎在生产流水线上,由于他的任务是扭紧六角螺帽,以致最后在他的眼睛里唯一能看到的东西就是一个个转瞬即过的六角螺帽。结果在查理的生活中一切六角形的东西都遭了殃,因为只要看见六角形的东西查理就会情不自禁地扭。大街上一位裙子上带有六角形纽扣的女人就惨遭查理的毒手。但工厂老板可不会停手,他们甚至认为工人吃饭的时间都过长,于是以提高工人的工作效率为名,他们又引进了全新的吃饭机。这种吃饭机可以在最短的时间内"喂"工人吃完饭,这样自然而然就可以省下大量的时间用于工作。而查理则很不幸地成为"试用品",谁知试用的过程中机器出现了问题,不但无法停止,还开始发狂,结果搞得查理也几近疯狂。最终,查理还是失业了,他极不情愿但又无可奈何地成为失业大军中的一员。随后他无意中成为示威运动的领导者,但依然无法改变自己的命运。查理在痛定思痛之后,发现唯一不用担心饿死和操心生计的地方是监狱!于是他又开始策划如何进监狱,但他想尽了一切办法,包括替人顶罪,都无法使自己进入监狱。不过再艰苦的生活都无法改变查理善良的本性,虽然自己都无法保证温饱,但他还是在街头搭救了一个偷面包的流浪女子,并获得了这个女子的爱情,两人相依为命,一同度过了这个"摩登时代"。

到了20世纪,随着数理经济的进一步发展,有些学者把数学和运筹学也运用到管理上,在他们看来,管理就是制定和运用数学模型与程序的系统,即通过对企业的生产、采购、人事、财务、库存等职能间相互关系的分析,然后用数学符号和公式来表示计划、组织、控制等合乎逻辑的程序,求出最优的解答,以达到企业的目标。作为一个学派,它主要与将定量方法运用于管理活动的研究有关,所以通常也被称为管理的数量学派或运筹学派。该学派主要的观点则是:(1)组织成员是经济人;(2)组织是一个追求经济效益的系统;(3)组织是由作为操作者的人同物质技术设备所组成的人机系统;(4)组织是一个决策网络。

2.关于人性论的发展

古典理论有个共同的特点,即对人性的认识都基于人是自利的。随着心理学和行为学的发展,学界对人的研究有了新发现,提出了人的"社会性"的内容,即人不仅有利己的一面,还有利他性,即具有社会性的一面。科学管理的逻辑精密而有力,无可辩驳,但在实践中,引入大规模生产和科学管理技术,反倒会降低工人的士气。管理学开始关注人的问题,并不是出于人道考虑,而是受到绝望的驱使——公司希望能最大限度地提高生产效率。[①] 在这个理念的基础上,梅奥的"霍桑实验"(1924—1933年)开启了对人的研究。梅奥发现,人是有思想、有感情、有人格的活生生的社会人,不是机器和动物。作为一个很杂的社会成员,金钱和物质虽然对其积极性的产生具有重大影响,但是起决定性作用的不是物质报酬,而是其在工作中发展起来的人际关系。"人总是想要和自己的同伴联系在一起,这是一种强烈的愿望,也是人类的特点。"梅奥认为,"管理层若是忽视了它,或是想战胜这一人类本

---

① [英]斯图尔特·克雷纳.管理百年[M].闫佳,译.北京:中国人民大学出版社,2013:96.

能,必定会导致管理上的失败。"由此得出以下结论:组织要想实现成功管理,就必须理解这种非正式群体里的结构和关系,"只要企业管理方法还不曾考虑到人类本性和社会动机,工业发展就摆脱不了罢工和怠工行为"。[①]

20世纪50年代,高度机械化生产背景下,劳动者的工作日益专业化,劳动都被束缚在狭窄的工作范围内。劳动者只是重复简单、单调的动作,看不到自己的工作与整个组织任务的联系,工作士气低落,工作效率低下,因此一些心理学家提出了"自我实现人的假设",其中马斯诺的需求层次理论影响最大。马斯洛认为人的需求是有层次性的,人类需要的最高层次是自我实现,"每个人都需要发挥自己的潜力,表现自己的才能;只有人的潜力充分发挥出来,人的才能充分表现出来,人才会感到最大的满足"。在此基础上,麦格雷戈提出了Y理论。Y理论认为,大多数人都是勤奋的,只要环境允许,人是乐于工作的;人在执行任务的过程中能够自我指导和自我控制;在正常情况下,大多数人不仅会接受任务,而且会主动寻求责任,逃避责任、缺乏抱负以及强调安全感通常是经验的结果,而不是人的本性;大多数人都具有相当程度的想象力、智谋和创造力,在不为外界因素所指使和控制的情况下,可以得到正常发挥;人体之中蕴藏着极大的潜力,但在现代工业条件下,一般人只能发挥少部分潜力;员工个人自我实现倾向与组织所要求的行为之间并无冲突。

到了20世纪60—70年代,美国学者艾德佳·沙因提出了复杂人假设,因为他发现人的需要和潜在的欲望是多样的,并且会随着年龄及其社会角色、环境和人际关系的变化而发生变化。因此,人既不是单纯的经济人,也不是完全的社会人,更不是纯粹的自我实现人,而是复杂人。在复杂人的基础上,美国心理学家莫尔斯和洛什提出了超Y理论。该理论基本观点包括:其一,主体需要的差异性。不同的人是怀着不同的需要而参加工作的,有的人需要正规化的机构和条例,不需要决策和承担责任;有的人则需要自治,需要创造性机会,需要实现胜任感。其二,组织方式的特异性。管理应当使工作性质和人的需要相结合,和人的素质相协调,采取适当的组织形式和领导方式,以提高员工的工作效率。其三,控制程度的应变性。组织机构和管理层次的划分、员工的培训和工作的分配、工资报酬和控制程度的安排,都要从工作性质、工作目标、员工素质角度加以考虑,不能强求统一。其四,目标确立的递进性。当一个目标达到后,就激发人的胜任感,使之为达到新的更高的

[①] [英]斯图尔特·克雷纳.管理百年[M].闫佳,译.中国人民大学出版社,2013:99.

目标而努力。①

总的来看,西方管理学对人性的假设从经济人(X理论)、社会人、自我实现人(Y理论)、复杂人发展到了现在的超Y理论。

由此可见,西方管理理论基于企业实际情况进行研究,而企业的具体情况跟不同的制度和文化相关。因此,西方管理学在中国企业及中国这一大环境中的使用必然存在一定局限性,为了正确指导中国企业经营管理,把握中国管理的方向,中国要重新回到本土文化的研究上来探究中国管理思想和理论。

二、"文化自信"理论的提出

近代以来,西方以"现代化文明"自居,中国企业为了实现现代化也纷纷学习西方企业的管理方式,西方管理理论和思想走进大众视野并发展得如火如荼,但西方管理学中的一些功利主义和利己主义思想也同时渗入,对人们的思想和观念产生了重大的影响。为了提高国人的文化自信,增强民族自豪感,国家提出了"文化自信"的理念。

习近平同志最早于2014年2月在中共中央政治局第十三次集体学习并发表重要讲话时首次提出"文化自信"这一理念。他强调:"要讲清楚中华优秀传统文化的历史渊源、发展脉络、基本走向,讲清楚中华文化的独特创造、价值理念、鲜明特色,增强文化自信和价值观自信。要认真汲取中华优秀传统文化的思想精华和道德精髓,大力弘扬以爱国主义为核心的民族精神和以改革创新为核心的时代精神,深入挖掘和阐发中华优秀传统文化讲仁爱、重民本、守诚信、崇正义、尚和合、求大同的时代价值,使中华优秀传统文化成为涵养社会主义核心价值观的重要源泉。要处理好继承和创造性发展的关系,重点做好创造性转化和创新性发展。"

2014年3月5日,习近平在"两会"期间参加上海代表团审议,在谈到三个自信时强调"最根本的还有一个文化自信",他说:"体现一个国家综合实力最核心的、最高层的,还是文化软实力,这事关一个民族精气神的凝聚。我们要坚持道路自信、理论自信、制度自信,最根本的还有一个文化自信。要从弘扬优秀传统文化中寻找精气神。"2016年,文化自信与其他三个"自信"并列,成为"四个自信"

---

① 陈传明.管理学[M].北京:高等教育出版社,2020:224.

之一。

2017年的十九大报告中明确指出:"文化是一个国家、一个民族的灵魂。文化兴国运兴,文化强民族强。没有高度的文化自信,没有文化的繁荣兴盛,就没有中华民族伟大复兴。要坚持中国特色社会主义文化发展道路,激发全民族文化创新创造活力,建设社会主义文化强国。"弘扬优秀传统、复兴中华文明,首先必须树立"文化自信"意识。如果没有文化自信,就会否定自己的优秀传统,自惭形秽,盲目崇拜国外文化,复兴中华文明也就没有希望。因此,坚定文化自信至关重要。

2022年10月,党的二十大报告再次提出要推进文化自信自强,铸就社会主义文化新辉煌。"全面建设社会主义现代化国家,必须坚持中国特色社会主义文化发展道路,增强文化自信,围绕举旗帜、聚民心、育新人、兴文化、展形象建设社会主义文化强国,发展面向现代化、面向世界、面向未来的,民族的科学的大众的社会主义文化,激发全民族文化创新创造活力,增强实现中华民族伟大复兴的精神力量。我们要坚持马克思主义在意识形态领域指导地位的根本制度,坚持为人民服务、为社会主义服务,坚持百花齐放、百家争鸣,坚持创造性转化、创新性发展,以社会主义核心价值观为引领,发展社会主义先进文化,弘扬革命文化,传承中华优秀传统文化,满足人民日益增长的精神文化需求,巩固全党全国各族人民团结奋斗的共同思想基础,不断提升国家文化软实力和中华文化影响力。"

管理作为人类社会的重要活动形式,总是受到社会文化的影响。反之,其也会影响社会文化。管理首先是文化的产物,任何一种管理理论的提出都离不开特定的文化背景。自周朝以来,我们已经建立一套完整的行政管理机构和体系,并在之后的历史长河中不断修正与完善,这也是西方人曾经赞叹不已的行政官僚结构。同时,管理本身就是一种文化形式,它有自己的价值观、工具和语言,而这种语言同样离不开地源文化。文化具有一定的遗传性,它刻在人们日常生活的活动及其行为准则中,因此,我们有必要重新挖掘中国管理的内容,建立一套适合于东方企业发展的理论体系。

自改革开放以来,中国经济发生了翻天覆地的变化,中国成为全球经济发展的引擎之一,中国企业家用自己的理论引领企业创造了一个又一个辉煌。而西方管理学理论同样在中国企业管理中遇到文化的瓶颈,它成为企业发展的一个障碍。

故而,重新整理并建立一套适合于中国管理学的理论迫在眉睫。

三、东方管理学的发展史

新中国成立后,我国仿效苏联的工业现代化体系奠定了自己的工业建设,学习他们的国有企业的管理制度和方法,国内也涌现出一大批国有工业企业。这些工业企业,在经营思想上主张经济核算和降低成本;在领导制度上,采用苏联模式下的厂长负责制,由厂长进行决策,这对当时克服管理混乱现象起到了较好的推动作用。但是由于政治工作脱离经济工作,片面强调现代化大生产要求,使得企业内部管理杂乱无章,效率十分低下。为此,毛泽东于1956年4月发表了《论十大关系》,其主要思想是不能照抄照搬苏联经验,不能重蹈苏联的覆辙。在这一思想指导下,我国企业领导体制应运而生。同年9月,中共中央召开的第八次全国代表大会通过了实行党委领导下的厂长负责制的决定,即党的集体领导和个人分工负责相结合的重大问题决策机制。

1980年和1983年,为了加快企业管理现代化的进程,朱镕基分别主编了《现代化管理》和《管理现代化》两书。1982年,可口可乐公司在北京举办大型促销活动,开启了企业促销活动的先河,使得学术界和实业界开始意识到营销理论方法和实践的重要性。这充分表明,随着西方管理科学的引进,我国开始重视资本主义国家先进的管理思想和实践经验的研究。随后,以全面质量管理、系统工程、系统论、控制论、信息论、运筹理论、技术经济学为主的西方管理思想开始涌现,西方管理理论在中国得到蓬勃发展。

1979年,蒋一苇在《企业本位论》和《职工主体论》两文中一针见血地指出,中国的国家与企业的权利与义务不同于资本主义国家资本化的资本,社会主义国家的企业主体应是具有主观能动性的人。这为中国管理学的发展和探索中国特色的企业管理模式提供了清晰的改革思路和重要的理论基础。

在此之前,复旦大学东方管理研究中心主任苏东水教授于1976年在复旦大学开设了名为"红楼梦经济管理思想研究"的讲座。1986年,苏东水公开发表《现代管理学中的古为今用》,20世纪90年代组织编纂和出版了《中国管理通鉴》。90年代初,他还创造性地提出并阐述东方管理以"以人为本以德为先"思想为基础的"人为为人"的核心理念,并在"三为"理念的基础上提出了东方管理文化

"三、六、九"构成理论("三、六、九"即以人为本、以德为先、人为为人的"三为"思想,儒、易、道、墨、法、兵六家学说以及《周易》《老子》《论语》《荀子》《孙子兵法》《盐铁论》《富国策》《营造法式》《生财有大道》九部传统管理著作)和"十五要素说"("十五要素说"是指东方管理哲学包含"道、变、人、威、实、和、器、法、信、筹、谋、术、效、勤、圆"十五个方面),为东方管理学奠定了宽广和坚实的理论基础。1992—2000年,苏东水连续五次参加在日本东京、美国达拉斯、法国巴黎、西班牙马德里和加拿大蒙特利尔举行的世界管理大会,提交了《中国古代管理行为学说》《弘扬中华优秀文化建立中国特色的管理学体系》《东方管理文化的复兴》和《面向21世纪的东西方管理文化》等论文,颇受与会各国代表关注。除此以外,他还率领一批教授、博士,经过长期研究和写作形成了《东方管理》一书并于2003年正式出版。上海交通大学管理学院东方管理研究中心常务副主任颜世富博士于2000年出版专著《东方管理学》。

到了20世纪80年代,荷兰著名文化学者霍夫斯塔德应用实证研究发现,美国的管理理论(包括马斯洛、赫茨伯格、麦克利兰、伏罗姆、麦格雷戈、利克特、布莱克和默顿等提出的心理学和组织行为理论)在跨出国界后,大部分在其他国家和地区是不能应用的。也就在那个时期,日本的经济腾飞吸引了全世界的目光,美国的学者们经过研究,认为日本企业的管理模式虽然移植于美国,在硬的管理方面区别不大(指企业战略、企业结构和企业体系等),但其在软的管理方面(主要指领导风格、人员管理、技能和企业价值观等)形成了鲜明的日本特色,他们把这种现象称为"日本管理的艺术"。亚洲四小龙的经济起飞后,针对中国台湾的企业成长,曾仕强教授在20世纪80年代提出了中国式管理的理论。他认为,中国式管理以中国管理哲学来妥善运用西方现代管理学,并充分考虑中国人的文化传统以及心理行为特征,可以达成更为良好的管理效果。中国式管理其实就是合理化管理,他强调管理就是修己安人的过程。

近20年来,管理学科在中国的高等院校中获得了长足的发展,除了原先的不计其数的商学院,各类管理研究院、管理科学研究所或中心也遍地开花。但不管是海外名校回来的管理学博士,还是国内培养的博士,其学习和研究的主要内容基本还是以西方管理学理论为主。虽然有不少学者的研究选题涉及中国企业的经营管理问题,但他们所应用的理论分析框架和研究方法均为西方管理学界所通用的研究范式,最终还是检验那些西方成熟的管理理论在中国背景下的应用效果。

中国式管理是1979年由曾仕强教授结合中国传统文化精髓提出的,其提倡中国人要用自己的方法来解决中国的问题。在中国式管理模式下发展的理论被称为中国式管理理论(或称M理论)。

中国管理研究在借鉴和学习西方管理理论和主流的学术规范中,以及从"接着中国管理实践讲""接着中国传统文化讲"中得到了长足的发展。迄今也产生了蔚为壮观的知识成果,形成了诸如"东方管理""和谐管理理论""水样组织理论"等一批批具有中国特色的管理理论。但管理实践和管理理论脱节、管理理论落后于管理实践的困境并未得到有效解决,促使学者们开始关注中国管理理论构建的未来发展道路和研究范式等主题。关于"中国管理理论"概念名称、什么是中国管理理论以及如何进行中国管理理论构建,管理研究学者们从不同视角进行研究与归纳,形成了如"东方管理学""中国式管理""管理学在中国""中国的管理理论""中国本土管理研究(理论)"等众多的提法与不同的概念。

四、东方管理学的研究方法及其内容

新中国成立以后,中国管理学研究话语权经历了从萌芽、形成到完全西化的演进过程。西方管理理论的引入,在让我们学会了大量管理学知识的同时,也造成了中国本土管理学研究的迷失。

改革开放以来,在短时间内接触到大量的国外理论,使我们出现了"盲目崇洋"的思想,而对"地方性知识"的研究缺乏必要的理论建构。随着中国社会经济的迅速发展和国际地位的提高,有关管理学"地方性知识"的研究已成为中国管理学者必须认真考虑和对待的科学研究任务。但该门知识的科学化、规范化程度很低,尚停留在经验式的水准上,所以应更多提倡对"中国管理现象"的研究。

北京大学巩见刚认为,要从解决中国企业的现实问题入手来探索。他认为,管理学不是严格意义上的科学,而是一门应用学科,因为管理学研究中发现的规律很难保证具有普适性和可重复性。这决定了管理学的目的不应该是找寻规律,而是解决管理实践中的现实问题,唯有如此才能解决管理理论研究与管理实践之间的脱节,否则,管理理论研究很可能成为学术界自己玩的游戏。①

由于管理涉及和覆盖的主要内容较广泛,西方管理学均已先入为主,无论是法约尔的职能说(在美国的管理学教材中,影响比较大的两个系列,即罗宾斯和库尔特合编的系列以及孔茨和韦里克合编的系列,均围绕职能说展开),还是唐纳利等人运用的管理工作归类方法(即把教材分为管理学与管理环境、管理工作与组织、管理人、管理生产与运作和新兴的管理话题共五篇),他们的知识体系已经在中国管理学界的几代学者心中烙下了深深的印迹。

随着中国经济的发展,实业界及理论界形成了一种共同的观点,即发轫于欧美的管理理论并不完全适用于有着浓厚文化底蕴的中国情境,西方管理理论在应用到中国的管理实践时不断遇到一些难以克服的障碍,这使得管理学者逐渐意识到,管理领域中已有的研究并不都具有普遍的适用性。越来越多的中国管理学者和实践人士开始应对这一挑战,并尝试建立一个既有普适性又具本土文化特色的管理思想理论体系。

(一)东方管理学的研究方法

1. 定性研究法

定性研究法指的是根据社会现象或事物所具有的属性和在运动中的矛盾变化,从事物的内在规定性来研究事物的一种方法。进行定性研究,要依据一定的理论与经验,直接抓住事物特征的主要方面,将同质性在数量上的差异暂时略去。

2. 比较研究法

比较研究法就是对物与物之间和人与人之间的相似性或相异程度的研究与判断的方法。比较研究法可以理解为根据一定的标准,对两个或两个以上有联系的事物进行考察,寻找其异同,探求普遍规律与特殊规律的方法。

3. 历史研究法

历史研究法是运用历史资料,按照历史发展的顺序对过去事件进行研究的方法,亦称纵向研究法。历史研究的目的在于解决某些管理制度的现状及其演变趋

---

① 曹振杰、王学秀."管理学在中国"研究的理论反思与实践探索——第2届"管理学在中国"学术研讨会综述[J].管理学报,2010(2):159—170,253.

向,但不是断章取义地分析政治制度的现状,而是系统地研究它们以往的发展及其变迁的原因。历史研究法主要是研究某些管理制度的发展历史,从各种事件的关系中找到因果线索,演绎出造成制度现状的原因,推测该制度未来的变化。学习和研究管理学,务必要有历史思维。历史思维,就是要"以史为鉴,知古鉴今,善于运用历史眼光认识发展规律"。

4. 辩证思维

"承认矛盾,分析矛盾,解决矛盾,善于抓住关键、找准重点,洞察事物发展规律。"管理实践中充满了矛盾,这些矛盾不仅涉及个人和组织以及各种群体间的利益冲突,还可能表现为可供组织选择的不同战略的相互对立以及被选择的战略在不同背景下实施效果的不一致。辩证思维要求我们在管理实践中分析矛盾的本质,抓住冲突的关键,消除不一致,实现组织的和谐发展,同时在对管理实践对立统一过程的分析中提示管理活动的发展规律。

(二)东方管理学的内容

科学性的原则,则是中国式管理的软肋。西方管理学从泰勒的科学管理开始,应用自然科学的研究方法对影响组织的管理效率和效果进行了大量的实证研究,积累了丰富、系统的组织管理知识,并在西方的组织管理应用中取得了丰硕的成果。中国式管理所运用的管理哲学,远古可追溯至《易经》以及后来的诸子百家,其思想渊源博大精深,内容庞杂。这些中国历史上闪光的思想一直影响着中国人千百年来的生活,却与科学不沾边。[①]

中华文化博大精深,经历了漫长的历史长河,在这历史长河中名家辈出,思想丰富。但其后世的思想不外乎来源于诸子百家的思想,因此,东方管理学的内容可直接取材于先秦时期的诸子百家,在此基础上根据当代的需要进行整体构建,以形成东方管理思想的一个新的框架和模块。

本教材立足于中国管理思想,根据管理的层次性(即管理的高层、中层、基层以及管理的最高体现——管理的哲学观)以及两重性(即物质性与精神性),试图建立中国管理学的整体结构框架(如图1—1所示)。

---

① 张强,唐泳,卢启程.管理学教材建设的中国式管理缺失问题研究[J].管理观察,2015(29):135—137.

第一章 导 论

"东方管理学"结构图

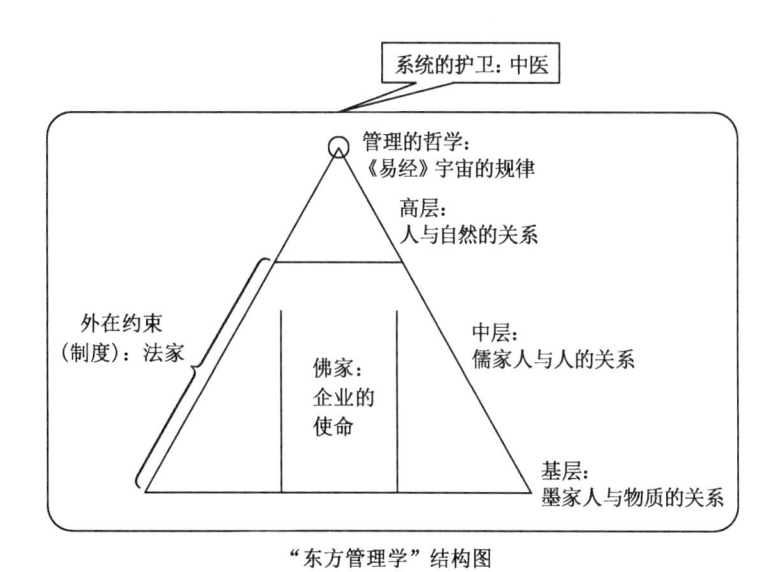

图 1－1 本教材结构图

本书章节安排如下：

第一章　导论。主要讲述中西文化的起源、中西文化的交流以及东方管理学的发展概况。

第二章　东方管理的哲学：《易经》。《易经》是中国思想的起源之一，也是中国文化源头之一，诸子百家的思想无不受其影响，因此《易经》的思想起到统领全局之作用，具有管理之哲学的地位。

第三章　高层管理：道家的管理思想。道家思想主要讲述人与自然的关系。人类的一切活动均与大自然关系密切，因此管理活动就要遵循自然规律。道家的思想充分体现了管理的自然性，道家思想可以为管理的高层提供思想指导。

第四章　中层管理：儒家的管理思想。管理最主要的核心是"人"，而儒家思想主要研究和探讨人的问题，即人与人的关系。儒家具有典型的积极入世之思想，也就是要求各位管理人员积极履行自己的职责，因此儒家从管理本质上来看适合于中层管理干部的要求。

第五章　管理的制度性：墨家的管理思想。墨家思想无论是从产生还是内容的指导性来看，都比较适合于基层管理人员。墨家思想主要是从管理的物质性角度去激励和满足基层管理人员的需求。

第六章　管理的物质性:法家的管理思想。法家思想体现了管理的制度性,即要从上到下制定一套管理的制度和程序,然后按照这套制度和程序去执行,以实现管理的绩效。

第七章　管理的利他性:佛家的管理思想。佛家思想关注心灵的静养。管理的本质就是维护社会的正常秩序,让各个组织能正常有序地运行,适应自然的变化规律。运用佛家思想进行管理能进一步提高管理效率和水平,合理利用有限的资源创造适合人类生存的物质。高层的管理者如何限制内心膨胀的欲望?佛家从一定程度上可以起到静化高层管理者心灵的作用。

第八章　东方管理系统的护卫:中医的管理思想。如果把东方管理学视为一个完整的肌体,那么中医就是护卫这个肌体的护法,能保证肌体运行的健康,使其长盛不衰。中医的和谐观、预防观及其整体观都给了管理学别开生面的启迪,可以使管理者提前布局,避开那些可能存在的问题,为保护健康生产和企业的持续发展提供了具有可行性的思想引导。

东方管理学是门灵动的学科,具有较强的权变性,同时也需要根据新时代的要求作相应的补充和完善,以使东方管理学能真正重新走入国人的视野,而不是一味"唯西""唯量化"。东方管理学更是一种思维和哲学理念,可以帮助我们提高思维水平和认知能力,使我们更好地认识世界,进而高效地完成管理工作,增强民众幸福感和使命感。

思考题

1. 试析中西文化间的差异。
2. 东方管理学经历了哪些历程?
3. 东方文明的交融经历了哪几个阶段?
4. 为何要学习东方管理学?
5. 东方管理学的研究方法有哪些?
6. 请画出东方管理学的结构图。

第二章

东方管理的哲学：《易经》

学习要点

1. 了解《易经》的起源和地位。
2. 掌握《易经》的基本知识。
3. 了解《易经》的基本知识点。
4. 了解历代的《易经》大师。
5. 以乾卦和坤卦为例了解《易经》在生活中的启示。

中华民族创造的中华文明数千年不断，始终具有蓬勃的生命力、创造力和民族凝聚力，究其原因，是因为创造它的中华民族有着比其他文明形态更为宏大先进和适应生存与发展的哲学方法、思维方式和向上精神，任何其他文明形态都难以与之相比，只可能被它所吸收、兼容和融合。中华民族和中华文明之所以具有如此包容一切的博大功能，主要是因为中华民族从创造中华文明的一开始就形成、掌握和应用了这种海纳百川、积极向上的哲学方法去认识和处理人的活动与自然万物的一切关系和变化，而这种以宏观把握为核心的、被称之为中国哲学方法、东方思维方式和中华民族精神的源头，就是《易经》。

《易经》是中华文明史上一部内涵精深、影响广泛、流传久远的典籍,有"群经之首"和"大道之源"之称。《易经》蕴涵着丰富、系统的哲学思想和智慧,尤其是辩证观。《易经》中许多思想深刻地影响着后世学人,因此它被认为是中国传统管理思想的源头。

第一节 《易经》的基本知识

《易经》是中华文明的源头之一,它的出现和发展可分为两大时期。在中国,文字出现以前就已经有了《易经》,但这时因为还没有文字,不能用文字来表述,只能用刻的数字符号来表现,故称无字《易经》。《易经》的出现大约在距今约 6000—7000 年的伏羲时代。相传在夏商代开始有了有字《易经》,即《连山》易和《归藏》易,但均已失传。到周代有了《周易》并流传至今。从无字到有字,进而到完备的《周易》,相隔数千年之久。《周易》为周文王在被商纣王囚时所著,他对伏羲的无字易以及夏代的《连山》易和商代的《归藏》易进行深入的研究之后,将其综合发展成为《周易》。周文王"演易"的主要功绩是使当时的《易经》更加完善严整,体现出了其宏观意义上涵盖一切的哲学方式和思维方式。

一、《易经》的概念

1.《易经》概述

"易"是什么?西汉的《易纬乾凿度》说:"易一名而含三义,所谓易也,变易也,不易也。""易"包含三重意思,第一是"易",第二是变易,第三是不易。书名"乾凿度",大意是开辟走向"乾"的路,或者说,开辟通往天的路。《易经》的研究变化,除了变易与不易,最根本是"易",也就是事物的本来状况。"易"从一方面看,全都是变,生生不停地变;从另一方面看,又全都是不变。东汉大儒郑康成在《易赞》及《易论》中作了进一步解释:"易一名而含三义:易简,一也;变易,二也;不易,三也。"变易和不易与《乾凿度》相同,而对应"易"则提出了"易简"的观点。复杂无比的事物,在根源上非常简单。两个解释都收录了孔颖达的《周易正义》卷首的《八论》,前者强调本来的面貌,后者指引修行的道路。

《易经》究竟是什么呢？我们先从这两个字的构造上来看：我们先看易，从字形结构上来看：易是由上面一个日字和下面一个月字构成，即太阳和月亮（如图2-1所示）。"易"从本义上来看，代指日月星辰；"经"的含义是指道路、规律。把两个字连起来看，"易经"是指日月星辰的运行规律，概括而言就是宇宙内的运行规律问题。明确了"易经"的内涵，自然也就明确了《易经》是一本关注宇宙现实、关注人类抉择与行动的书籍，其探讨的是我们该如何回应现实中关于预测未来、关注未来自然变化以及如何应对的学问，这是科学。

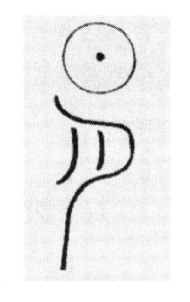

图2-1 "易"字的构成

2.《易经》在中国的文化地位

《易经》研究的是种种变化，更准确地说，是天、地、人的种种变化。1930年刘子华在英国留学时，抛开牛顿的天体力学，用中国八卦宇宙论，结合现代天文参数进行研究，发现太阳系各行星与八卦卦位图存在一种默契的对应关系。刘子华据此提出太阳系存在第十颗行星的预测，并算出第十颗行星平均轨道运行速度每秒2千米。密度为每立方厘米0.425克，离太阳的平均距离74.20亿千米，它的一年（绕太阳一周）约为817个地球年。刘子华将研究结果写成论文，并以此获得巴黎大学博士学位。该论文于1940年在法国出版并名噪一时。

《易经》显现出了宇宙启示与伦理智慧的特点，这表现于它探讨如何回应现实中关于预测未来、关注未来自然变化以及人类如何应对的过程中。

《易经》对中国古代历法、天文学、音律、建筑结构、城池位置、地理、数学、中医药学都产生了重要的影响。

《系辞》上传第十章说："《易》有圣人之道四焉，以言者尚其辞，以动者尚其变，以制器者尚其象，以卜筮者尚其占。"这就是历代易学家所称道的"辞、动、象、占"四大功能。然而，在我们看来，《周易》在中国文化史上最有影响的部分，还是它所包蕴的哲学思想。哲学是社会意识形态之一，是反映人们对整个世界（自然界、社会和思维）的根本观点的体系。八卦哲学是从春秋时代上溯到商和夏，对自然知识、社会知识的概括和总结，在古老的华夏地平线上透露了东方文明的曙光。

总之，《周易》思维体系中所显示的整体观念、对立统一法则、系体思想、序列思想、节律观念、周期循环思想、均衡原则、对称图式、互补原则和模糊原理等，与现代科学在这些方面的阐述在原理上几乎不存在不一致的地方。但全面而深入地考察八卦象数与现代科学的种种关系,切实地把握它们的内在联系,还有待人们去进一步开拓。

二、《易经》的科学性

1. 科学的定义

什么是科学？在不同时期、不同地方、不同国家对科学的定义不同。我们先看看1999年版《辞海》对科学的定义:运用范畴、定理、定律等思维形式来反映现实世界各种现象的本质的规律的知识体系。法国的《百科全书》是这样定义科学的:"科学首先不同于常识,科学通过分类,以寻求事物之中的条理。此外,科学通过揭示支配事物的规律,以求说明事物。"苏联《大百科全书》的定义为:"科学是人类活动的一个范畴,它的职能是总结关于客观世界的知识,并使之系统化。'科学'这个概念本身不仅包括获得新知识的活动,而且还包括这个活动的结果。"《现代汉语词典》(2002增补版)的定义则是这样的:其一,反映自然、社会、思维等客观规律的分科的知识体系。其二,合乎科学的。

综上所述,科学是人类对客观存在及其运动规律的正确认识的知识,是对客观存在现象研究的一种客观规律的学科。

杨振宁教授认为,近代科学的研究方法有两种:一种是归纳法,另一种是推演法。归纳法是把天地万物归纳到一个原点,它是比较难的,如《易经》就是归纳法的鼻祖。推演法是从一个原点放射到世界万物,跟归纳法方向相反,西方人擅长于推演法。中国古代比较擅长归纳法,所以文明程度远胜于西方。世界著名哲学家、美籍华人窦宗仪在《阴阳辩证一元论》中称:"《易经》的出发点以格物致知为主,神授气味不重,是有科学因素的。"

2. 古代数学对《易经》的贡献

《易经》的形成与中国的古代数学密切相关。"易者,圭象也;卦者,圭也。"说到《易经》就不能不提到圭表,因为正是圭表将天地运行的规律和法则丝毫不差地表现出来,它向上可以反映天文,向下可以印证地理,在考察万物的始末中,人们得以通晓盛衰兴亡和物极必反的道理。最早对此进行描述的是成书于西汉的中国第一部数学专著《周髀算经》。髀,指股,这里指表。《周髀算经》的理论依据是盖天说。

盖天说传为伏羲为阐释"周天圆道"所创。周,有"周普""周遍"之意。"天圆如张盖,地方如棋局",意即天和地均为拱形,天在上,地在下,天比地高出八万里。日月星辰均附着在天上,绕北天极平转,不会转到地下面去。太阳的出没与离人的远近相关,太阳离人远时,人的目力不及,表现为日没;近时,为人所见,表现为日出。太阳位置的四季变化,则是由于太阳运行的轨道四季不同而造成的。"天圆"是指日月五星的周期性运动以及产生的五方五时、河图系统、天干系统、二十四节气、卦气系统、五运六气等。"地方"指的是天垂象,地成形,五行丽地,包括洛书飞星系统、二十四向、地支系统等。这个"地方"不只是我们一般所理解的正方形,更有"方向"的意思,从最基本的东南西北四方到东南西北中五方,还可以无限分下去,128方、256方、512方、1024方、2048方……

《周髀算经》里最重要的原理就是勾股定理。勾,即表竿的投影,弦是表顶至地面的斜边。勾股定理是我们祖先在探索天地相对运动周期时捕捉到的数学原理,它在中华传统文化中起到了超越了纯粹数学的作用,始终具有独立性,并有着支点作用。它所蕴含的"天道之数",在远古有如"天机"乍泄,以其作为公理的巨大推动力,迅即被人们用以作为沟通天地、与自然对话的凭证。勾三股四弦五成为"放之四海"而皆准的定理,构架起了整个中华文明的大厦。为便于用勾股进行计算,古人以8尺(或8尺的倍数)作为表的高度。在《周髀算经》中,已非常精确地记录了先民们利用圭表确定方向、四季、二十四节气和回归年长度的方法:以日出日落确定东西,白天参照正午时长最短的影子确定南方,夜晚以北极星确定北方,这样就求得了中央四方。

中国的本意即为中央之国。以此为中点,东方得日较早,所以中央的地方日当中午时,此处日影西斜多风;西方得日较迟,所以中央之地日当正午时,此处还是朝日东升,而且多阴。南方日影短,而气候炎热;北方日影长,而气候寒冷。而中央之地则由于天地相合、四季相交,所以无多寒多暑之患,风雨相会,而无多风多雨之患;阴阳相会,而无多阴多阳之患,所以特产丰富,人民安逸。中央的位置是以8尺长的圭表,夏至影长1.6尺的地方。《周髀算经》首先确定的是冬至和夏至,冬至这一日日影最长,为一年的起算点,测定一个回归年为365.25日,再参照日月交会等自然现象,最终确立了历法。

与黄帝相对应的五千年前后,以定制形式出现的琮和璧,标志着中华文明以功能作为取向的文化选择机制和"天人合一"的宇宙观已经形成,盖天说就是在这一背景下得以确立的。

应该说,"勾(表影)之损益寸千里"开始无疑是对黄河中下游平原的特指,然后再将这一有限区域的资料以散点透视的方式放到"过此以往,未知或知"的大尺度空间,则是中国辩证科学的方法论使然。盖天说阐释天地运行机制的"七衡图"证明,它无意于天地的结构,而只着意于其功能。

根据"七衡图",古人不但得以解释中原地区的自然现象,而且推理出了北极之下"夏有不释之冰","六月见日,六月不见日";赤道左右"冬有不死之草。一岁再熟",等等。这与后来实证科学的地球五带说不期而合,只不过西方人在地上划图,中国古人在天上划图而已。至此,盖天说已经能够从理性的高度,即运用数学的方法,把观测和理论结合起来,并用模型来描述自然现象,归纳自然规律。

就现象而言,勾股定理的发现与最初的应用在于观测"日月星辰之高下,行度之迟缓,交食之浅深",以及方圆三角、浑圆弧曲等诸形的计算,但由于盖天说的取向所致,古人的着眼点显然在于借此捕捉宇宙那"既质朴、又优美的中心机制",追寻人与自然的统一与和谐。也正是从这个意义上,"勾三股四弦五"和"大衍之数五十"的"天道之数",为《河图》与《洛书》的诞生提供了充足的理性依据。数千年来,在华夏文明架构中,整个宇宙就是一盘棋,它的大小就存在于周髀的数字中,易学的时空体系就是用其复原的完整模式图。

三、《易经》的起源

《易经》包括两组并列互释的符号系统——卦象系统和文字系统。八卦是与经文并列互释的符号系统,它的来源实际上比形成文字系统的经文要早得多,探究易经文化的源流,首先要弄明白的,自然是八卦的起源问题。研究八卦的起源问题,离不开被誉为"宇宙魔方"的《河图》(如图 2-2 所示)与《洛书》,它们构成了《易经》的基础。那么《河图》与《洛书》又来源于哪呢?

1. 伏羲画八卦

传说伏羲为天下王的时候,透过观察日月星辰的变化,以及草木的兴衰、寒暑交替、雾露霜等自然现象,形成了年月日和四季的概念。斗柄指东,天下皆春;斗柄指南,天下皆夏;斗柄指西,天下皆秋;斗柄指北,天下皆冬。春种、夏长、秋收、冬藏,人们的生活有了依据。但这一切都仅仅是自然的表象,在这一表象的背后,一定还隐藏着一个更深刻、更具普遍意义的东西。这个真谛是什么呢?它似乎伸手可及,又似乎杳然难寻。

一天,伏羲正坐在孟水边休息,这时,他看到河中出现了一种动物,而这种动物正缓慢向他移动。等靠近后,他发现这动物背上还驼了一张图。这个动物,就是"龙马",也就在这一刻,伏羲突然发现自己正处于一种强烈的精神震撼中,他深切地感到自己与所膜拜的自然之间出现了一种不可名状的和谐与一致。他记下了龙马背上的图案,发现这图案恰与自己仰观天文、俯察万物之象的心得暗合。

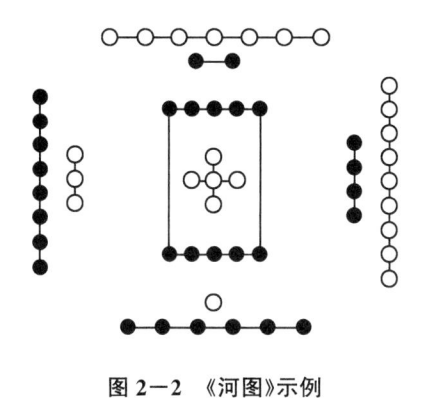

图 2-2 《河图》示例

原来,这一真谛就隐藏于根据自然变化"立竿见影,以正农时"的观象授时之法中,透过圭表,古人已经从功能的层面,窥测到了其奥秘。夏至与冬至平分黄道图,就形成了一分为二的阴阳之道,同时阴阳二气也就成了形象。由于春分与秋分昼夜之比大致平均,以此二点为界,又将周天分为上下两半。这样二分连线与二至连线便将天球分为四,形成了四季。

如前所述,阴与阳的本意是明与暗,在一年的昼夜变化中,二至二分点将黄道一分为四,从冬至到春分为少阳,从春分到夏至为太阳。从夏至到秋分为少阴,从秋分到冬至为太阴。太者,多也,少者,少也。太少阴阳即是阴阳多少之别,分属四季。

阴阳二气除可按上述分为太少阴阳四气外,又可根据黄河中下游平原的气象特点,将阳阳衍化为三阳六气,这也是后来在医学上应用广泛的"三阴三阳"的基础。在此基础上,又可进一步将一年十二个月分为六阴六阳。日月更替,以月为记(六阳)。

十一月冬至日,南极阳来而阴往。北方阴冷属水,阴极生阳,由一阳始生,所以一阳为水的生数。五月夏至日,北极阴进而阳退,南方酷热属火,阳极而生阴,由一阴始生,所以(五)六月的生阴是火的生数。夏至后阴气渐长,到八月后万物肃杀,正值四阴之数,以日落之处的西方和具有收敛作用的金乌象征,所以四是金的生数。冬至后阳气渐进,至正月万物勃发,以太阳升起的东方和木为象征,所以三阳是木的生数。

大地养育万物,其功能在四季之末变化最明显,所以季春、季夏、季秋、季冬,即三、六、九、十二各月的最后十八天被概括为土。又由于春为四季之首,三月当五阳之数,故以五为土的生数,在中央统带四方,不应月建。《河图》中六、七、八、九、十为成数,是以水、木、火、金四生数各加中心五而成。土本身就是五,再加中心五,故其成数是十,土生万物后,成数被赋予了更大的机能,从而诠释了自然界从生到成的整个循环过程。

同时,《河图》又是木、火、土、金、水五星出没的实录,以年为例:水星十一月,六月黄昏时见于北方;木星三、八月黄昏时见于南方;土星五、十月黄昏时见于中天;金星四、九月黄昏时见于西方。这样,"天一生水,地六成之;地二生火,天七成之"等,又可作此理解。金、木、水、火、土五星星名亦由此而得。

《河图》之数相加,就产生了天数55的天地生成图,再以时间和空间为坐标,从功能层面对大自然万物作出的整体描述,就形成了中国辩证科学的宇宙模式图。

《河图》之数55,再减去一个生数5,为50。50之数正好与古人在"立竿见影,以正农时"中发现的勾股弦的平方和一致。这一从时空中总结出来的数学,概括了天地之理,所以被用作"大衍之数"。大衍之数的"大"指宇宙至极,"衍"即演算。古人认为这个数字代表宇宙空间变化运行的种种资讯,因而要掌握事物的变化规律,就离不开这些数字。

古筮法中说"大衍之数50,其用49",这也是古人从圭表的运用中归纳所得,而也只有"留一不用",才能通过模拟自然运行的筮法,得到"六、七、八、九"这四个代表阴阳老少的河图外围之数。

《河图》就是对宇宙功能的总体把握,对自然实录,是整个中华文明的统一场。以此为模型,伏羲结合平日"仰观天文,俯察地理,远取诸物,近取诸身"时的归纳所得,置入其间,画出了揭示自然法则、模拟万物情状的"先天八卦"(如图2—3所示)。

图 2-3 八卦图

伏羲将《河图》中的数字进一步格物穷理,概括为"1"与"2"。但因为地是天(自然)的一部分,所以天由自身的地加二,也就是"三"来象征。八卦中应用的数字,都是由"三天""二地"所生,如七是少阳(2+2+3=7),八是少阴(3+3+2=8),九是老阳(3+3+3=9),六是老阴(2+2+2=6)。

伏羲的先天八卦是这样生成的:无极生太极,太极生二仪,两仪生四象,四象生八卦(如图 2-4 所示)。伏羲取《河图》画卦,太极中藏有五、十,产生了中央四方和天地,两仪中藏生成数,孕育了宇宙万物。四象中藏河图全数,产生了阴阳老少,四象即成,然后各加奇偶(——,— —),就得到了集象、气、数为一体的先天八卦:

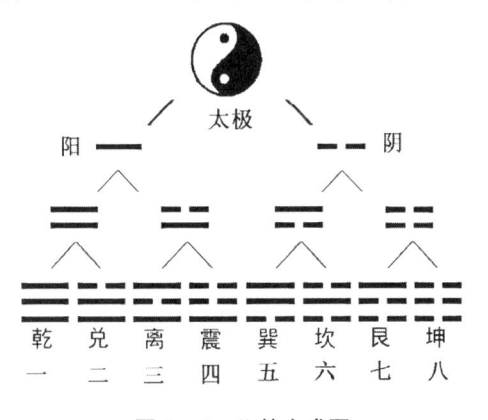

图 2-4 八卦生成图

先天八卦即为"道"。（抽象、超出形体之上的称为"道"，具体、看得见、摸得着的称为"器"。）

2.《洛书》

传说，大禹在治水时，在洛阳西洛宁县洛河中浮出神龟，背驮《洛书》（一张图），献给大禹。从《河图》《洛书》中悟出了宇宙万物的生克之理后，万事通达，始"广用勾股弦"掘九河、开九山、治九州，一举制服了洪水。大禹依此治水成功，遂划天下为九州。又依此定九章大法，治理社会，流传下来收入《尚书》中，名《洪范》。《易经·系辞上》说"河出图，洛出书，圣人则之"，指的就是《河图》与《洛书》的故事。

《洛书》奇偶数相合的道理是：一与六相合为水，二与七相合为火，三与八相合为木，四与九相合为金。

同时，《洛书》又是一年及一日天光地热的记录。以一日而言，图中的奇偶数又可作如下诠释：奇数为天光，偶数为地回馈的热气。东方日初升，这时天有三分光，故其数三；地承日光在西南，回馈二分热，故其数二。上午十至十一点，日临中五，天有五分光，故其数五；地承日光在东南方位，回馈四分热，故其数为四。中午时日在正南，地在东北，天有九分光，故其数九；地有八分热，故其数八。午后日至西北，天有七分光，故其数七；地有六分熟，故其数六。入夜后，太阳转入地下正北方，此时天只有一分光，故其数一，地转中宫，其时全无热气，所以中宫只有天数五，而无地十之数。天至辰而临中五（开天门），地转戌而转中宫（闭地户）。

3.《河图》与《洛书》的关系

从《洛书》的图中，我们可以看到《洛书》正含《河图》一得中五而成六，二得中五而成七，三得中五而成八，四得中五而成九的五行生成原理（如图2—5所示）。

上方四、九金与下方六、一水相对，成为金能生水之数。右方二、七火与左方三、八木相对，成为木能生火之数。

河图之数从一至十，以生为体，是全数。洛书之数从一至九，以克为用，不含十，但除中央五象天外，四方四隅对待均成十。同时，它的纵横各数相加都等于十五，生动地再现了统一中有变化、变化中有统一的复杂宇宙观。因而，《洛书》之数同样具备法天象地，效仿自然之功用，其数可根据天三地二的法则理解，奇数以三为演数。

偶数则以二为演数，象地逆行，效江河东去。至此，《洛书》所提示出的机制作

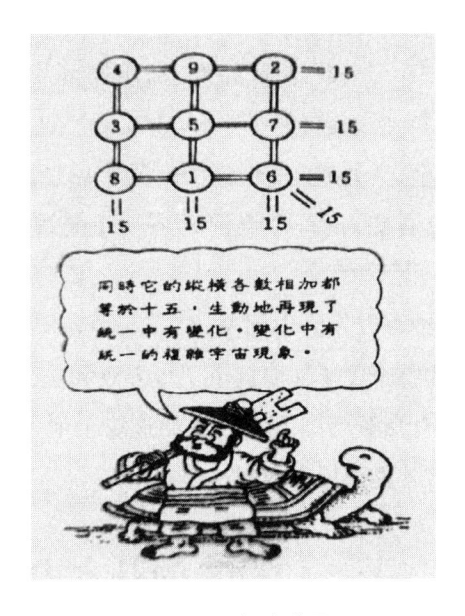

图 2—5　五行生成原理

为"宇宙动力模型的最简单形式",与《河图》的时空模型一起,构成了整个中国文化的解释系统。中华文明之所以博大精深,就赖于其有着这样一个可以用数学语言来描述的选择体系、象数模型。

《河图》被认为是体,而《洛书》是用。《河图》是静,《洛书》是动,两者本为一体。

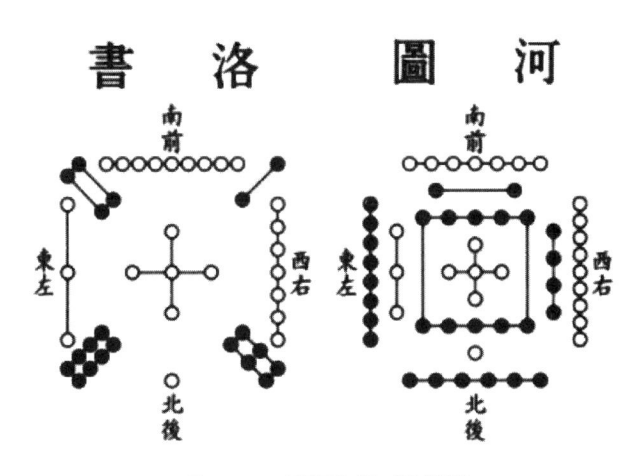

图 2—6　《河图》《洛书》模型

从图2—6中,我们可以看出几点:

(1)《河图》共有1~10十个数,阳数和为25,阴数和为30,阴阳数之和为55。

(2)《河图》包含万物生成之数,天一生水,地六成之;地二生火,天七成之;天三生木,地八成之;地四生金,天九成之;天五生土,地十成之。

(3)阳数左旋,阴数右旋,正符合银河系各星系俯视为右旋、仰视为左旋的规律。

《河图》《洛书》的归纳可以作为中国文化"多起源,一个中心"而不是"多中心"的最有力依据。因为,为整个中华文明提供了世界观和法论的这两幅图(派生出先天八卦与后天八卦),只有在黄河中下游流域的这块土地上,在温带季风性气候的条件下,农耕的生产方式才能得以完成。

第二节 《易经》的基本内容

一、八卦的演义

(一)八卦的形成

太极生两仪,两仪生四象,四象生八卦。两仪是指阴和阳,白天为阳,晚上为阴;男为阳,女为阴。四象是指东、南、西、北四个方位和春、夏、秋、冬四季。再由四季沂化成八卦:乾、坤、兑、离、震、巽、坎、艮。从数字上来说,又有乾一、兑二、离三、震四、巽五、坎六、艮七、坤八之说法。八卦又分为先天八卦和后天八卦,我们现在所用的一般是后天八卦。

八卦对中国的历法、音律、天文学、建筑学、城建、地名、中医中药、古代数学等都产生了重大的影响。

(二)先天八卦与后天八卦

后天八卦(如图2—7所示)是先天八卦(如图2—8所示)的自然属性发生变化后的结果:火为阳,上升为天用,水为阴,下降为地用;水火相交而成万物,呈现出更加富于生机的时空系统。

图 2－7　后天八卦图　　　　　　图 2－8　先天八卦图

先天八卦与后天八卦形成两个同心圆（如图 2－9 所示），外圈为先天八卦，内圈为后天八卦。

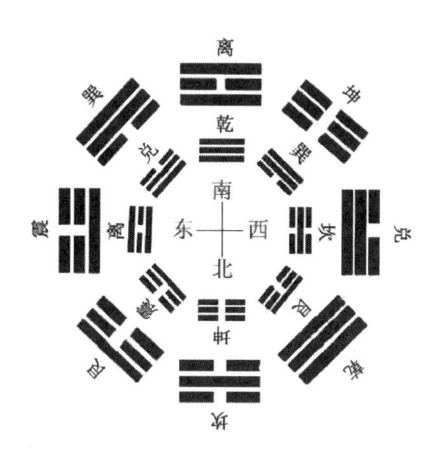

图 2－9　先天八卦与后天八卦合图

后天八卦生成后与《洛书》之数重合，就形成了后来在医学、建筑、军事乃至整个科学领域里被广泛应用的"九宫八卦图"。因此，《洛书》又被称为"后天八卦之数"。

先天八卦以震、巽木为主，用以表示生长，乾金生坎水，艮土生兑金，离火生坤土，象征"先天主生"。

后天八卦以坤、艮土为主，用以表示收藏；乾金克巽木，坎水克离火，兑金克震木,象征"后天主克"。"先天主生"和"后天主克"的关系,以人为例是这样的:以人的出生日期为界,出生前为"先天",出生后为"后天"。

先天赋予人类各种功能和指标,如体能、智慧、寿命等。后天由于客观条件的制约,要达到这些指标极限的可能性很小。

先后天的生克关系,是先后天体用关系的一种主要表现形式,是《易经》的基础理论之一,来源于人类对自然界的总结、概括,并应用于万事万物之中。

先天八卦来自《河图》,以生为主,后天八卦来自《洛书》,为流行之易,以克为主。在实际运用中,后天八卦是与《河图》配合的,所以易经中包含了天地生克的体用关系。

巽为木能生离火,而离火通过坤土才能使万物成熟。兑乾属金能生坎水,但坎水通过艮土才能生木。北方一、六为坎水,东方三、八为震巽木;南方二、七为离火;西方四、九为兑乾金,中央五、十承上启下,为坤艮土。

至此,整个宇宙的每个局部都对应了这个"与天地平行"的圭表四周(如图2—9所示)。由于图中计时单位"天干"第一个字为"甲",所以在易学中称这一模式为"纳甲"(如图2—10所示)。它是一个时间与空间、主体与客体高度统一的庞大体系。

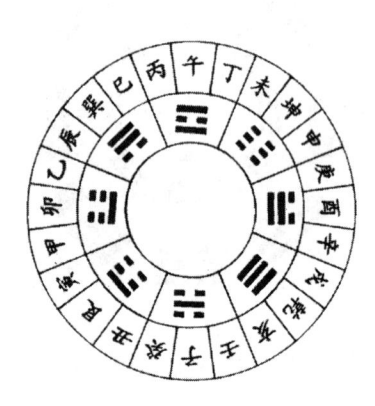

图2—10 八卦纳甲图

天人合一,道器合一,象数合一,这张出于汉人易学家京房之手的纳甲图正是建立在这一对时空本质的整体把握之上。

《易经·大传》说:书不尽言,言不尽意。书不能完全表达所要说的话,语言也无法完全表达内心的思想,所以圣人设卦立象,将无以言表的宇宙万物复杂变化的真伪尽情昭示。将其抽象原理与具体事物相结合,从而达到应用的目的,称为变;进一步推算,使其实施,发挥作用,就是"通",即融会贯通。在此基础上,倡导设置,以供人民使用,就是事实,即《易经》的功用。比如益卦,上卦巽为木,下卦震是动,象征木犁耕地。

二、《易经》的种类

作为模型,古人绘制《河图》《洛书》的目的,就是要它们起到"知其象则索其形,缘其理则知其情"的功用,以便于以逻辑推理的方法揭示对象的本质、符徽和关系,使其转化为逻辑链中的一环,达到象与数的统一。之所以称为模型,是由于有可模拟的原型而已。这一模型既要反映原型的相应特征,又要高度精练简化,以其作为公理所具有的推理求解功能,再回到原型的现实中解决实际问题。古三易均遵循"八表同昏"之法,也即《河图》《洛书》的原理与依据。

夏、商、周三代根据河洛的体用关系及各自对先天八卦的感悟,分别变化出《连山》《归藏》和《周易》,称作三易。在神农时代,神农氏根据当时的山体状况演绎出《连山易》;在黄帝时期,皇帝根据当时农耕时代的特点演绎出《归藏易》;在商朝末期,周文王演绎出《周易》,我们现在流传的就是这部《周易》。

(一)《连山易》

"八表同昏"是古人以八表测方位、定节气的求精之衡,其法同中有异,其中《连山》以周天28宿参方圆之理,故边为七。径亦为七。

$7 \times 7 = 49$(合于大衍之数)

圆三: $7 \times 3 = 21$
周四: $7 \times 4 = 28$ } 两数相加也等于49,与大衍之数相合。

四正四隅为八: $8 \times 8 = 64$(恰合于易之卦数)

(二)《归藏易》

归藏则用五用十,中央四方为五,自乘为25,合于河图天数,四方四隅加下下为十,十自乘为百,合大衍全数,八表加中心点为九,五日一候,十日一旬,以 $5 \times 9 = 45$ 日,合三个节气。

周天360度,分于四方四时各得90度,恰合一季三月之数;以90×4(季)＝360日;再加上中央四方之天数五,恰合一年为365天。

(三)《周易》

《周易》中体现河图之数为55,洛书之数为45,相加为百,河图占1、3、5三个先天阳数(1+3+5＝9),洛书占2、4二个偶数,相加为6(2+4＝6)。故,《周易》中阳爻皆用九象数,阴爻皆用六象数。

周文王八卦次序如下:

乾坤生六子。坤生三女:巽(长女)、离(中女)、兑(少女);乾生三子:震(长子)、坎(中子)、艮(少子)。

从季节上来看,这八卦分别代表了一年四季的变化:

震(☳),万物生长皆由春天开始,方位是太阳初升的东方,是阳在阴下,象征雷,鼓动万物,性喜动。

巽(☴),太阳已升起到东南,季节为春夏之间,是阴气进入到强大的阳气下方,象征风,性为入。

离(☲),太阳升至最高,内阴外阳,象征光芒四射,位于南方,季在夏至,其性为丽。

坤(☷),三爻皆阴象征地,承担养育万物的使命,位在西南,季在夏秋间。

兑(☱),象征秋天,正是果实累累、万物喜悦的季节,位于正南,兑又为泽。

乾(☰),位于西北,太阳在这里西沉,正是明与暗、阴与阳挣扎交替之间时,季节在秋冬间,性健。

坎(☵),此时已值冬至,太阳完全沉没,万物疲惫,是休息的时刻,方位正北,性为阴陷,季为冬。

艮(☶),位于东北,黑暗即将过去,光明就要来临,万物终而复始,都在此卦完成。其性为止,季在冬春之交。

(四)《易经》的天道精神

八卦代表宇宙间最常见、与人类生活最具密切关系的八种相对静态的自然现象。将八个基本卦两两相重,由于上下两卦发生互动、变通、交易的关系,就能产生六十四种不同的人事变化。从自然天道(天),寻觅人类行为(人)的合理途径,便是《易经》所揭示的天人合一的理念。天下万事万物,实际上都脱离不了自然规律的支配。人类向自然学习,找出正确的生活法则,应该是一条合理有效的途径。①

《易经》中的每一卦都是一个阴阳的组合系统,与六十四卦和八经卦相同,其蕴含着转化规律,六爻喻意少、壮、老三个阶段以及始生、渐盛、旺盛、盛极、始衰和转复六位。即使是六爻皆阳的乾卦,也在卦辞的描述中揭示了阳气由微至盛和盛极转阴的变化。

坤卦虽然是六爻皆阴,但卦辞也充分指出了阴寒由微至盛、物极必反的规律。爻位的变化非常复杂,因为事物在发展的不同阶段,都有向两个方面发展的可能。

上爻反映事物的表象,所以明显易察。初爻象征事物的本质、起始,所以难以认识。要全面把握事物整体,必须透过中间四爻才行。下下二卦同位之爻阴阳相对为"应",阴阳相同为"不应",如初爻与四爻,二爻与五爻,三爻与上爻。以六爻而言,它自身又象征着一个阴阳消长周期,如一年有十二个月,十一月一阳生,至四月六阳满;五月一阴生,至十月六阴满,十一月又一阳生,以一日计亦如此。故大而一年,小而一日,六爻无不应验,皆阴阳自然之数。

《易经》的作者根据自然法则,设卦立象,并将其所象征的含义系辞于下,以使人了解过去、推断未来。六爻的变化,是喻示天道的吉凶、地势的高下与人的善恶之理,故"天地人"又象征"三极"。易经中的"位、时、中"概念蕴含辩证法,它把变化看成是自然界最本质的东西,而由变化产生的对称性则是第二位。

在易卦六爻中,二、四爻是指阴位,三、五爻是指阳位,上爻、初爻不算位。若阳爻居阳位(三、五爻),阴爻居阴位(二、四爻),一般为"得位",表示事物向好的方向发展,主吉。反之则为"不得位",指事物发展失去依托,行为艰难。但在六爻中,由于二、五两位居中,所以何爻居之,皆为得中,主吉。这说明事物发展到此刻既无不及,亦无太过,达到了中和的最佳状态。

若阳爻居五位,阴爻居二位,既得中又得正,为大吉,表示其在时间和空间上均适宜,多能成功。但成功之时,又是衰败的开始,所以《易经》特别强调事物的发展过程各有时限,需时时戒惧。总之,事物的发展,必须合乎它时间与空间的限度,即"中"。

---

① 曾仕强.易经真的很容易[M].西安:陕西师范大学出版社,2012:24.

三、《易经》与古天文学

（一）天干地支与二十八星宿

《易经》中特别重视赤、黄、白三道，即天、地、人的相互关系以及与廿八宿、北斗七星之间的关系，其中如《河图》《洛书》、天干地支，甚至十二生肖等都由此而出。二十八宿是古代《易经》上知天文的主要内容，它与时间的关系是：二十八宿代表十二个时辰，北斗七星所指示，除子午卯酉四时辰占三宿外，其余均占两宿，每一宿均配有一个动物的形象，以便辨认记忆。

子鼠、丑牛、寅虎、卯兔、辰龙、巳蛇、午马、未羊、申猴、酉鸡、戌狗、亥猪，它们既可表示人的年龄，又起着记时的作用。因此，中国的十二生肖源于《易经》天文学的二十八宿，而且早在6 000年前就已应用。

二十八宿与四季、四方和五行有着密不可分的内在联系：二十八宿分布周天，北斗七星以北极星为圆心，对二十八宿进行旋转指时，因此，在地球上看相对不动的北斗七星是旋转的，二十八宿分为四方，每方七宿。每方七宿形象又以动物命名，各方则按五行中的五色内涵为表示，所以东西南北四个方向即为青龙、白虎、朱雀、玄武。北斗七星置在其中，为中方，代表五行的居中之位，以黄色表示，也称黄宫或中宫。中国古代帝王以此天之中心为权力的象征，故尚黄色，黄色是神圣不可侵犯的天帝权威之色，而北斗七星也被称为"帝车"，因此古代《易经》已经赋予了天人合一，帝为天子之含义。北斗七星在古代天文中也占有重要地位。北斗是由天枢、天璇、天玑、天权、玉衡、开阳、摇光七星组成的。古人把这七星联系起来想象成舀酒的斗形。北斗七星属于大熊座。

古人很重视北斗，因为可以利用它来辨方向，定季节。北斗星在不同的季节和夜晚不同的时间，出现在天空不同的方位。人们看起来它在围绕着北极星转动，所以古人又根据初昏时斗柄所指的方向来决定季节：斗柄指东，天下皆春；斗柄指南，天下皆夏；斗柄指西，天下皆秋；斗柄指北，天下皆冬。

这样，二十八宿与北斗七星也就成为一个有其权威中心的阴阳五行系统，这是阴阳五行原理源出的根据之一。正如明代张介宾所言："五行之理，原出自然天地生成，莫不有数。"

中国古代的《易经》对二十八宿与北斗七星的五方七星划分具有划时代意义。在商代的《尚书·尧典》中有对尧舜时代天文学的记述,如"日中星鸟,以殷仲春""日永星火,以正仲夏""宵中星虚,以殷仲秋""日短星昴,以正仲冬"等,这表明距今4 300余年前的尧舜时代,对二十八宿的应用已经相当普遍和熟练。

1987年,河南濮阳西水坡发现了仰韶文化早期大型墓葬,出土了龙虎蚌图实物,这是用蚌壳砌成的具有青龙、白虎方位图象的古天文图,是有关二十八宿早在6 000年前就被认知的事实及遗迹。在这里周围分布的蚌壳为二十八宿星辰,青龙代表东方为阳,白虎代表西方为阴。这表明由《易经》而出的阴阳五行说那时已为古人创立和掌握。

古人是把天上的星宿和地上的州域联系起来看的。在春秋战国时期,人们根据地上的区域来划分天上的星宿,把天上的星宿分别指配于地上的州图,使它们相互对应,如某星是某国的分星,某某星宿是某某州国的分野。

古人建立分野的目的在于观察天象,以占卜地上所配州国的吉凶。《论衡》有云:"荧惑,天罚也;心,宋分野也。祸当君。"又如王勃《滕王阁序》中的"星分翼轸"、李白《蜀道难》中的"扪参历井",指的就是所描绘的地方的星宿分野。

(二)八卦与世间万物的对应

例如,乾代表天,代表高尊的东西,如头、天、高楼大厦、金属、珠宝等;在人物方面,代表父亲、首领;在动物方面,代表身材高大威猛的老虎、狮子、龙和马等。

八卦与自然、具体的人、身体部位、方位、季节及五行间的对应归纳如下(如表2-1所示)。

表2-1　　　　　　　　　　　　八卦的象征代表物

卦名	乾	兑	离	震	巽	坎	艮	坤
自然	天	泽	火、日	雷	风、木	水	山	地
人	父	少女	中女	长男	长女	中男	少男	母
动物	马	羊	雉	龙	鸡	猪	狗	牛
身体	首	口	目	足	股	耳	手	腹
方位	西北	西	南	东方	东南	北	东北	西南
季节	秋冬	秋	夏	春	春夏间	冬	冬春间	夏秋间
五行	金	金	火	木	木	水	土	土

四、历代的《易经》大师

自古以来,中国《易经》大师辈出,《易经》有三圣,即伏羲、周文王和孔子。伏羲画八卦,周文王演绎六十四卦,而孔子为《易经》作传,把《易经》的道理说明得更加符合时代的需求,也就是把宇宙秩序和人生规律更加紧密地联结起来,并且加强道德实践的重要性,把它视为趋吉避凶能否有效的根本要素。后人把这些注解《易经》的传,称为"十翼"。

中古时期的《易经》研究者,知名的有周文王、周公(周文王的儿子,就是咱们平时经常所说的"周公解梦"的周公)、老子、孔子、鬼谷子(王氏,名诩,别名禅,战国时期传奇人物。因隐居在云梦山鬼谷,故自称鬼谷先生。他培养了许多学生,如孙膑、庞涓、苏秦、张仪等都是战国后期的风云人物)。

西汉时期有董仲舒(就是向汉武帝提出罢黜百家、独尊儒术的董仲舒)、京房、费直等人。

东汉时期有虞翻、陆绩、郑玄、诸葛亮。

魏晋时期有王弼、干宝、管辂。

唐代有李淳风、袁天罡。

后唐时期的陈抟老祖,宋代的邵雍、周敦颐、朱熹、陈颐、陈灏也都是《易经》研究的大家。

五、《易经》的阴阳之道

阴阳思想在战国时期应用普遍,人们用这种思想来解释许多自然、社会和生理病理现象。《黄帝内经》有云:"阴阳者,天地之道也,万物之纲纪,变化之父母,生杀之本始,神明之府也。""人生有形,不离阴阳。"《黄帝内经》认为,天地万物、人体、生老病死、千变万化,其根本规律都是阴阳之道。朱熹等哲学家主张阴阳的普遍存在,认为人的任何行为都离不开阴阳,都受阴阳之理的支配,即"天地之间,无往而非阴阳,一动一静,一语一默,皆是阴阳之理。"管理工作自然也受"阴阳之理"的指导。阴阳在不同的环境下有不同的意义,可以广泛地应用于自然、社会、人事等诸多方面。例如,《鬼谷子·捭阖》认为:"故圣人之在天下者,自古及今,其道一也。变化无穷,各有所归,或阴或阳,或柔或刚,或开或闭,或弛或张。"管理工作不管如何变化无穷,都难越阴阳之理、柔刚之道、开闭之法、弛张之术。阴阳学说的内容丰富、复杂,下文拟从阴阳对立、阴阳相感、阴阳互藏、阴阳互根、阳阳转化、阴阳平衡等方面探讨阴阳平衡论与管理工作的关系。

(一)阴阳对立

阴阳对立是阴阳学说最主要的见解之一。阴阳概念源于古人在长期生产、生活中"近取诸身,远取诸物"的形象思维。阴阳概念的初始含义,一方面是人们通过对太阳活动及其产生的向光与背光、温热与寒凉、晴天与阴天等自然现象长期观察和体验,在"远取诸物"形象思维下产生和抽象而来的。这一认识过程可从"阳"和"阴"的字形以及《诗经》的相关内容得到证实。另一方面是源自人类"近取诸身"的生殖活动之取象,逐渐抽象出阴阳的观念,"乃是得自于人类本身性交经验上的正负投影",即阴爻、阳爻的符号。成书于西周的《周易》中没有语词"阴阳",书中运用阳爻和阴爻符号表示阴阳,并以此演绎爻辞。西周末期的《易经》研究开始将阴阳抽象为两种物质及其势力,解释诸如地震之类的自然现象。春秋战国时期是阴阳理论形成的重要时期,认为阴阳是形成宇宙万物的"大气"分化后产生的阴气和阳气,并以此解释宇宙万物的形成和演化,故有"规始于一,一而不生,故分为阴阳,阴阳合和而万物生"的认识。春秋战国至西汉时期,阴阳概念被广泛地用以解释天地万物及其运动变化规律,如认为"阴阳者,天地之大理也。四时者,阴阳之大经也""春秋冬夏,阴阳之推移也;时之短长,阴阳之利用也;日夜之易,阴阳之化也"。在对阴阳如此深刻认识的基础上,便有了"一阴一阳之谓道"的抽象。

所谓"阴阳",最初是指日光的向背,向日为"阳",背日为"阴"。中国古籍中出现的"阴阳"至少还有以下四个义项:(1)古以"附阳"解释万物之化生及其分类。凡大地、日月、寒暑、昼夜、男女、夫妇、君臣,以至腑脏、气血等,皆分属"阴"或"阳"。在中医理论经典《黄帝内经·素问》中,"阴阳"被发挥得淋漓尽致,被运用得纯熟圆融。(2)作为表里、隐显的"阴阳"。《大戴礼记·文王官人》云:"省其居处,观其义方;省其丧哀,观其贞良;省其出入,观其交友;省其交友,观其任廉。考之以观其信,挚之以观其知,示之难以观其勇,烦之以观其治,淹之以利以观其不贪,蓝之以乐以观其不宁,喜之以物以观其不轻,怒之以观其重,醉之以观其不失也,纵之以观其常,远使之以观其不贰,迩之以观其不倦,探取其志以观其情,考其阴阳以观其诚,覆其微言以观其信,曲省其行以观其备成,此之谓'观诚'也。"(3)以"阴阳"指代日月运转之学。《后汉书》卷五十九《张衡传》云:"衡善机巧,尤致思于天文、阴阳、历算","遂乃研核阴阳,妙尽璇机之正,作浑天仪"。以上三个义项见于《辞源》。(4)一分为二的观念。"阴阳者,一分为二也",这是对阴阳含义的高度概括,揭示了阴阳是"天地之道也,万物之纲纪,变化之父母,生杀之本始,神明之府也"。这是对自然界相互关联的某些事物、现象及其属性对立双方的高度概括,是对物质世界一般运动变化规律的抽象。

阴阳对立类似于矛盾的斗争性,是指阴阳双方属性不同、互相对抗、互相抑制、互相削弱。《周易》《黄帝内经》把世界上万事万物的矛盾概括为阴阳两个方面,认为阴阳既是构成世界的两种元素,即所谓阴气和阳气,又是促成世界产生的两种对立的力量,即阴阳的相互作用产生了天、地、人和世界万物。就两种不同事物而言,"天地者,万物之上下也;阴阳者,血气之男女也;左右者,阴阳之道路也;水火者,阴阳之征兆也","天为阳,地为阴;日为阳,月为阴"。阳主刚,主健,主向上,主充实,主开放,主活跃;阴主柔,主顺,主向下,主空虚,主闭塞,主沉静。

凡是从事过管理工作的人都知道管理工作不可能是一帆风顺的。重视矛盾的普遍性,正视对立,才能化解对立。对立关系是普遍现象,无处不在,随时都有,不同国家之间、不同地区之间、不同企业之间、领导者和下属之间、不同人员之间都存在对立关系。《周易》中有"泰否""大小""往来""吉凶""祸福""进退""得失"等三十余对互相对立的概念。这些概念基本上都与管理活动密切相关。在管理工作中,遇到困难和矛盾是正常现象。有心理准备,遇到困难就不会慌张,遇到问题就能主动寻找解决之道。如竞争问题,虽然有人提出蓝海战略、"从0到1",但是现实中的管理基本上随时都处于竞争之中,超越竞争、避免竞争只能是理想状态。知道竞争是不可避免的,我们就应该在人力资源、产品研发、市场和营销等方面打造竞争优势,让自己处于有利状态。

(二)阴阳相感

"圣人感而天下和平",阴阳理论在直视对立关系的同时,也重视相感关系,能处理好阴阳相感,可以达到阴阳之间既有对立、矛盾的关系,又有相互感应、联结、合作的关系,从而达到"天下和平"的崇高境界。感应是指阴阳双方在进行物质、信息的不断交流中所发生的反应。自然界的万事万物都在大地间阴阳二气的交感作用下形成并发生着各种变化。"天地合而万物生,阴阳接而变化起""(阴阳)二气交感,化生万物""在天为气,在地成形,形气相感而化生万物""阴阳相错,而变由生",此处的"合""接""交""感""错"都是指阴阳双方的交感关系及其作用。

因为不同的利益关系,国家之间、企业之间有矛盾、有对立、有斗争,同时又有交流、有感应,这样才能够维持一定的稳定性。《象传》在论述咸卦时,认为柔上而刚下,二气感应以相与,主张"天地感而万物化生,圣人感人心而天下和平"。天地万物普遍相互关联,而这种关联是以感应为前提的,因感应而化生了世间万物,变化出人间万象。阴阳感而有天地,男女感而有子嗣,天地感而万物化生。除了咸卦,《象传》在论述泰、否、大有、小畜、贲、恒等卦时,也反复强调阴阳相感的重要性,指出"天地交而万物通也,上下交而其志同也"。如果阴阳不感应、不贯通,就会发生一系列人们不希望看到的场面,"天地不交而万物不通也,上下不交而天下无邦也"。三国时期,魏、蜀、吴三国之间充满斗争和矛盾,但是它们之间也存在众多感应与合作关系。蜀与吴是对立关系,但是在赤壁之战中,二者联合抗魏,火烧曹操战船。商场如战场,有时商家之间的竞争关系犹如水火之不相容,同时,不同商家之间也在相互学习。

(三)阴阳互藏

世界复杂多样,很多时候是你中有我,我中有你。阴阳互藏是指阴或阳任何一方都蕴含着另一方,阳不是绝对纯粹的阳,阴也不是绝对纯粹的阴。判定事物阴阳属性要根据其所含属阴或属阳成分的多少而定,而阴阳成分的多少又是依据其所含阴阳成分的隐显状态加以判断的。事物属阳的显象状态成分多而明显,而属阴的隐匿状态成分少而隐匿时,就判定其属性为阳;反之,则判定其属性为阴。这就是"阴中有阴,阳中有阳""阴中有阳,阳中有阴"之意。阴阳互藏不但是事物内部或者两个事物之间阴阳双方发生一切关系的前提,同时也是所有事物能够共存的必需条件。孤阴不生,独阳不长;阳无阴则无以生,阴无阳则无以化。

在管理工作中,要善于发现不利因素中的有利条件与有利因素中的潜在危险。泰中有否,否中有泰,肯定的、好的事物中有否定的、坏的因素存在;反之,否定的、坏的事物中亦有肯定的、好的因素存在。所以,泰卦爻辞认为,泰并不是绝对的有得无失,而是所失者小,所得者大,故为吉。否卦爻辞还认为,否并不是绝对的有失无得,而是所失者大,所得者小,故不利。有的用人高手善于避其所短,用其所长。公司用人,一般都欣赏稳重老实的人,夸夸其谈的人就可能被认为是"问题员工"。但如果把夸夸其谈的人安排去做公关或者市场营销,可能绩效比稳重老实的人高。"阴中有阳,阳中有阴",管理工作要认真,但是又不能求全责备,而是要根据工作的实际需要,扬长避短,兴利除害。

阴阳互藏,领导者要有居安思危的危机意识,有备无患,做好风险管理。中国古代许多有见识的思想家告诉人们不可一日"忘危"。《易传·系辞下》曰:"君子安而不忘危,存而不忘亡,治而不忘乱,是以身安而国家可保也。"《左传·襄公十一年》主张:"居安思危,思则有备,有备无患。"这些从历史的经验教训中得出的认识是颠扑不破的真理。《周易》把大和小、往和复、坎和盈、泰和否等对立的事物或概念联系统一起来,并且认为两者之间可以相互转化。因此,应以居安思危、治而不忘乱之心行事,才能由否而泰,由危而安。否卦九五爻辞云:"休否,大人吉。其亡其亡,系于苞桑。"意即人要常怀忧患意识,防止否运之来,应时常提醒自己,我之此身若系于柔弱的丛桑而不能自持其固,则需要小心谨慎行事,这样才能"先否后泰",由否转化为喜。

(四)阴阳互根

阴阳双方不仅存在互相制约的关系,还存在互为根据、相互促进、相互为用的关系。所谓阴阳互根,是指对立的阴阳双方互为存在的前提,任何一方都不能脱离另一方而单独存在,双方相互促进、相互制约。正如《黄帝内经·素问·阴阳应象大论》所说:"阴在内,阳之守也;阳在外,阴之使也。"例如,寒与热,寒属性为阴,热属性为阳,没有属阴的寒作为参照划分的前提,也就不可能有属阳的热,反之亦然。《黄帝内经》认为云雨的形成过程就充分体现了大自然的阴阳互用关系:"地气上为云"是借助了阳热之气的气化作用,此即"阳化气""热生清"之义;"天气下为雨"是借助了阴寒之气的凝聚作用,此即"阴成形""寒生浊"之义。此处是以大自然中云和雨、天气和地气的往复循环为例论证阴阳互为根据、相互促进、相互为用的关系。所以,张介宾说:"阴不可无阳,阳不可无阴。"

杰出的军事将领只有在战争年代才能产生,没有敌我的殊死拼杀,伟大的将军就没有产生的基础。客户关系可能较难处理，但没有客户的需求，就没有企业存在的必要。客户的适当挑剔，可以促进企业改进产品质量，提升服务能力。海尔、联想、华为都有国内外强大的竞争对手，如果没有强大的竞争对手，海尔、联想和华为也不可能发展壮大起来。

阴阳管理的互根互用不仅体现于管理的系统结构之中（如计划系统、生产系统、营销系统等阴阳要素的互根互用），也体现于管理系统的各个功能之中（如计划的执行、生产的组织、营销的竞争等阴阳要素的互根互用）。在管理活动中，阳依赖于阴而存在，阴也依赖于阳而存在，没有阴就无以言阳，没有阳亦无以言阴。阴阳转化互为根据，在一定条件下，各自朝着管理的相反方面转化，如高效益与低效益相互转化。

涩泽荣一提出的"《论语》加算盘"模式，其基本精神就是义利互根、义利合一，即以公益为利，利即是义，承认谋利有其正当价值，但必须用道德对其进行规范指导，使其符合社会伦理。

（五）阴阳转化

阴阳转化是指阴阳双方在一定的条件下向着对立的方面转化，即阳变为阴，阴变为阳，"重阴必阳，重阳必阴"。物极必反，否极泰来，已成为人们生活中的常识。《周易》认为64卦的变化最终都归结为阴阳矛盾对立统一的相互转化，每卦只要阴阳互变，就可以转化为另一卦。"太虚寥廓，肇基化元，万物资始，五运终天，布气真灵，摠统坤元，九星悬朗，七曜周旋，曰阴曰阳，曰刚曰柔，幽显既位，寒暑弛张，生生化化，品物咸章。"自然、社会、人事都存在普遍的变化，这些变化都可以概括为阴阳之变。股市的涨跌过程就是一个相互转化的过程，涨极生跌，跌极生涨，涨之极点就是跌之起点，跌之极点就是涨之起点。在管理活动中，阴阳双方相互转化，就是因为对立双方互相包含其对立面的因素。

例如，某新产品开发成功之时就已包含遭遇淘汰的因素，该产品遭遇淘汰之时也孕育着别的新产品开发成功的因素。明白阴阳转化之理，我们可以主动促成一些变化，因为"功业见乎变"（《易传·系辞下》）。《周易正义》中，晋人韩康伯注："功业由变以兴，故见乎变也。"明代来知德在《周易集注》中进一步解释说："功业即因变而见矣。功业者，成务定业也；因变而见，即变而通之以尽利也。所谓功业，其实就是《易传·系辞上》所说的"变而通之以尽利"。因此,"功业见乎变"意即功业表现为能否适时通变以逐其利。我们生存在适应性时代,一定要对适应性挑战有清醒的认识,并有相应的应对措施。只有这样,才能建立功业,取得高绩效,将企业做强做大。

"永远变化"是当今时代企业面临的一条规律。在管理决策中,没有永远有效的方案,也没有普遍适用的经营策略。我们应该主动发起变革,引领变革。只有适时调整甚至改变既定计划,时时密切关注时势的现状和变化态势,将决策建立在现实的客观条件之上,才能使企业立于不败之地。企业要面对不同的利益群体,如客户、供应商、投资者、政府等,这些不同的利益群体的需求在很多时候是各不相同的,其中任何一方需求的变化都可能转化为对企业变革的要求。能否满足这些不同的需求,适应这些变革,尤其是重大变革,是企业在激烈竞争时代生存和发展的关键。成功的变革管理将会使企业在日益激烈的竞争中处于长盛不衰的地位。但是,如果错失良机,不能适应发生的变化,企业可能会很快消亡。

(六)阴阳平衡

阴阳平衡是指相对的动态平衡。动态平衡是指事物中对立的两方面力量的配比,适宜于事物运动的规律性,并表现为事物处于有序的运动状态中。阴阳理论强调"和"与"平衡"。阴阳双方不可分离,它们是合一的。我们既要看到事物内部的两种势力的相推、相荡,又要看到双方的相感、相通。我们还应该知道阴阳相推、相感的结果必然阴阳合和。"保合大和,乃利贞。"无论阴阳双方如何相推、相感,毕竟是共处于一个整体之中。阴阳只是事物中存在的对立因素、势力、性能,而不是两种绝对对立的实体。保持阴阳双方的结合,达到高度和谐、平衡,万物乃可顺利坚固。《易传·系辞下》明确指出,乾坤双方具有"阴阳合德"的特性。"乾坤,其《易》之门邪?乾,阳物也;坤,阴物也。阴阳合德,而刚柔有体,以体天地之撰,以通神明之德。"有阴阳双方的和谐统一,方有气化过程的神妙莫测和变化无穷。中国哲学早就强调"和",主张"和实生物,用则不继","天地以和顺而为命,万物以和顺而为性",相反者,"互以相成,无终相敌之理"。

在中国,管理人员的许多精力集中于如何做到平衡与稳定工作,"用阴和阳,用阳和阴"。达到阴阳动态平衡的状态,对于复杂的管理工作而言,其核心内容就是

"谨察阴阳所在而调之,以平为期"。在管理工作中,利用阴阳理论,根据不同的对象、需求,分别达到不同的平衡,如《三略·上略》所云:"危者,安之;惧者,欢之;叛者,还之;怨者,原之;诉者,察之;卑者,贵之;强者,抑之;敌者,残之;贪者,丰之;欲者,使之;畏者,隐之;谋者,近之;谗者,覆之;毁者,复之;反者,废之;横者,挫之;满者,损之;归者,招之;服者,居之;降者,脱之。"

阴阳是辩证的总纲,是管理诊断的大法。"察色按脉,先别阴阳",经营管理,首先要对企业现状进行客观的诊断、分析,判断问题到底出在哪里。管理活动中,发生各种问题的主要原因就是阴阳失调。任何管理问题,尽管其现象错综复杂、变化多端,但均可用阴或阳的关系加以分析、判断。在具体运用过程中,要做到正确区分阴阳,即快与慢、外部与内部、增与减、涨与跌、高与低、大与小等各项管理方面的技术经济指标。总之,观察、听辩、询问、调查等活动都应以分别阴阳为首要任务,只有掌握阴阳的属性,才能正确区分问题的性质。不论是战略问题,还是组织结构、财务、营销、流程等方面的问题,都可以归纳为阴阳方面的问题。"明于阴阳,如惑之解,如醉之醒。"阴阳理论妙用无穷,是探索自然、社会、生命奥秘的钥匙,是指南针、方向盘、清醒剂。理解了阴阳理论,也就容易正确认识纷繁复杂的管理现象和本质。管理工作就是要整合多种资源,以达到阴阳平衡的结果。

第三节 《易经》在管理中的运用

无论从理论还是实践视角来看,《易经》都是一本关注宇宙现实、关注人类抉择与行动的书。《易经》通过由符号线条组成的系统,预测隐含的宇宙基本原理与变化,能够启发人们发现变化中所蕴含的宇宙创造性。这种创造性是一种能够创造新事物、化繁为简、化简为繁的推动力。在宇宙中,自然规律与天地万物同生共荣,万物的激荡变化也衍生出新的自然规律。对于人类而言,能够自主地选择与行动,也算是一种创造力。《易经》强调发掘善良的人性和道德并阻止善向恶的转化。《易经》认为,德行培育,有一个从小到大点滴积累、循序渐进的过程。这些也都对我们为人处事有一定的指导作用。

一、乾卦的管理意义

六横,代表乾(如图2—11所示)。

乾卦寓意为:元、亨、利、贞。乾象征天,具有万物创始的伟大的天圆。元,始也;亨,通也;利,和也;贞,正也。

初九:潜龙勿用。九二:见龙在田,利见大人。九三:君子终日乾乾,夕惕若厉,无咎。九四:或跃在渊,无咎。九五:飞龙在天,利见大人。上九:亢龙有悔。用九:见群龙无首,吉。

我们用企业的生命周期来进行详细分析。企业生命周期分为生长期(初创期)、成长期、成熟期和衰退期,我们接下来联系乾卦来进行分析。

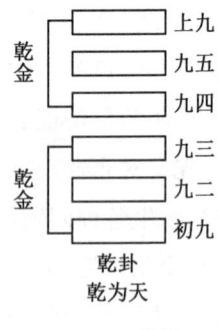

初九:潜龙勿用。潜藏的龙,不要施展威力。也就是说,你虽然会是一条龙,但现在的你,由于刚刚出生,还没显形,力量还不够大,为了保护好自己,你只能先做一条潜龙,做好自己,养精蓄锐,等待时机。

九二:见龙在田,利见大人。龙出现在地上,可以去见大人物了。也就是通过前段时间潜伏和养精蓄锐,你的力量已经有所成长了,有龙的雏形了,可以去见大人物。这时的企业可以进入市场,可以广而告之了。

九三:君子终日乾乾,夕惕若厉,无咎(惕龙)。君子自强不息,小心谨慎,晚上也不放松警惕,小心翼翼,提防对手的攻击,保护好自己,进一步提升实力。

九四:或跃在渊,无咎。这时候的你实力已经快速提升了,你可以跃或以伏,无论如何,你都是没有任何灾难。对于企业来说,现在的企业处于成长后期,这时的企业可以在市场上活跃,可以再潜心修炼提升实力,也可以在市场上进一步展开竞争成为一条跃龙。

九五:飞龙在天,利见大人。经过前期的努力,你的实力进一步提升,你已经成为一条飞龙,成为企业界的老大,这时的你势头正旺,犹如处于成熟前期的企业,无论怎么做,你都是最优秀的,人生正处于得意之际。

上九:亢龙有悔。人生的最高峰,物极必反,高处不胜寒。人过了最高峰,再往后便是下坡。企业同样也是如此,过了成熟期后,企业将步入衰退期,将要走下坡路。满招损,退将受益。这时最好的处理办法,就是重新研究新产品,低调做事,把自己的内务做好,以延缓衰退,延长企业的生命周期,或者是使企业重新再起。

用九:见群龙无首,吉。这个时候,大家都是龙,没有垄断,大家都可以进行自由竞争,自由成长,反而是吉。另一种说法就是,在这个团队里,没有领导,或者让人感受不到领导的存在,每个人都是主人翁,做好自己的事情。领导很低调,员工感受不到领导的管制,所以每个人都能展示出自己的实力,做一个最优秀的自己,把团队的力量发挥到极致。

结合图2—12,乾卦可充分展示一家企业在不同阶段所采用的战略方式,我们可以据此采取相应策略来延长企业的生命期,增加企业利润。在前期要低调,在低调中自我成长。时机成熟,适当可以出来露脸(如在成长期,这时适用于九二爻)。但一旦社会知道你的存在后,你将面临一定的风险,故而要时刻警惕对方的攻击,不断地增强自己的实力,只有在市场上生存下去才能获得市场控制权(即九五之尊,飞龙在天)。成功后,则要防止物极必反,巅峰之后的下坡。从周期上来看,此时企业最佳的动作便是研发新产品,延缓企业的衰退期,延长企业生命周期。这便是乾卦给企业经营的启示。

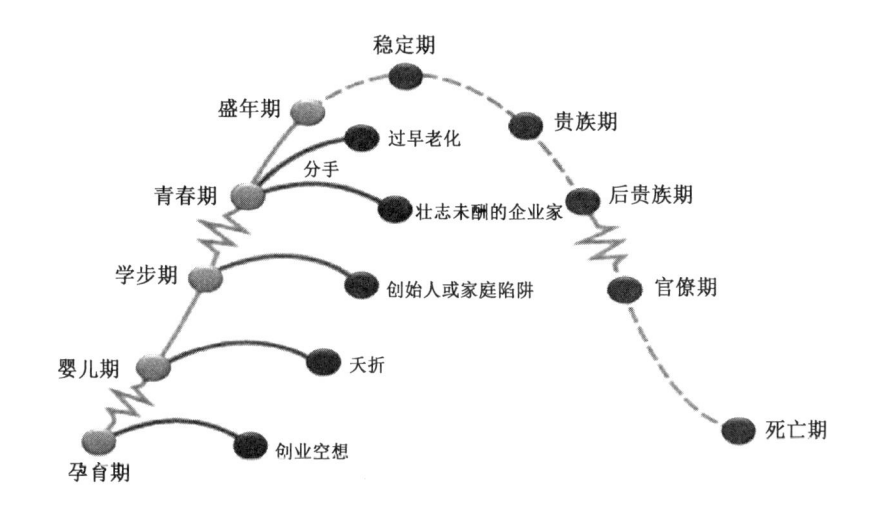

图2—12 企业的生命周期图

二、坤卦的管理意义

坤是由六短线组成。

坤代表地,人物代表母亲。坤,元,亨,利牝马之贞。君子有攸往,先迷后得主。利西南得朋,东北丧朋。安贞,吉。象曰:地势坤,君子以厚德载物。

坤卦:大吉大利(白话文)。占问雌马得到吉兆。君子前去旅行,先迷失路途,后来找到主人,吉利。西南行获得财物,东北行丧失财物。占问定居,得到吉兆。《象辞》说:大地的形势平铺舒展,顺承天道。君子观此卦象,取法于地,以深厚的德行来承担重大的责任。从卦义来看,坤主要强调的是一个人的"德",即厚德载物。

初六:履霜,坚冰至。天要变冷了(从乾的上九开始引出),冬天来了,这时你要出门,母亲告诉你出门要带干粮,同时要防备天气寒冷,因此要多带衣服,多穿衣裳。从企业角度来看,企业过了高峰之后,要迎来一个低潮,这时要做好各种准备,以防患胜于未然。

六二:直方大,不习,无不利。"直"就是待人要像大地一样广阔,要真诚,善良,这就是直。方,刚正;大,大气,能包容。只有用真正的才情、感情、真心与人交往,这样的交往才能长远,哪怕十年不见,我还会想他。所以要用我们的善良、美好、大气、真诚去待人,去包容他人。但是,善良和宽容是有底线、有原则的。想要在今后的工作上能顺利,生活上要顺心,我们首先要从自己入手,先修好内德,也许在工作场合中,在工作能力上你不如他人,但是你摆正自己的心态,谦虚低调,认真学习他人的长处,用你的真诚和认真去工作,相信定会获得他人的认可。

六三:含章可贞,或从王事,无成有终。"含",蕴含的意思,含得住。"章",美德,就是一个人的内心深处要蕴含一种伟大而美丽的德(要含蓄)。"贞"是指大道正道,你蕴含美好的品德在心里,你就是一个具备大道观的人,这是贞。随着工作时间的推移,你在工作中得到了成长,你的能力和水平得到了很大的提升,也许你已经面临升职,这时坤卦告诫你要保持内心的谦和,不要张扬,更不要因为自己水平或职位的提升而盛气凌人。

六四:括囊,无咎无誉。要谨小慎微。要学会隐藏自己的实力,不张扬,不高调,谦虚谨慎。地低可以成海,人低可以成王,就是这个道理。这一卦同样告诫身处高位的人一定要坚持内修,戒骄戒躁,保持自己内心的宽广,要学会隐藏。

六五：黄裳，元吉。黄在古代是土的颜色，中间的颜色。衣裳是上衣和裙子都要换，知道自己的身份，九五才能穿黄色的上衣。也就是说，由于你的品德和能力得到了大家的认可，你可以发挥你的影响力了。但是，你还是要守住自己的本分，这是最吉利的。这个时候你可以更换形象，展示你最好的形象，穿上你最好的衣裳。当然，你在前面的修养过程中已经成就了自己，也不会变得浮躁和虚华，而是以沉稳的心态面对眼前纷繁复杂的一切，处理事务游刃有余。

上六：龙战于野，其血玄黄。两龙相争，战斗惨烈，物极必反，见好就收（学会转变），人心不足蛇吞象，必然会导致失败。当一个人已经取得很大的成就时，由于周边环境的影响，尤其处在最高端，周围对他没有过多的约束，这时人容易变得贪婪。所以，在这时此爻就在告诫你要学会收手，这相当于佛家的棒喝，给沉浸在权位喜悦中的你以提醒。

用六：利永贞。象曰：用六永贞，以大终也。有利于永远守持正道，保持人心的纯洁，别干邪的、歪的事，永远坚守正道。

坤卦各爻的内容都是以修德为主，它的总境界就是"厚德载物"。而道德的修炼，需要不断累积。只要做到敬和义，德必不孤。一个人只要一直坚持行善，最后肯定会有许多人支持你。

总之，《易经》的产生和发展离不开中国人的长期实践，他们在漫长的生产活动中去探索人和宇宙间的关系，探寻宇宙的运行规律。他们试图通过破译宇宙密码为人类提供生存之思路。一阴一阳之谓道，天地人万物皆有阴阳。从管理的角度来看，《易经》从哲学上对管理作出了指示，对东方管理学具有统领的功能。

《易经》的宇宙观是从仰观俯察的实际经验而来，合乎科学精神。人人都是一个太极，有物质的需求，也有精神的觉醒。物质是有限的，但精神却可以是久远的，我们应该遵循《易经》中的宇宙规律，和天地万物相合，天地交感，组成人和宇宙的和谐共生的生态网。唯有"通天之志"，才能"成天下之务"。

易经的"一阴一阳之谓道"，告诉我们万事万物都出于一阴一阳的合二为一，必须依据一阴一阳的规律而变化。没有阴阳交错的基本矛盾，八卦就无法成立。矛盾不必对立，以免引起冲突，却应该可以化解，务求大化小，小化无，以达到和谐发展的效果。变化的规律永远不变，在事物发展到了极端就会发生变化，变化了自然就会通达，通达了就会持久。人们要掌握这个规律，提升自我的修养，通过自然合理的变通而生生不息。

思考题

1. 为什么说《易经》是中华文化的源头之一？
2. 如何看待《易经》的科学性？
3. 《易经》对管理有什么样的启示？
4. 如何评价《易经》与天文学、数学的关系？

案例故事

见微知著

商朝纣王即位后不久，吃饭必用象牙筷子。大臣箕子看到后，对人说："象牙筷子肯定不能配土瓦器，而要配犀角雕的碗和白玉杯；有了玉杯，其中肯定不能盛菜汤豆羹，而要盛山珍海味才相配；吃了山珍海味就不愿再穿粗衣葛服，而要穿锦绣的衣服；也不愿再住茅屋陋室，而要乘华贵的车子，住高屋大厦。这样下去，商国境内的物品将不能满足他的欲望，还要去征掠远方各国的珍奇异宝。长此以往，国家就危险了。"

果然，纣王的贪欲越来越大，最后亡国自焚。

《易经》里说，"知几，其神乎"，"几"的意思是事物的细微变化，能够知"几"的是神人。从事物的细节可以推测出未来的发展变化，见微知著，这就是"知几"，而知"几"的背后，是哲人对天地人心的精确把握。

第三章

高层管理:道家的管理思想

学习要点

1. 了解道家思想的起源及其主要的代表人物老子、庄子的经历。
2. 掌握道家的辩证哲学及其人性论。
3. 掌握老子的无为而治的管理自然观。
4. 掌握庄子的管理整体思维及其工作过程中的分工思维。
5. 掌握和比较老子和庄子对管理人员素质的要求。

在上一章中,我们学习了《易经》的内容,《易经》是从宇宙的视角来探寻万事万物的规律。本章的内容则把管理研究的目标拉近,从地球的角度去思考人类的生活和管理,即人和自然的问题。道家思想解决的正是让人类如何在大宇宙下、地球上生活的规则。组织的管理者在为组织谋划时应该立足于一定的高度(大自然的视角)去思考和盘活可用资源,为组织创造一定的生存和发展的空间,高屋建瓴地构建整体管理思路和框架,并引领整个管理团队共同去维护这一管理思路,形成一种统一的管理思想,达成目标。基于此,我们一起来学习道家的管理思想和方法。

第一节 道家思想的起源

一、道家思想渊源

1. 道家思想的渊源

道家思想的产生主要源于远古时期的"天人合一"思想,这一思想是由《易经》演化而来的。在《易经》探讨宇宙、自然运行规律的基础上,道家继续探讨人这一小宇宙如何在大宇宙中生存,如何顺应自然,慢慢地形成人与自然间的关系处理规则,从而为人类提供生存方式的指导思想。东周末年,王权衰微,社会动荡,人心欲望膨胀,道德败坏,人们在心理上需要一种思想来指导,这也为道家思想的产生提供了土壤。

2. 道家思想的代表人物

道家思想的代表人物主要有黄帝、老子、庄子。黄帝(约公元前2717—公元前2599年),是中国远古部落之首领,也是中华民族文明的祖先。史载黄帝因有土德之瑞,故被尊称为"黄帝"。黄帝诞辰为农历三月初三,每年的三月初三,许多全球各地的华人都会回来祭祖。

二、老子简介

1. 老子生平

老子(约公元前571年—公元前471年)姓李名耳,字聃,出生于周朝春秋时期陈国苦县(现在的河南境内)。说老子出生的时候头发就是白的,所以被称为老子,他曾担任过周朝守藏室之史,以博学闻名。

老子出生于公元前571年6月,由于出生天生异象,体弱而头大,眉宽而耳阔,目如深渊珠清澈,鼻含双梁中如辙。因其双耳长大,故起名为"聃"。他从小聪明,母亲为他聘请商容为师。三年后,商容辞去教职,把年仅13岁的老子推荐到周朝的图书馆,让他饱读各类书籍。老聃入周,拜见博士,入太学,天文、地理、人文无所不学,《诗》《书》《易》《历》《礼》《乐》无所不览,文物、典章、史书无所不习,三年而大有长进。博士又荐其入守藏室为吏。守藏室是周朝典籍收藏之所,集天下之文,收天下之书,汗牛充栋,无所不有。老聃处其中,如蛟龙游入大海,海阔凭龙跃;如雄鹰展翅蓝天,天高任鸟飞。老聃如饥似渴,博览泛观,渐臻佳境,通礼乐之源,明道德之旨,三年后(周灵王二十一年、公元前551年),老子入周王室任守藏室史(管理藏书的官员)。此时,老子已名闻天下。

周景王十年(鲁昭公七年、公元前535年),老子因受权贵排挤,被甘简公免去守藏室史之职,出游鲁国。在鲁国巷党主持友人葬礼,孔子助葬。时孔子17岁,问礼于老聃。周景王十五年(鲁昭公十二年、公元前530年),老子被甘平公召回仍任守藏室史。周景王十九年(鲁昭公十六年、公元前526年),26岁的孔子适周观光,拜访老子。周敬王四年(鲁昭公二十六年、公元前516年),老子因所管典籍被王子朝携至楚国,被罢免守藏室史一职,回故里居住。后去往秦国,确切年代不详。

周敬王十九年(鲁定公九年、公元前501年),五十一岁的孔子南至老子故里向老子问学。

大约周敬王三十五年(鲁哀公十年、公元前485年),老子看到周王朝日渐衰败,就离开故土,准备出函谷关去四处云游。

把守函谷关的长官尹喜很仰慕老子,听说他来到函谷关,非常高兴。可是当他知道老子要出关去云游,又觉得很可惜,就想方设法留住老子。于是,尹喜就对老子说:"先生想出关也可以,但是得留下一部著作。"老子听后,就在函谷关住了几天。几天后,他交给尹喜一篇五千字左右的著作,这篇著作就是后来传世的《道德经》。然后,老子就骑着大青牛慢悠悠地往西去了。

2. 老子与《道德经》

《道德经》的版本有不同的说法。传统的版本都是分为81章,合于九九八一之道。对于《道德经》的解读更是有千家注解。

《姬氏道德经》是圣师老聃西出函谷关回归祖源灵台后,传给姬氏宗族的版本。该版《道德经》通过姬氏先祖世代相传。不同于通行版的81章结构分法,《姬氏道德经》不分章,共为6卷,分别是道经、德经、道理、道政、道法、道术,是一个自形而上至形而下贯穿的层次,每卷分初、中、上三节。道经、德经、道理属于形而上,道政、道法、道术属于形而下。

该书前言内容还涉及老子诞辰、归安时日和归安之地、老子称呼的渊源以及其他一些周王朝未被记载的历史。该书还披露了周期时极其独特的"声闻""解意""意联"的解经法。

老子在论德时,认为最高的"德"是让心、身、行为都回归到合乎自然的清净无妄的状态,只有回归于这种状态,才能合于道,因此"德"是"道"最高尚的表现。老子关于"政治""政法""政术"等,内容约占《道德经》一半左右,这些都是讲给统治者和执行者们听的。"以正治邦,以奇用兵,以无私取天下"就能"其鬼不神",老子劝统治者做有德性的明君仁臣,不要肆意妄为,故而《道德经》的思想更多是针对高层而言的。

第二节 道家的管理哲学

一、道家的辩证观

老子的思想来源于《易经》《德经》《政经》《周礼》等作品,老子的管理哲学主要是辩证观。

(一)道法自然,有无相生

老子辩证思想的源头被认为来自两处:一是《易经》祸福观及其刚柔观;二是古籍中的阴阳思想,尤其是周朝时期伯阳父的思想。

伯阳父,生卒年月不详,西周时期的史官。太史掌管天文历法,着重观察时令的变化及其相关的农业生产,因而能够总结这方面的实践经验,特别是农业生产经验以及与之密切联系的天文气象、季节变化知识。因此,他的思想能形成和发展出具有朴素唯物主义观点和辩证法因素的阴阳五行学说。自然而然,他成为阴阳五行家的先驱者。

伯阳父既用自然界本身所固有的两种有着对立统一关系的物质力量——"阴阳"二气的消长对比来解释自然现象的变化,又从包含着朴素对立统一思想的"和实生物,同则不继"的原则出发,用土、金、木、水、火五行的排列组合来说明世界万物的构成。因此,可以说伯阳父就是一个阴阳五行家的先驱者,他运用阴阳论来分析地震之形成堪称其最典型的理论之一,原文如下:

幽王二年,西周三川皆震。伯阳父曰:"周将亡矣!夫天地之气,不失其序;若过其序,民乱之也。阳伏而不能出,阴迫而不能烝,于是有地震。

今三川实震,是阳失其所而镇阴也。阳失而在阴,川源必塞;源塞,国必亡。夫水土演而民用也。水土无所演,民乏财用,不亡何待?"

这段话主要是谈地震,由地震而影响国家安危。在伯阳父看来,地震的产生原因是阳气受阴气压抑,引起剧烈变动。这和《易传》中说的"阴阳相薄""阴凝于阳""二气感应"一样,都是谈阴气和阳气的关系。所不同的是,伯阳父谈的是自然现象,而《易传》是由自然引申到社会现象,把阴阳关系普遍化了。[①]

老子在周朝收藏室饱读各类典籍,在《易经》和伯阳父阴阳论的基础上形成了自己的辩证观。他的主要观点包括以下几点:

1. 三生万物,道法自然

老子认为,"道生一,一生二,二生三,三生万物。负阴而抱阳,冲气以为和"。虚无是实有的起源,虚无无极的无形之物与实有之物之间激变,产生了宇宙中最初之混沌气物,而这种物通过演化,又变成了自然宇宙中最玄妙莫测的大道。而这循环不息又玄妙莫测的大道通过演化产生了自然中最原始一体的气物,原始一体的气物又演化成阴阳这两种气物,阴与阳相互循环交替交融又产生了和气(即第三种气物),阴气、阳气与和气在循环运转交替交融中才产生了世间实有的万物。万物附靠实表生存而喜向虚阳生长,虚无的阴气、阳气与和气交替交融而辅助万物和谐生长。老子认为,世间万物都是由阴阳互补结构形成的。老子认为一切的管理都是有规律可循的,一切的管理都有管理之道,因此应寻找并遵守管理之道。世事有其自然规律,管理也有其规律,我们应该根据事物的发展规律去管理,而不是迎合。

管理的技巧也就在于合乎于"道"。因此,我们做事都应该效法自然,遵循自然的客观规律而不应逆规律行事,如我们正常的工作时间的安排就体现了"道"之精神。

要遵循管理规律,我们可以效法自然。管理的最佳方法是向内求,也就是说从人的精神上去满足,仅仅从外部去刺激是无法满足人的需求的。人们对物质的需求是无止境的,没有饭吃的时候想着能有吃的就好了,有了吃的还想吃好,有了好吃的又想要拥有住的,有好吃好住的,那还不能满足,还想要手里有一套房备用,有了一套,想要两套,有了两套还要三套、四套,甚至更多。

光靠物质是难以激励下属的积极性,还得要向内求。当然,也不能光讲精神

---

① 赵士孝. 阴阳思想的来源[J]. 哲学研究,1996(8):70—78.

而不讲物质,物质是基础。按照马斯洛的需求层次理论,物质也是第一层次,其次才是精神层面,我们不能走极端。

2. 祸福相依,清静无为

老子说:"天下皆知美之为美,斯恶已;皆知善之为善,斯不善已。故有无相生,难易相成,长短相形,高下相倾,音声相和,前后相随。是以圣人处无为之事,行不言之教。万物作焉而不辞,生而不有,为而不恃,功成而弗居。夫惟弗居,是以不去。"老子认为"有"与"无"是相辅相成的。

在老子看来,天地间万事万物的存在都是相互依赖而不是单独孤立的,整个自然界和人类社会总是充满着既对立又统一的矛盾现象。这些矛盾现象中,属于自然界的有大小、多少、高低、远近、厚薄等,属于人类社会的有美丑、善恶、真伪、是非、利害、祸福、生死、荣辱、智愚、吉凶、兴废等。"有无相生,难易相成,长短相形,高下相倾,音声相和,前后相随"就很恰当地说明了"有无""难易""长短""高下""前后"这些对立的两面都是互为存在条件的。他不仅看到了存在、有形等"有"的方面的作用,也看到了它的反面——不存在、空虚、"无形"等"无"的重要作用。

老子认为"万物负阴而抱阳",所有的事物,既有阴面,就有阳面,都有正反两个方面,所有的事物都是相互依存的,不可能只有优点,没有缺点。因此,只有一分为二地进行分析,才能全面、客观地分析与把握管理的发展变化规律。

祸福相依,是指对立统一的矛盾现象。事物都有两面性,阴中有阳,阳中有阴。"塞翁失马"的故事讲的正是这个道理:

> 近塞上之人有善术者,马无故亡而入胡。人皆吊之,其父曰:"此何遽不为福乎?"居数月,其马将胡骏马而归。人皆贺之,其父曰:"此何遽不能为祸乎?"家富良马,其子好骑,堕而折其髀。人皆吊之,其父曰:"此何遽不为福乎?"居一年,胡人大入塞,丁壮者引弦而战。近塞之人,死者十九。此独以跛之故,父子相保。

塞翁失马,焉知非福?最后父子相保,终因祸得福,这正体现了"祸兮福所倚,福兮祸所伏"的辩证观。"万物负阴而抱阳",即阴阳、正反相互依存,故要一分为二看问题,才能全面、客观地分析与把握管理的发展变化规律。在管理过程中,我们要关注事物的细微变化,察一而知十,一叶而知秋。当企业正处极盛时,就应该未雨绸缪,做好相应的防护,而不是一味沉浸在岁月静好中,等事情来临而不知所措,那将为时已晚矣。

(二)治理原则:清静无为(以不变应万变)

通过道家的"道生一,一生二,二生三,三生万物"的生生不息之理论,我们可以看出道家的宇宙观体系具有如下特点:

1. 世界是不断运动的

其一,世界是在不断变化的。道家始终认为世界是不断循环的,是运动的。但世界的运动并不是无序的运动,而是有其内在的规律,有规则的运动,而这个规则是需要人们去发现、去寻找的。

其二,世上没有完美的事物。正由于世界是在不断变化的,尤其是当下万物变化得非常快,原先被认为完美的东西随着时间的推移,人们的观点会有所改变。一些原先认为正确的观点,经历一段时间后,结果发现都是错的。

事物是在不断发展变化的,当处于萌芽之初,世人都很难看清其全貌,但随着时间的推移会慢慢看见端倪,进而窥见其全貌,清楚其来龙去脉,从而得出正确的引领方向。在这瞬息万变的社会里,人们如何去适应、把握时代的脉搏?以不变应万变,抓住事物的本质,掌握事物发展的规律,我们就不会被现象带偏。否则,我们只能永远在后面追,而且永远都追不上,因为所有的一切都是外形,都有可能被包装,人们往往容易被其漂亮的外形所带偏。只有回到事物本来的面目,静观其变,万变不离其宗,守住本心,才能在纷繁复杂的世事变幻中稳如磐石般地坚定立场,找到正确的发展方向。

2. 天下万物,有无相生

老子说:"反者道之动,弱者道之用。天下万物生于有,有生于无。"即事物间可以相互转化。反者道之动:静极生动,动极而反于静。对立的双方在一定条件下,可以相互转化,这是大道的基本特征,也是宇宙的普遍规律。例如,《易经》里的"否极泰来","否"到极点就是"泰"来了。任何事物经历过高峰之后,那接下来便是下坡了。

"大成若缺,其用不弊。大盈若冲,其用不穷。大直若屈,大巧若拙,大辩若讷。躁胜寒,静胜热。清静为天下正。"世间万物也不是完美的,总是有缺陷的;世间万物皆是变化的,但是圣人(有修养、有德行、有水平的人)是不会被表面的现象所迷惑的,他会以清醒的心态观察这个纷乱的世界,从中寻找其内在的规律性。

3. 九层之台,起于累土(控制的职能)

"合抱之木,生于毫末;九层之台,起于累土;千里之行,始于足下。"九层高台是从一筐筐的土开始堆积起来的,引喻做事是从最基本开始,经过逐步的积累,才能有所成就。远行千里,是从脚下一步步走出来的。做事总是要从基本开始,积跬步、累小流,方有所成。事情是一点点做出来的,而不可能一蹴而就,管理就是一点点形成的,例如领导权威的形成,也需要领导日常的付出,在日渐的付出过程中让人们产生信任感,产生可靠性,人们自然会对该领导产生信服,而领导的威望也就形成了。企业在发展过程中同样需要慢慢地成长,其产品只有经过消费者的考验才能慢慢地积累口碑,逐渐地建立稳固的品牌。而这种品牌建设本就是一个漫长的过程,不可能一蹴而就成为世界知名产品。

从另一方面来说,事物的变化也是渐近式的,即量变引起质变。管理应"为之于未有,治之于未乱",即管理过程中要注意事物的变化,要防微杜渐,不要等事情变得不可控时再采取措施,等到那个时候已经太晚了。

二、道家的人性论

对于人性的讨论,千百年来有不同的观点和看法。尤其是在管理学上,对于人性的探讨尤为重要,因为人性不同,其内在需求自然也会不同。老子并未单纯去探讨人性,他先从宇宙角度来探讨人的地位,就是把人放在浩瀚的宇宙中去探讨人处在什么样的地位以及扮演了什么样的角色,又该采取什么样的观点。

1. 人在宇宙中的地位:域中有四大,人居其一

老子认为,宇宙中有四大,哪四大呢?"道大,天大,地大,王(亦用人)也大"。道是指宇宙、混沌,而王是指有德有才的人之主。道家明确地告诉我们,人类只是宇宙之中的一部分而已,所以我们不可妄自尊大。这里强调了不要把人幻想成是世上最厉害的东西。人类在地球生存,在这个大自然中生存,必须遵循自然规律,而不是处处以人类为中心,不能以发掘和刺激人的贪欲为基本原则。这才是道家对于人所处地位的冷静客观的认识和思考。

2. 人的行为要效法自然

"人法地,地法天,天法道,道法自然。"这里的法是指效法、遵循,也就是说人要

以大地为法则,遵守大地万物生长作息的规则;大地承天,万物的生长繁衍和迁徙是依据自然气候的变化而进行的;自然气候,天象变化遵从宇宙间的"大道"运行;而宇宙间的"大道",则是世间万物本来的样子。承接上一点,既然人不是宇宙中的唯一,只是其中的一分子,那么我们的生存方式、生活之道都不可不效法自然,就是效法自然的无私、无我、无为、无欲。"之所以成其大以其无私焉",因此,人不能妄自尊大,要无我,才能成就大我。自私是小我,以其无私,故能成其大,人要效法天地,"为而不恃,功成弗居",有功不自大,要有海纳百川的精神,"善人吾善之,不善人吾亦善之"。人如果不效法自然,只以自我为中心,就不能与道相合,不合道,就难以得到全面的发展。

3.人性无善恶

对于人性的问题,道家认为,"人类本性之真"乃是自然的朴素的人应当顺其本来圆满的性命之情而生存。因此,道家认为人的本性应该是"真人"。何为真？真即遵循自然规律。道性无为,故真人的人性特点(即无为)是其最高品德。

老子没有明确指出人性之善恶,但是他对善还是很推崇的,他说:"上善若水,水善利万物而不争,处众人之所恶,故几于道。居善地,心善渊,与善仁,言善信,正善治,事善能,动善时。"老子又说:"是以圣人常善救人,故无弃人;常善救物,故无弃物。"这是老子的"天地境界"。天生万民,有弃民乎？天生万物,有弃物乎？善与不善,无不浑同而并育并存,此其所以为大也。人无弃人,物无弃物,则是天下大同矣。能明此道,乃袭为善之至善者也。故曰"是袭谓明"。袭明者,亦犹庄子之言"因明"也,因乎天道,顺乎天行,依乎自然,则自与道合而常明矣。

庄子同样认同人性的"真"。《庄子》云:"吾所谓臧者,非仁义之谓也,臧于其德而已矣;吾所谓臧者,非仁义之谓也,任其性命之情而已矣。"此处的"臧"字作"善""好"解,意思是人们依其自然本性活动便是"善"。庄子认为人应该顺其本性,而这种本性应该也倾向于善与真的一面。

综上所述,道家认为人性没有绝对的善恶,做好事时就是好人,做坏事时就是坏人。但是道家还是倾向于把人往善的方向引。从这个角度来说,作为一个合格的管理者应该做到两点:

其一,少私寡欲,导人从善。管理人员的欲望不可太大,只有降低不必要的欲望,才不会给下属带来不必要的麻烦。如果相关管理人员欲望大,自然会催促员工去挖掘资源,付出劳动。"我无为而民自化,我好静而民自正。"人的欲望有好有坏,而管理者要引导人的欲望往正常方面发展,即从善。如何引导？领导自身要有正知、正见、正解,即三观要正确。道德是大路,我们每个人在日常工作与生活中都应做到"有所为有所不为",领导的一举一动都会对其他人产生很大的影响,所以领导们都应该保持"三正"。

其二,创造良好的人文环境。环境会影响人的行为。正因为人性没有好坏之分,那么我们就应该去创造一个好的环境,而环境会影响人的行为。通过良好的环境来带动大家都成良善之辈,为社会创造一个平和的环境。如果环境坏了,好人也容易被带成坏人。这就充分体现了管理者的功能。一名优秀的管理人员必须尽可能地运用自己的领导权限去创造本部门本单位的工作环境,例如,工作考核的标准不能全部量化,还要考虑其质化,从而建立正常的是非观和价值观。

第三节　老子的管理思想

一、道法自然,无为而治

道法自然的具体体现是无为而治。自然,是指事物本来的面貌和状态；无为,是指不妄为,不乱为,顺应客观态势、尊重自然规律。无为而治并不是指什么事情都不做,而是指不妄为、不乱为、顺应客观态势、尊重自然规律,通过顺应自然的管理方法达到较好的管理效果。

(一)指导思想：道法自然

人的思想和行为上要仿效自然,以确定处事原则。老子说,"人法地,地法天,天法道,道法自然。"人的行为效法大地,而大地则效仿天,而天要服从于道,道又要遵从于自然而然,不造作。"道"指的是最高的处境,也是最高的目标,它强调了人类应该跟随自然的规律遵循自然的道路。只有在这条道路上走,才能真正地领悟自然的本质和价值,达到超越个人的境界以及全人类生存环境的完美状态。

老子道法自然的思想具体体现在以下几点：

其一,按照自然处事,要时刻清静无为,保持谦卑心态。人只是浩瀚宇宙一部分,而我们要尊重自然。在浩瀚的宇宙空间中,地球只是其中一小部分而已,而我们又只是地球上的一部分。因此,我们对自然要有敬畏之心,只有敬畏自然,才会尊重自然。

其二,办事要顺应民心,遵从自然法则,量力而行。民心民意就是大势,是自然的趋势。管理就应该顺从民意,满足民意的需求,量力而行,而不是逆民行事,要为百姓的生活创造合适的环境,创造一个合理的生活空间。管理应该满足百姓的合理需求,顺势而为,这样才是效法自然。

其三,虚弱自守,不争善胜。不争强好胜,要大智若愚。虚弱自守,不争善胜讲的是竞争策略,以柔弱胜刚强,不争善胜。世上的许多东西,你不用去争,去抢;你只要做好自己,那就能得到你应得的东西。"天下莫柔弱于水,而攻坚强者,莫之能胜,以其无以易之",这句话的意思是指:天下没有比水更柔弱的,但攻击坚强最有力非它莫属,因为没有什么东西可以取代它。例如,刚出生的婴儿是很弱的,但是我们每个人都想去呵护他,哪怕是动物也能激发出爱心。

1920年,在印度加尔各答东北的一个名叫米德纳波尔的小城,人们常见到有一种"神秘的生物"出没于附近森林,往往一到晚上,就有两个用四肢走路的"像人的怪物"尾随在三只大狼后面。后来人们打死了大狼,在狼窝里发现了这两个"怪物",原来是两个裸体的女孩。其中,大的年约七八岁,小的约两岁。这两个小女孩被送到米德纳波尔的孤儿院去抚养,孤儿院还给她们取了名字,大的叫卡玛拉,小的叫阿玛拉。

我们从另一角度来解读这个故事:对于人类来说狼是危险的,但这一危险的动物对于婴儿却没有任何危害之心,反而对他们担起了照顾之心。因为婴儿是很纯洁、很自然的生命,他们想哭就哭,想笑就笑,没有任何的伪作,但正是这种赤子之心激起了狼心中的"爱",产生了同类之感,这种纯粹的赤子之心正体现了"蜂虿虺蛇弗螫,攫鸟猛兽弗搏"。

其四,淡泊名利,功成身退。老子说,"是以圣人处无为之事,行不言之教,万物作焉而不辞,生而不有,为而不恃,功成而弗居。夫惟弗居,是以不去""是以圣人后其身而身先,外其身而身存。非以其无私邪?故能成其私。"总之,老子提倡按照自然的方式行事,不以自己的主观意志横加干涉,破坏其正常的运行规律。

（二）管理的工作方式：道常无为而无不为

道常无为而无不为是指君道无为，臣道有为。最高领导是无为的，但具体负责的人应该是有为的，即"政在四方，要在中央"。无为，并非是指不作为，不做事，而是指不需要事事亲历亲为，只是需要宏观的指导。在管理过程中最为忌讳的便是朝令夕改，宏观政策的制定无需太具体太细致，只需制定大致的方针即可，具体的事情由下面具体负责的人去做，这样就不会把企业搞乱，这种管理方式既讲究了放权，又强调了主权在上的原则。故而，最好的管理方式就是按照道家的思想设计管理方式；最好的领导是能随时给员工提供帮助与指导，但又能让员工感觉不到来自领导的压力。

（三）管理的工作态度：不争善胜

自己不去争什么，但最后的结果却是最好的。这当然并不是说我们做事不用去努力，不用去奋斗，只等天上掉馅饼。而是说有些事情我们不要去争，把精力放在自己该做的事情上，只要把自己的事情做好，别的事也水到渠成了。例如，电视剧《康熙王朝》中的四阿哥胤禛，他采用了邬思道的建议，只埋头做自己的事情，让康熙皇帝知道他的价值，最后他成了皇位继承者。

（四）管理的职责要有界限：有所为，有所不为

在工作过程中有些事情可以做，有些事情不可去做，这里强调的是责任的界线。从这个角度来说，我们不应该把事情全做完，应该留点事让其他人来做，要重视自己职权的界限。老子对此就有非常明确的认识，强调不可以乱作为，做自己职权范围内该做的事，这才是有所为。

汉代名相丙吉出城巡视，见到街上有人打架并不理会，叫车夫继续往外走。在城门口遇到了一匹喘气的牛却停了下来，围着这头在五月天里喘粗气的牛转了好几圈。车夫对此很不满，认为他这个丞相不关心老百姓。他解释说：打架斗殴之事有地方官会按律法来处理，牛喘粗气有可能会流行瘟疫，这可是大事情，这正是我一个丞相该管的事情。

二、管理的方式：弱者之道

老子认为"柔弱"是世界上最强的东西,这种最柔弱的东西可能是最具有活力的。"坚强者死之徒,柔弱者生之徒。"天下莫柔弱于水,而攻坚强者莫之能胜。什么意思呢？我们所说的"强""能力出众"是表现出来的一种结果,是现象,支撑这种现象的本质,是"柔软"的内心。老子所说的"柔弱"不是指外在的怯弱,而是指内心的柔软性。内心的柔软于外在必然会有表现,譬如刚出生的婴儿内心纯净,没有杂染,故其身体柔软无比。而受到各种环境的影响,孩童内心的杂染渐渐增多,身体的柔软性就越来越差。其实,当我们深观自然万千景象,将会发现正如老子所说,柔软的事物是处于发展当中的事物,拥有旺盛的生命力。而刚强的事物,是趋于死亡一类的事物。草木生时柔软,死时枯硬。人生时身体有一定的柔软性,死则僵硬,这都说明了这个道理。

（一）静观其变，以静制动

这里体现了一个哲学的原理,那就是世间万物是在不断变化的,你是在后面追着它跑呢,还是静静地等待着它的变化、寻找其间的规律性呢？正确的做法是以不变应万变。《隋唐演义》里的程咬金很勇,但是他最多也就靠三斧头,三斧过后再来一遍,但往往前三斧的时候都能把人吓跑。所以说,遇到事情时不要焦急,要静观其变,看看这家伙玩的究竟是什么把戏。就如《黔之驴》里的那只老虎,由于老虎搞不清对方底细,所以连续三天都没动,等后来终于摸清了对方的底细,就把对方吃了。同样的道理,生活中的事情也都可以这样去思考和分析。

（二）守弱和柔，以柔克刚

天下之至柔,驰骋天下之至坚。柔软属静,是体悟,和宇宙融合为一,了知万事万物的生灭。因此,柔软的力量才是无限的。地球上的事物中,柔软者莫如水,水表面看起来柔弱无力,但当它显示真正的力量时,则具有无与伦比的排山倒海之势。刚强属动,是散乱的表现,打破了宇宙的次序。刚强的事物,表面看起来很有威力,但其实难以持久,而且刚强的事物本身也很快会消逝。

我们都有体会,有高修为的大德都内心柔软,平易近人。他不用说话,就能够摄受众人,这就是内心"柔软"的力量。内心越柔软,心量越大,如此才能海纳百川,不断发展。内心变得刚强,心量就会越来越小,从而限制发展成长,最终走向灭亡。内心柔软的表现有哪些呢?譬如虚怀若谷、谦卑、无对立、分别念等。人的内心过于刚强,则自我意识极强,处处争强斗胜,以打倒、压制他人为快。我们可以用我们的谦卑、无私去打败那些所谓刚强的自私人士。

(三)持盈处虚

"持而盈之,不如其已。揣而锐之,不可长保。金玉满堂,莫之能守。富贵而骄,自遗其咎。功成身退,天之道。"执持盈满,不如适时停止,显露锋芒,锐势难以保持长久。黄金美玉堆满室内,没有办法能守护它。如果不能守住的话,富贵而骄,往往自遗其咎,也即自毁前程而自食其果。大功成了,名份有了自己便隐去,这正是上天之道。做事不要太过分,而应谦虚低调,不自傲。

例如,春秋时期,帮助越王勾践登上霸主之位的文种和范蠡由于采取不同的处事方式,最后两人的结局也不一样。范蠡为免杀身之祸,悄然而去。文种则继续为官,后来勾践听信谗言,给了文种一把剑,说:"你教我七种攻打吴国的计策,我用了其中三种就灭了吴国。还有四种,你去教先王吧。"文种最后自刎而亡。范蠡则带着美女西施在宋国陶丘安家经商,成了大富翁(也就是史上的陶朱公)。

"天下皆知美之为美,斯恶已。皆知善之为善,斯不善已。故有无相生,难易相成,长短相形,高下相倾,音声相和,前后相随,恒也。是以圣人处无为之事,行不言之教,万物作焉而不辞,生而不有,为而不恃,功成而弗居。夫惟弗居,是以不去。"世间万物的存在是相互依赖的,而不是单独孤立的,整个自然界和人类社会总是充满着既对立又统一的矛盾现象。

(四)居上谦下

老子说:"将欲歙之,必固张之;将欲弱之,必固强之;将欲废之,必固兴之;将欲取之,必固予之。是谓微明。柔弱胜刚强。鱼不可脱于渊,国之利器不可以示人。"越王勾践的争霸事业就采用了上述手段。为了迷惑吴王又是送美女,又是送粮食、送种子,让吴王觉得越国已经完全臣服了,慢慢地放下了防备之心。但他自己天天卧薪尝胆,操练军事。由于吴王被越王捧杀成功,以为自己已经天下无敌,又把自己身边的忠臣害死了,且越国送过去的种子又是煮熟的,结果导致第二年吴国粮食颗粒无收。这时越国攻吴,吴王夫差兵败自杀。

"国之利器,不可以示人",是指国家的核心武器(或者说核心机密)不能让人知道,要不然就将受制于人,现在哪些是核心机密呢?例如,国人的基因密码,这就是真正的核心武器,如果被国外机构搞到,那将是件巨大的灾害。科技部也有明文规定,不能将这些东西随便泄露,例如人体的血液、唾液、毛发等。日本企业对于自己技术保护严密,据一些去访问过日本企业的人士说,平时跟他们做生意,想去参观他们的企业,根本就无法进去,管理非常严格。

(五)管理的目标:小国寡民

小国寡民是老子的理想国,他认为一个国家国土面积不需要太大,人口不需要太多,在这片国土上,人们清心寡欲、安土重迁。"甘其食,美其服,安其居,乐其俗。邻国相望,鸡犬之声相闻,民至老死,不相往来。"老子所描述的是一种完全自然的生活,人与人之间不需要过得太复杂,每个人能吃饱穿暖,能自由活动,彼此之间友好往来,但是,不要动不动就去侵略人家,去抢人家的地盘和财产。它表述的是一种宁静祥和、没有战争的世界和人民朴素善良、自给自足的理想生活。如果从企业的发展规模方面来说,就是企业不需要太大,否则会增加其管理成本。但我们做事情总喜欢好大喜功,动不动就说要做大做强。于是,各类企业联盟产生了,联盟越大,企业越复杂,人的欲望也随之膨胀,结果企业内心反而空虚,被大量的外在形式所消耗,失去根本,违反了"道"的本质,联盟最终也将解散,而企业也在联盟中破产,最终关门大吉。这不能不引起警惕。

三、管理人员的标准:尊道贵德

司马迁说:"老子著书上下篇,言道德之意五千余言。"这说明"道""德"既是《老子》文本结构的标记,又是其理论结构和思想特征。换言之,老子哲学的主旨可以概括为"道、德之意",而道家赋予"德"字以另一种"含义",即"万物生长的内在基础"。故,"尊道贵德"是老子对管理人员提出的两个重要素质标准。

(一)尊道

道,是中国文字中出现的时间非常早、应用范围非常广的一个字。《说文解字》

曰:"道者,路径也。"道可以引申为天和人所必须遵循的轨道或规律。日月星辰所遵循的轨道称为天道,人类生活所遵循的轨道称为人道。《道德经》的开篇就说,"道可道,非常道;名可名,非常名"。"道"字在该书中共出现了73次,可见其重要性。但在不同章句里,老子之"道"的含义却不尽相同,主要包含以下内容:

1. 道是永恒存在的世界本原

道是万物的本体和来源,天地万物都是由道演化而来。道作为本原,是浑然一体的东西。老子指出,"无名,天地之始,有名万物之母""玄之又玄,众妙之门""玄牝之门,是谓天地根""天下有始,以为天下母"。就是说,道是天下万物的本原,这里"始""母""根""门"等都含有本原的意思,但有层次的区别。本原具有唯一性,它无前无后、无上无下,"吾不知谁之子,象帝之先",它像是在天帝的前边,然而在它之前却没有什么存在。"有物混成,先天地生",在没有天地之前,它就存在了。

2. 道是过程

道不仅是对万事万物的系统性、整体性的概括,而且是对万事万物发展过程的高度抽象。道不是一种静态的形而上实体,而是一个过程。道的过程性表现为道生万物的过程,即老子说的"道生一,一生二,二生三,三生万物",即道转化为一,一转化为二,二转化为三,三转化为万物。在这一过程中,道循环往复,"周行而不殆"。它的运动周期是"大曰逝,逝曰远,远曰反",它逐渐地离开,离得越来越远,远到一定程度又返回来,万物又复归于道。道的过程性是由只能用混沌理论说明的各种关系构成的,因此,道也是关系。

3. 道是规律

道是物质运动的规律,也是天地万物变化的终极原因。老子指出,"道者,万物之奥",就是说,道是万事万物运动的规律。道是普遍存在的,"大道泛兮",道存在于一切事物之中,贯穿于一切事物发展过程的始终,万物从道起源,又回归于道,"各复归其根,归根曰静,复命曰常",返回本性是事物发展的永恒规律。作为规律的道,是看不见、听不着、摸之不得的。道的规律是不可抗拒、不能违反的。只有遵循道的规律,坚持"无为"的原则,才能把事情办好。否则,"物壮则老,是谓不道,不道早已",违背了规律要受到规律的惩罚,下场是极其可悲的。

道无所不在。老子说,"大道泛兮,其可左右。万物恃之而生而不辞,功成不名有。衣养万物而不为主,常无欲,可名于小;万物归焉而不为主,可名为大。以其终不自为大,故能成其大"。意为大道广泛流行,左右上下无所不到。万物依赖它生长而不推辞,完成了功业,办好了事业,而不占有名誉。它养育万物而不自以为主,可以称它为"小";万物归附而不自以为主宰,而以称它为"大"。正因为它不自以为伟大,所以才能成就它的伟大、完成它的伟大。

道具有虚无、自然、清静、无为、纯粹、素朴、平易、恬淡、柔弱、不争等特点,道所体现出来的是一种质朴、自然的东西,它很恬淡很朴素。而这些特点跟我们当前市场经济所宣传的"张扬""竞争"等,还是不一样的。

尊道的管理思想,就是用道的观点去指导管理工作,具体地说就是在管理中必须体现道的各种内容,在管理活动中处处、时时地体现对道这个客观规律的尊重;一切管理行为是以道的客观性为评判标准,而不是以个人的主观愿望为标准,在管理活动中始终贯彻道的精神,将道摆在最尊贵的地位。如果领导和员工在工作中都能尊重道,尊重客观规律,不妄为、不乱为,在清静心灵的引导下,员工就会根据自身特点选择岗位,脚踏实地地工作。员工之间互相关心、互相帮助、互相兼让、互相谅解,创造出宽松和谐、团结协作的工作和生活环境。

(二)贵德

西周以来,"德"的思想传统集中体现于"明德"等词。儒家盛言"明德",表明了其自觉崇尚周文王的思想旨趣。与儒家形成鲜明对比的是,老子与庄子并不称道"明德",却提出了针对性很强的"玄德"。[1]"玄德"概念的提出体现了老子点化甚至逆转"德"的思想传统的创造性哲学思考。"玄德"概念及理论乃老子和庄子的思想核心和理论特征。[2]

老子认为道与德间的关系是一种平行关系,"道生之,德畜之,物形之,势成之。是以万物莫不尊道而贵德。道之尊,德之贵,夫莫之命而常自然。故道生之,德畜之,长之育之,亭之毒之,养之覆之。生而不有,为而不恃,长而不宰,是谓玄德。"老子的贵德管理思想,就是在管理中遵循以德为贵的思想。老子对德的论述非常充分,在《老子》中分别提到了德、上德、下德、玄德等概念。《说文》讲,"德,升也。"意

---

[1] 郑开.道家形而上学研究[M].北京:宗教文化出版社,2003:192-194.
[2] 郑开.试论老庄哲学中的"德":几个问题的新思考[J].湖南大学学报:社会科学版,2016,30(4):59-66.

指品格与能量升华。《老子》讲:"道生之,德畜之。"意生化万物,而德畜养万物。道是万物的总根源,德是道在万物中的体现。就具体某一事物而言,所谓德,就是得到了道。"上德不德是以有德,下德不失德,是以无德。"道德水平高的,一切都因循自然,正合乎道的本来状态,所以不执着于德,而自然与德相合。德性不够的,却常常表现为重德,所以总从形式上去求德,反而没有获得德的真正要义。《老子》说:"万物莫不尊道而贵德。道之尊,德之贵,夫莫之命而常自然。"真正有道德的人,是返璞归真的人,即真人。

老子对"德"的内容讲述得非常丰富全面,主要有四种:

1. 慈悲心

要视天下万物,人和世间万物,如禽兽、昆虫、草木等,跟自己的生命一样珍贵,爱而护之,怜而惜之,不杀不伤,这才是真正地与自然和谐,也是营造一个和谐社会环境的前提。一个人如果没有慈悲心,不爱护别人,也不会去爱护和珍惜万物,只爱自己,那么社会将很难实现真正的和谐。

老子对理想的执政者提出的基本要求是能够坚守并实行治国的"三宝"。他说,"吾有三宝,持而守之:一曰慈,二曰俭,三曰不敢为天下先,故能器长"。老子认为,"慈""俭"和"退让"是领导者取得成功的三个法宝。慈,是指慈悲之心;俭,是指节俭。他认为,作为管理人员,他应该有节俭之心,而这种节俭之心可以引申为自我约束之心,一个人如果没有自我约束而是一味自我放纵的话,那将会使企业走上奢靡之风,从而造成资源的浪费。

2. 平等心

平等心是指一个人的心中对他人没有贫穷与富贵的区别,在他的眼中人和人都是一样的,哪怕是职位有高低,但从人的本性上来看,大家都是平等的,所以要一视同仁,平等对待。

"天长地久。天地所以能长且久者,以其不自生,故能长生。是以圣人后其身而身先,外其身而身存。非以其无私邪?故能成其私。"意为得道的圣人能效法天地的法则立身处事,去掉自私之心,把自己的利益摆在最后,把自我人为的身心看成外物,不值得过分关注。只要奋不顾身,为义所当为的需要而努力去做。那么,虽然看来是把自身的利益位居最后,其实恰好是一路领先,光耀千古,看来虽然是外忘此身而不顾自己,其实是把自己身存天下的最好安排。

管理者如果有私心就会有偏爱,有偏爱在管理中就很难做到平等之心。而管理者如不能做到平等,就难以保证组织公平。管理者只有与大道的心相合,才能真正做到平等,才能做到人与人平等,上级与下级平等,人与天地平等。

3. 忠孝心

"宠辱若惊,贵大患若身。何谓宠辱若惊?宠为下,得之若惊,失之若惊,是谓宠辱若惊。何谓贵大患若身?吾所以有大患者,为吾有身,及吾无身,吾有何患?故贵以身为天下,若可寄于天下;爱以身为天下,若可托天下。"

老子认为,只有以天下为重,把天下苍生放在自己的身上,才是对国家的大忠。为了国家,能够忘记个人的宠辱,只有忘记个人的私欲,才能以国家利益为重,才是真正的忠孝。对天下没有责任感的人是不能为天下献身的,也不会忠于大众的利益。只有对天下苍生有强烈的责任感的人,才有可能为天下尽心尽力。所以,追求以自身奉献给天下的、心甘情愿为天下事奉献自身的人,才有可能担负处理天下大事的责任。

4. 勇猛心

凡是当为的、符合道德的、符合民族利益的、符合国家利益的,就应当去做。应该立定自己的主见,见义勇为,不等待、不观望、不退缩,这就是一种勇猛心。老子所讲的勇猛心,主要是指基于爱心基础上的勇猛心,而不是莽夫之勇。对这一点老子有很好的解释:"天下皆谓我道大,似不肖。夫唯大,故似不肖。若肖,久矣其细也夫!""慈故能勇;俭故能广;不敢为天下先,故能成器长。今舍慈且勇;舍俭且广;舍后且先;死矣!夫慈,以战则胜,以守则固。天将救之,以慈卫之。"

"慈故能勇"之"勇",并非世俗轻生丧命,狂暴粗莽之勇,也不是死而不顾的亡命徒。大道之"勇",是从慈悯仁善中生发出来的慈悯之勇,勇于无为,而不勇于鲁莽;勇于无形,而不勇于有形。有形武力只能破有形之勇,而不能破无形之勇;有为的后天智谋,只能敌有为之勇,而不能敌无为之勇。只有无为之勇,才能无所不救,无所不为。"今舍慈且勇",是说今之世人,舍其仁慈之心,只讲勇武,不讲仁普,所为者必然是不慈之勇,是鲁莽之勇、武夫之勇,也就是"强梁"之勇。

一个心中充满了慈悲之心的人,为了正义,为了拯救苍生,他的心中就会充满勇气。面对各种黑恶势力,他敢于去说"不"。对于那些符合道德的事情,我们就应该勇敢地去做,破除万难去做;而对于那些不符合道德、违反人伦、违反人性的行为,我们要敢于去反抗,敢于去斗争!这种勇正是基于爱心基础上的勇猛而非莽夫之勇。

"贵德"的管理思想,就是在管理过程中必须以德为贵,在经营活动中首先要重视人的"德"行因素,符合德的要求。如果企业对社会有了"忠孝心",它的管理思路就有很大的不同,就会认识到企业是社会的一部分,企业要在为社会提供正当服务的基础上取得自己的合理报酬,获得较好的发展。针对社会的需要,应该是顺从它,而不能将企业自身名利的需要强加给社会。企业就会认为发展生产的目的归根结底是为社会造福,为人类服务,不单纯只是为自己赚钱。老子所讲的这些"德"十分重要,其也是实现和谐社会必不可少的要求。

第三节　庄子的管理观

一、庄子的简介及其思想核心

庄子(约公元前369—公元前286年),名周,字子休,战国时蒙人。庄子生活的时代,周朝名存实亡,诸侯纷争,战事频仍,社会动荡,人民处于水深火热之中。身处政治黑暗、尔虞我诈、民不聊生的环境中,庄子感同身受,对昏君及趋炎附势之徒感到无比的憎恶,而对苦难中的平民弱士寄予了无限的同情。司马迁在《史记》中对庄子的人格作过这样的描述:楚威王闻庄周贤,使使厚币迎之,许以为相。庄周笑谓楚使者曰:"千金,重利;卿相,尊位也。子独不见郊祭之牺牛乎?养食之数岁,衣以文绣,以入大庙。当是之时,虽欲为孤豚,岂可得乎?子亟去,无污我。我宁游戏污渎之中自快,无为有国者所羁,终身不仕,以快吾志焉。"

庄子高洁自由,宁可过着朴素的生活也不愿入朝为官。据说,庄子曾靠编织草鞋为生,在拜见君王时,穿粗布大衫,脚上系草鞋,多次拒绝各国的邀请。

公元前344年前后,庄子与宋人惠施初次见面。

公元前342年前后,惠施至魏,得到魏惠王信任,擢为国相。庄子往见,惠施甚恐,庄子讥之。惠施后有孟诸之行,大摆排场,庄子鄙之。

公元前340年,宋剔成自立为君,大约在此年前后,庄子为漆园吏。漆园在蒙地。

公元前339年,楚威王使大夫往见庄子,欲聘其为相,庄子却之。

公元前337年,宋剔成弟偃攻袭剔成。剔成奔齐,偃自立为宋君。大约此后不久,庄子主动辞去漆园吏职。

公元前334年,魏惠王采用惠施策略,和齐威王在徐州相会,尊齐为王。当在此年或稍后,庄子见魏王。就其见魏王"衣大布而补之,正絜系履"及有关谈论看,似已非在职官吏。

公元前333年,或谓庄子是年南游楚国,并谏阻楚王兴兵伐越。

公元前328年,宋君偃自称为王。此时或稍后,有人巴结宋王偃,获赐车十乘,以骄庄子。

公元前325年,秦惠文君自称为王,庄子当在此时或稍后,在家乡见到邑人曹商。曹商归自秦国,自我炫耀,庄子讥其"舐痔得车"。

公元前322年,是年或稍后,庄子或南行至楚。其时,张仪相魏,逐惠施入楚,楚王受之,后听冯郝言,复纳之宋。或在此期间,庄子与惠施濠梁之辩,以及"庄子之楚,见空骷髅",并与之对话。

公元前312年,庄子妻子去世,庄子箕踞鼓盆而歌,惠施前往吊丧,见此情景,颇不以为然。尔后,两人又论辩"人故无情"与"有情"的问题。

公元前311年,约在此年或稍前,庄子与惠施辩对五家是非。

公元前310年,约在此年或稍前,惠施病故。自此以后,庄子深瞑不言。[①]

庄子在"道"上与老子一脉相承,同样承认宇宙论,即宇宙最根本的存在,宇宙万物产生于"道","道"也是自然客观规律。庄子把"道"的无为而无不为的特性从自然层面扩大到社会生活层面,致使这一思想出现了片面化和消极的倾向。

庄子主张万物平等,他认为"万物一府,死生同状""道通为一",因而否定人类的自我中心与个人的自我中心,提倡摒除成见,扬弃我执,顺应自然。

庄子在继承老子事物相互依存、相互对应与相互转化关系的认识基础上,突出了事物间的共同性及相异性的彼此转化,创建了"相对论"的认识论。他认为除了产生万事万物的"道"是绝对不变的存在外,宇宙间的一切事物都是相对存在的,"物无非彼,物无非是","彼出于是,是亦因彼","彼亦一是非,此亦一是非"。这种相对性的认识论,推动了人类认识世界的深入发展,并对后世产生了不可估量的

---

① 王充闾.逍遥游:庄子全传[M].北京:北京大学出版社,2019:459-469.

影响。

庄子思想的核心是对精神自由的向往与追求。这一精神体现了人类最崇高的理想。对于如何跨入这一精神自由之路,《庄子》全书都在诠释,在《逍遥游》篇中更有集中而形象的描述。庄子认为,一个人只有破除功、名、利、禄、权、势、尊、位的束缚,在利益面前"无己",在事业面前"无功",在荣誉面前"无名",才能"乘天地之正"(掌握自然规律),进而"御六气之辩"(驾驭天气变化),走上自由之路。

二、庄子的整体性思维:道通为一

庄子"道通为一"的思想可以理解为在管理中应遵循"道"这一自然规律,从而将管理中的一切事物都看作一个整体。而要掌握这种整体性的管理思维,先要把握庄子对于"道"的理解。庄子将"道通为一"的思想扩展为"天和""人和",对于管理者来说,就是要关注组织的两种整体和谐。

(一)天和:人与自然的统一

庄子继承了老子的思想,把"道"作为世界的本源,并说明了"道"具有规律性。"道"作为客观事物的规律,是不以人的意志为转移的,人们只有遵循事物的规律,仿效天德行事,顺应天道前进,才能收到好的效果,否则就可能失败。"物物者与物无际,而物有际者,所谓物际者也。不际之际,际之不际者也。谓盈虚衰杀,彼为盈虚非盈虚,彼为衰杀非衰杀,彼为本末非本末,彼为积散非积散也。"这里的"物物者""彼"皆指道。庄子认为自然界的盈虚、衰杀、本末、积散的变化都体现着"道"的作用,同时又说明"道"贯穿于一切事物运动变化之中。"道"是万物的本原,行事时应遵循事物发展的规律。"道者,万物之所由也,庶物失之者死,得之者生;为事,逆之则败,顺之则成。故道之所在,圣人尊之。"正是由于事物的发展都需要遵循"道"这一万物的本原。所以,一切事物都可以"以道观之",而被视为一个整体。这就是庄子"道通为一"管理思想的逻辑思路。

庄子"道通为一"的思想是在《庄子·齐物论》中被正式提出来的。"恢诡谲怪,道通为一。其分也,成也;其成也,毁也。凡物无成与毁,复通为一。"一切奇特古怪的事物,都因道通而为一。事物有分就有成,有成就有毁。一切事物没有成和毁的分别,都复归于一个整体。在《庄子·秋水》中也有类似整体观的表述:"知东西之相反,而不可以相无,则功分定矣。"虽然东西相反,但都不能缺少。庄子还对整体观有深入的论述:"天地与我并生,而万物与我为一。既已谓一矣,且得有言乎?"这充分体现了庄子关于人与自然合而为一的整体和谐观。《庄子·则阳》中也有相近的观点:"圣人达绸缪,周尽一体矣,而不知其然,性也。"意为圣人之所以能顺应万物本性,就在于通达万物为一体。而具有突破意义的是,庄子在《庄子·天道》中将这种整体和谐观富有洞见地概括为人和与天和。"夫明白于天地之德者,此之谓大本大宗,与天和者也。所以均调天下,与人和者也。与人和者,谓之人乐;与天和者,谓之天乐。"即认为与自然和而为一的为天乐,与人和谐的为人乐。庄子还论述了"天和"和"人和"的重要性。"上法圆天,以顺三光;下法方地,以顺四时;中和民意,以安四乡。"意为效法天地,可以顺应自然规律,合同民意,可以安定四方。此外,庄子还通过小寓言,告诉我们如何才能达到"以天合天""指与物化",人与自然、与物合而为一的整体和谐境界。

鲁国有个木匠师傅叫梓庆,是制作鐻的高手。他做的鐻,看到的人都惊叹不已,认为是鬼动的斧子,神仙做的木工。鲁国的君王很好奇,召见了梓庆,问他:"你是用什么方法制成鐻的呀?"

梓庆回答:"我是个工匠,谈不上什么技法,是讲究养神。当准备做钟架时,精神就不敢耗散了,一定以斋戒来安神定神。斋戒到第三天,不敢想到庆功、封官、俸禄。第五天,不把别人对自己的非议、褒贬放在心上。第七天,我已经进入了忘我的境界,不再想到还有四肢形体。此时,心中早已不存在晋见君主的奢望,给朝廷制鐻,既不求赏赐,也不惧怕惩罚。"

梓庆接着说:"我进入山林,观察树木的质地,寻找形态极合的树。这棵树的形态,要和鐻的形态相似,才可用。不然,我决不轻易动手。"

故事中的梓庆,就是用心斋的方式让自己的心静下来。先是用三天把封赏爵禄放下,用两天把名誉是非放下,再用两天把个人身体状况放下,使心收齐,把神静下来。在这个过程中,有三样东西要忘记,那就是名利、荣誉和形体。因为欲念过多,就会忘了自己的初心。经常追求功名利禄,就会缺乏对全身养生之道的认知,导致劳形伤神。在斋戒和忘记的基础上再"顺应自然"。顺应自然是宇宙万物生命运转的根本,天地万物能够化生与化育,皆是顺自然而行之。梓庆在做工时把自己融入了自然,人与自然成为一体,就形成了一个良好的道通为一的境界。

这种人与自然相合的思想，使得工匠随手而画的作品胜过用圆规与矩尺画出的，手指跟随事物一道变化而不须用心留意，所以他心灵深处专一凝聚而不曾受过拘束。忘掉了脚，便是鞋子的舒适；忘掉了腰，便是带子的舒适；知道忘掉是非，便是内心的安适；不改变内心的持守，不顺从外物的影响，便是遇事的安适。本性常适而从未有过不适，也就是忘掉了安适的安适了。

（二）人和：组织内部的和谐

人和，指企业组织内部全体员工的和谐相处，也可指将企业组织与外部环境看作一个共同发展变化的整体维持企业内部全体员工的和谐。而要做到这一点，就需要管理者做到以人为本、公平对待，有针对性地培养企业内部的团队文化和集体观念。一种积极向上、富有凝聚力的组织环境和团队激励措施，会使员工向心力增强，能更大程度地发挥自身能力，自然也就使整个企业具有通达的一体感并得到更好的发展。此乃"均调天下，与人和者也"。此外，要使企业组织与外部环境形成一个和谐的整体，就需要企业在关注自身发展的同时注意对于外部环境的保护，形成一种组织与自然环境是相互依存的整体管理思维，这就是企业中的"大本大宗，与天和者也"。

三、庄子的分工思维：天道无为，人道有为

庄子"天道无为，人道有为"的思想可以理解为基于管理者"道通为一"整体管理思维、"物无贵贱"的待人接物的态度和"法天贵真"的自我要求达成后而自然实现的一种高层管理者无为而治、组织成员各司其职的管理境界。

（一）主政者，天道无为

庄子"天道无为，人道有为"的思想是在继承了老子"无为而治"的政治主张基础上发展出来的。庄子自己虽然没有从政的愿望，但他并没有离开政治、离开社会人生孤立地去谈玄，他也有自己鲜明的政治立场和政治态度，有自己的政治理想。他的政治理想就是建"天道无为，人道有为"的所谓"至德之世"的乌托邦。他在肯定天道无为的同时，明确提出人道的有为。《庄子·在宥》有云："何谓道？有天道，有人道。无为而尊者，天道也；有为而累者，人道也……天道之与人道，相去远矣，

不可不察也。"在这里庄子本意在于强调"人道有为",故在《庄子·至乐》中又有"天地无为也而无不为也,人也,孰能得无为哉?"用人道有为补充天道无为,这就突出了人在自然界中的能动作用,给无为管理思想注入了新的内容。

此外,庄子用天道来喻君道,用人道来喻臣道,得出君道无为、臣道有为的结论。《庄子·在宥》说:"主者,天道也;臣者,人道也。"认为君道和臣道不可混同,混同了就会出乱子,故又说,"上天为也,下亦无为也,是下与上同德,下与上同德则不臣。下有为也,上亦有为也,是上与下同道,上与下同道则不主。"意为处于上位的帝王无为,处于下位的臣子也无为,这样臣子跟帝王的态度相同,臣子跟帝王相同那就不像臣子了;处于下位的臣子有为,处于上位的领导也有为,那么领导将致力于具体的事务中,终将会被琐事所扰,难以脱身于琐事而将目光放在远处。他明确提倡君道无为、臣道有为,这在理论上是一大贡献。庄子还论述了君道无为、臣道有为的具体管理行为。《天道》中也有"静则无为,无为也则任事者责矣"的说法,即君上无为,则百官各尽其责。"上必无为而用天下,下必有为为天下用。此不易之道也。"即君上必须无为而治理天下,臣下必须有为而为天下做事。"本在于天,末在于下;要在于主,详在于臣。"即君上掌握着治理天下的根本,臣下掌握着具体执行方法。"骤而语形名赏罚,此有知治之具,非知治之道。可用于天下,不足以用天下。"即只知道讨论赏罚等具体的治理方法和手段而不知道治理的根本道理的,只可以用来服务于天下,但不能靠之治理好天下。《庄子·庚桑楚》有:"有为也欲当,则缘于不得已,不得已之类,圣人之道。"即人的作为合于天道,则须出于不得已,凡事出于不得已而为之,便是圣人之道。

总的来说,高层管理人员的主要职责就是制定组织的总目标、总战略,掌握组织的大政方针并评价整个组织的绩效。而中基层管理人员的主要职责是贯彻执行高层管理人员所制定的重大决策,保证具体工作任务的有效完成。这也就是庄子所说的"本在于天,末在于下,要在于主,详在于臣",即高层管理人员所关心的是宏观的战略性工作,而中基层管理人员所关注的是具体的战术性工作。

而高层管理人员在管理中应遵循的例外原则,即企业的高级管理人员把一般的日常事务授权给下级管理人员去处理,自己只保留对例外事项(重要事项)的决策和监督权,在某种意义上说也就是庄子所提出的"不得已"而为之的情形。

（二）为臣者，人道有为

当管理者将一定的事务性工作授权于下属时，就同时授予了他责任，给了他工作的压力，下属也将不再是一个消极被动的、"推一推、动一动"的"工作机器"，也即达到了"君无为，臣有为。上无为，下有为"的境界了。作为中层管理人员，他要认真地按照领导的思想及其整体的工作政策和思路去做工作，脚踏实地，把要做的事情落实到位，关心并关注政策的执行情况，这样才能把管理工作做好。

三、物无贵贱

"物无贵贱"是庄子关于待人接物的重要管理思想，他认为，世间万物都各有其存在的意义，皆有其价值，所以待人接物要一视同仁，充分尊重个体价值，平等相待。一件物体的价值之所以没有被承认，只是在于我们的标准问题，也许你的优秀和美并不在评价标准和体系之内，而造成对该个体的资源浪费。那么，如何有效使用才能发挥最大的价值？这全在于管理者的智慧。如《逍遥游》中的药方的使用：

惠子谓庄子曰："魏王贻我大瓠之种，我树之成而实五石。以盛水浆，其坚不能自举也。剖之以为瓢，则瓠落无所容。非不呺然大也，吾为其无用而掊之。"庄子曰："夫子固拙于用大矣！宋人有善为不龟手之药者，世世以洴澼絖为事。客闻之，请买其方百金。聚族而谋曰：'我世世为洴澼絖，不过数金；今一朝而鬻技百金，请与之。'客得之，以说吴王。越有难，吴王使之将，冬，与越人水战，大败越人。裂地而封之。能不龟手一也，或以封，或不免于洴澼絖，则所用之异也。今子有五石之瓠，何不虑以为大樽，而浮乎江湖，而忧其瓠落无所容？则夫子犹有蓬之心也夫！"

惠子对庄子说："魏王送给我大葫芦的种子，我种下后结出的葫芦大得可以容纳五石。用它来盛水，它却因质地太脆无法提举。切开它当瓢，又大而平浅无法容纳东西。我不是嫌它不大，只是因为它无用，我把它砸了。"

庄子说："你真不善于使用大的物件。宋国有个人善于制作防止手冻裂的药，他家世世代代都以漂洗丝絮为职业。有个客人听说了，请求用一百金来买他的药方。这个宋国人召集全家商量说：'我家世世代代靠这种药从事漂洗丝絮，一年所得不过数金；现在一旦卖掉这个药方马上可得百金，请大家答应我卖掉它。'这个客人买到药方，就去游说吴王。那时正逢越国有难，吴王就命他为将，在冬天跟越国人展开水战，大败越人，吴王就割地封侯来奖赏他。同样是一帖防止手冻裂的药方，有人靠它得到封赏，有人却只会用于漂洗丝絮，这是因为使用方法不同啊。现在你有可容五石东西的大葫芦，却不把它系在身上作为腰舟浮游于江湖，而担忧它大而无处可容纳，可见你的心地过于浅陋狭隘了！"

同样的药方，有的人只能用来漂洗，而有的人却可以用它来建功立业，关键在于谁在使用以及如使何用。因此，在庄子看来，万物并没有尊卑、贵贱的区别。这就告诉我们，每个人都有其存在的意义，因此在管理中就应充分尊重个体价值，平等相待。

具体应如何采取对待万物的态度呢？"严乎若国之有君，其无私德；繇繇乎若祭之有社，其无私福；泛泛乎若四方之无穷，其无所畛域，兼怀万物，其孰承翼？是谓无方。"意为端庄、威严的样子像是一国的国君，确实没有一点儿偏私的恩惠；优游自得的样子像是祭祀中的土地神，确实没有任何偏私的赐福；浩瀚周边的样子像是通达四方而又旷远无穷，确实没有什么区分界限；兼蓄并且包藏万物，难道谁专门有所承受或者有所庇护？这就称作不偏执于事物的任何一个方面。

对于管理者来说，就是对待他人应有所包容，对于任何人都应公平对待，没有偏颇。即"万物一齐，孰短孰长？"其实庄子对于为何应尊重个体价值，一视同仁待人做了深刻的分析。《庄子·秋水》有云："以功观之，因其所有而有之，则万物莫不有；因其所无而无之，则万物莫不无。知东西之相反，而不可以相无，则功分定矣。"即任何事物都有其有用和无用的方面，切不可主观断定其有用或无用。所以，庄子认为应"通于万物，此之谓天乐。天乐者，圣人之心以畜天下也。"即通达于万物，这就叫做天乐。所谓天乐，就是以圣人之心爱待天下。

而之所以应持有平等待人、尊重每个人甚至每一事物的管理态度，正是因为在庄子看来，世间万物都各有其存在的意义，之所以没有被世人所承认，只是因为我们都只从一个标准、一个方面去看待个体的价值，就如我们的审美观一样。

《庄子·齐物论》有如下一段："民湿寝则腰疾偏死，鳅然乎哉？木处则惴栗恂惧，猨猴然乎哉？三者孰知正处？民食刍豢，麋鹿食荐，蝍蛆甘带，鸱鸦耆鼠，四者孰知正味？猨猵狙以为雌，麋与鹿交，鳅与鱼游。毛嫱丽姬，人之所美也。鱼见之深入,鸟见之高飞,麋鹿见之决骤,四者孰知天下之正色哉?"

意为人们睡在潮湿的地方就会腰部患病甚至造成半身不遂,泥鳅也会这样吗?人们住在高高的树木上就会心惊胆战、惶恐不安,猿猴也会这样吗?人、泥鳅、猿猴三者究竟谁最懂得居处的标准呢?人以牲畜的肉为食物,麋鹿食草芥,蜈蚣嗜吃小蛇,猫头鹰和乌鸦则爱吃老鼠,麋鹿、蜈蚣、猫头鹰和乌鸦这四类动物究竟谁才懂得真正的美味?猿猴把猵狙当作配偶,麋喜欢与鹿交配,泥鳅则与鱼交尾。毛嫱丽姬是人们称道的美人,可是鱼儿见了她们深深潜入水底,鸟儿见了她们高高飞向天空,麋鹿见了她们撒开四蹄飞快地逃离。人、鱼、鸟和麋鹿四者究竟谁才懂得天下真正的美色呢?所以说在管理中不能主观地判定任何个体与事物价值的有无,而是要尊重这种自然现象,尊重个体的价值。

庄子认为,任何个体、事物的有用与无用都是相对的。在一个地方有用,到另一个地方则可能无用;在可用的地方有用,在不可用的地方就无用。有用还是无用,全在于如何用、怎么用。可见,有用与无用并不在事物自身,而在于人们对于事物的运用。

从整体上说,庄子的管理思想就是应遵循管理之"道",即顺应事物发展规律,使个人、组织与周围的环境形成"道通为一""万物与我为一"的通达整体。从对待组织成员的态度来说,应以"物无贵贱"为准绳,尊重所有组织成员的个体价值,公平对待,充分发挥每个人的主观能动性和价值;从自我要求来说,以"法大贵真",真实无伪为准则,努力做到"无己""无功""无名",淡泊名利、诚信待人,以"德"服人;只有履行以上管理行为,才可能真正达到"天道无为,人道有为""君无为,臣有为"的管理状态,实现"至德之世"的理想境界。

四、管理者的素质要求:法天贵真

(一)什么是真?

如果"道通为一"和"物无贵贱"是庄子管理思想中关于管理者应有的具体管理思维和待人接物的态度,那么"法天贵真"就是庄子管理思想中对于管理者自身的要求了。"法天贵真"就是要求管理者做到德性纯真、真实可信。这一思想是在《庄子·渔父》中被清晰地表达出来的:

> 孔子愀然曰:"请问何谓真?"客曰:"真者,精诚之至也。不精不诚,不能动人。故强哭者,虽悲不哀;强怒者,虽严不威;强亲者,虽笑不和。真悲无声而哀,真怒未发而威,真亲未笑而和。真在内者,神动于外,是所以贵真也。其用于人理也,事亲则慈孝,事君则忠贞,饮酒则欢乐,处丧则悲哀。忠贞以功为主,饮酒以乐为主,处丧以哀为主,事亲以适为主。功成之美,无一其迹矣。事亲以适,不论所以矣;饮酒以乐,不选其具矣;处丧以哀,无问其礼矣。礼者,世俗之所为也;真者,所以受于天也,自然不可易也。故圣人法天贵真,不拘于俗。愚者反此。不能法天而恤于人,不知贵真,禄禄而受变于俗,故不足。"

孔子凄凉悲伤地问:"请问什么叫做真?"渔父回答:"所谓真,就是精诚的极点。不精不诚,不能感动人。所以,勉强啼哭的人虽然外表悲痛其实并不哀伤,勉强发怒的人虽然外表严厉其实并不威严,勉强亲热的人虽然笑容满面其实并不和善。真正的悲痛是没有哭声而哀伤,真正的怒气未曾发作而威严,真正的亲热未曾含笑而和善。自然的真性存在于内心,神情的表露流于外在,这就是看重真情本性的原因。

将上述道理用于人伦关系,侍奉双亲就会慈善孝顺,辅助国君就会忠贞不渝,饮酒就会舒心乐意,居丧就会悲痛哀伤。忠贞以建功为主旨,饮酒以欢乐为主旨,居丧以致哀为主旨,侍奉双亲以适意为主旨。功业与成就的目的在于达到圆满美好,因而不必拘于一个轨迹,侍奉双亲目的在于达到适意,因而不必考虑使用什么方法;饮酒目的在于达到欢乐,没有必要选用就餐的器具;居丧目的在于致以哀伤,不必过问规范礼仪。礼仪,是世俗人的行为;纯真,却是禀受于自然,出自自然因而也就不可改变,所以圣哲的人总是效法自然,看重本真,不受世俗的拘系。愚昧的人则刚好与此相反。不能效法自然而忧虑世人,不知道珍惜真情本性,庸庸碌碌地在流俗中承受着变化,因此总是不知满足。

庄子认为,德性纯真、真诚可信才是管理者最重要的品质。《庄子·应帝王》云:"啮缺问于王倪,四问而四不知。啮缺因跃而大喜,行以告蒲衣子。蒲衣子曰:'而乃今知之乎?有虞氏不及泰氏。有虞氏其犹藏仁以要人,亦得人矣,而未始出于非人。泰氏其卧徐徐,其觉于于,一以己为马,一以己为牛。其知情信,其德甚真,而未始人于非人。'"

蒲衣子(帝尧时代的大贤人)用虞舜和伏羲氏作比方,虞舜很有作为,一心要治理天下,就利用"仁义"去笼络民心,可是他自己却被"有为""仁义""向人民承允的不能兑现"所累,累得他吃不好睡不香,面目黧黑,骨瘦如柴,还没有把国家完全治理好。与虞舜对比的是伏羲氏,他睡卧时宽缓安适,他觉醒时悠闲自得;他听任有的人把自己看作马,听任有的人把自己看作牛,根本无所谓。为什么呢?因为他的才思实在、真实无伪,他的德行真实、纯真可信,而且从不沦入被事务所累的困境。伏羲氏的"真实无伪"、实事求是正是管理者应该学习的。

(二)如何成为真人?

"法天贵真"与"真实无伪"都是庄子所推崇的管理者的表现,那么如何才能成为"真人"呢?

古之真人,不逆寡,不雄成,不谟士。若然者,过而弗悔,当而不自得也。若然者,登高不栗,入水不濡,入火不热。是知之能登假于道者也若此。

古之真人,其寝不梦,其觉无忧,其食不甘,其息深深。真人之息以踵,众人之息以喉。屈服者,其嗌言若哇。其耆欲深者,其天机浅。

古之真人,不知说生,不知恶死。其出不欣,其入不距。翛然而往,翛然而来而已矣。不忘其所始,不求其所终。受而喜之,忘而复之。是之谓不以心捐道,不以人助天……若然者,其心志,其容寂,其颡頯;凄然似秋,暖然似春,喜怒通四时,与物有宜而莫知其极。故圣人之用兵也,亡国而不失人心。利泽施乎万世,不为爱人……

古之真人,其状义而不朋,若不足而不承;与乎其觚而不坚也,张乎其虚而不华也;邴邴乎其似喜也,崔崔乎其不得已也,滀乎进我色也,与乎止我德也,广乎其似世也,謷乎其未可制也,连乎其似好闭也,悗乎忘其言也。以刑为体,以礼为翼,以知为时,以德为循。以刑为体者,绰乎其杀也;以礼为翼者,所以行于世也;以知为时者,不得已于事也;以德为循者,言其与有足者至于丘也,而人真以为勤行者……是之谓真人。

什么人叫作真人?古时候(战国前)的真人不违逆国君,不强求成功,不图谋官职。这样的人,失策了不后悔,掌管了权力不得意。这样的人,登上高处不会害怕,进入河水不感觉湿冷,进入火中不感觉灼热,是智慧能够进入道(自然规律)或借助到道的人。真人如同这样。

古时候(战国前)的真人,睡觉不做梦,睡醒后没有忧愁,饮食没有美味,其呼吸深沉。真人的呼吸用脚后跟,众人的呼吸用咽喉。众人中屈服他人的人,喉咙梗塞,说话吞吞吐吐。众人中嗜好欲望深的人,天赋的灵性浅薄。

古时候(战国前)的真人,不知道喜欢"出生",不知道厌恶"死亡"。他们对出生没有喜悦,他们进入死亡不抗拒,只是超脱的样子而去,超脱的样子而来罢了。

真人不忘修道初始的愿望(延年益寿),不求修道至最终的自然寿命。真人得到长寿(活到 70 岁以上)自然欢喜,也会忘记年龄返回婴儿状态(无忧无虑)。因此,这叫作不凭人的心性损害道(自然规律),不依靠人的作为帮助大自然(改变其常态)。这样的人叫作真人。

这样的人,奉行心中的志向。他们的神色安静(通常没有表情),他们的额头高大。真人的神色寒冷的样子好像秋天,温暖的样子好像春天。他们的喜怒与四季相通,与自然之物直接适宜。但是,没有人知道与自然之物直接适宜的极点。

综上所述,真人要做到以下几点:

其一,随遇而安。他不会不恃众凌寡,也不会自恃功高而欺侮他人,更不会去计较日常中的琐事。做事情时,如果错过了时机他也不后悔,如果碰巧赶上了机遇,他也不会得意;登上高处不战栗,下到水里不会沾湿,进入火中不觉灼热。

其二,通达智慧,不随意破坏自然。古时候的"真人",承受什么际遇都欢欢喜喜,忘掉死生像是回到了自己的本然,不用人为的因素去破坏自然。他的内心忘掉了周围的一切,他的容颜淡漠安闲,他的面额质朴端严;冷肃得像秋天,温暖得像春天,高兴或愤怒跟四时更替一样自然无饰,和外界事物合宜相称而没有谁能探测到他精神世界的真谛。总之,他的性情从不作伪、做作,而是真诚坦荡。

其三,大度宽广,用道德遵循规律。古时候的"真人",神情巍峨而不矜持,态度安闲自然,特立超群而不执着顽固,襟怀宽阔虚空而不浮华;容颜和悦令人喜欢接近,与人交往德性宽和让人乐于归依;气度博大像是宽广的世界!高放自得从不受什么限制,用道德来遵循规律。

其四,"无己、无功、无名"。除了要求管理者应做到"法天贵真"以外,庄子还提出要追求"无己""无功""无名",成为"至人""神人""圣人"。"至人无己,神人无功,圣人无名",而与自然、与"道"融为一体。也就是《庄子·天地》中描述的

"忘乎物，忘乎天，其名为忘己。忘己之人，是之谓入于天"。忘记自己的人，就叫做与天一体。"三无"之中，"无己"是最根本的，"无功""无名"实际上已包含在"无己"之中了。

庄子对于如何做到"无己""无功""无名"，也有精辟阐述。"彻志之勃，解心之谬，去德之累，达道之塞。贵富显严名利六者，勃志也；容动色理气意六者，谬心也；恶欲喜怒哀乐六者，累德也；去就取与知能六者，塞道也。此四六者，不荡胸中则正，正则静，静则明，明则虚，虚则无为而无不为也。"意为克除意志的干扰，解脱心灵的束缚，遗弃道德的牵累，打通大道的阻碍。高贵、富有、尊贵、威严、声名、利禄，全是扰乱意志的因素；容貌、举止、美色、情理、气息、情意，全是束缚心灵的因素；增恶、欲念、欣喜、饮怒、悲哀、欢乐六种情况，全是牵累道德的因素；离去、靠拢、贪取、施与、智虑、技能，全是堵塞大道的因素。这四个方面各种情况不至于震荡胸中，内心就会平正，内心平正就会宁静，宁静就会明澈，明澈就会虚空，虚空就能恬适，顺应无所作为而又无所不为。

庄子"无己、无功、无名"的人生态度，对于管理者来说，具有深刻的借鉴意义。"三无"的思想并不在于一味地说教，规劝人们处事要无私，放弃对功名利禄的追求，而在于对为何应做到"无己、无功、无名"做出了清楚的解释。因为一个人过于在乎自我、功业、名利，会失去对于管理之"道"的把握，失去内心的那份恬静与超脱，从而会给整体组织利益造成损失。

庄子当然不会主张停留在一个限度上，而是要从终极的角度考虑这一管理思想。他说："至贵，国爵并焉；至富，国财并焉；至愿，名誉并焉。"这种最高的境界就是至贵、至富和至愿的境界。但是，庄子所说的贵、富和显耀与人们通常的理解相反：最为尊贵的人，连国君的位子也不屑一顾；最为富足的人，对一国之财也不动心；最为显耀的人，就是不要任何名誉。

在庄子看来，过分关注个人得失、功业、名利，管理者会因它们所累，会阻碍"道通为一"以及整体和谐观思维的发挥，也会影响"物无贵贱"的待人态度，最终将会影响组织的整体效果。

总之，从管理的适用对象来看，道家的管理思想主要针对的是高层管理者。道家对高层管理人员的素质及其管理哲学、管理方法等都提出了相应的要求。从自然的属性来看，道家则是从人与自然的角度出发，提出作为一名管理者必须具备的素质:他只有在遵循自然规律原则下,制定出符合组织发展规律的相关政策和制度,才能保证组织的持续发展。一名优秀的高层管理人员要具有尊道贵德的素质,只有这样才能达到管理工作的基本要求。在制定各项政策时,他将会以道为依据,尊重自然规律,顺应事物发展规律。在道德方面,他对万物有慈悲心,用平等的心态去考虑组织的各项发展,并为了维护组织的正常运行和利益而敢于去斗争。总之,在管理过程中,管理者应该做到"天道无为,人道有为"的管理准则:高层是无为,即与天地自然融合;而中下层管理者则需要有为,要脚踏实地做事。

复习与思考题

1. 道家管理思想的哲学基础是什么?
2. 试分析老子的"德"的内涵及其现实意义。
3. 如何理解道家的"天道无为,人道有为"的思想?
4. 试分析道家的"道法自然"观。
5. 如何理解"物无贵贱"? 对当下管理有何启示?

案例故事

无用之用

庄子与弟子走到一座山脚下,看见一株大树,枝繁叶茂,耸立在大溪旁。庄子问伐木者,这么高大的树木,怎么没人砍伐。

伐木者似对此树不屑一顾,道:"这何足为奇? 此树是一种不中用的木材。用来作舟船,则沉于水;用来作棺材,则很快腐烂;用来作器具,则容易毁坏;用来作门窗,则脂液不干;用来作柱子,则易受虫蚀,此乃不成材之木。不材之木也,无所可用,故能有如此之寿。"

听了此话,庄子说:"树不成材,方可免祸;人不成才,亦可保身也。人皆知有用之用,却不知无用之用也。"弟子恍然大悟,点头不已。

这个故事说明,世间万物皆有两面性,就如成功与不成功,在不同的人的眼里标准是不一样的。对人来说,这树是无用的;但是对树来说,这是他的生存之道。正是人眼中的无用,使得他能正常地生存,最终成为参天大树。而我们当下的所谓成功与不成功,也是同理。在不同人的眼里,对于成功的概念和理解是不一样的。

第四章

中层管理：儒家的管理思想

学习要点

1. 了解儒家思想的起源及主要代表人物。
2. 掌握孔子的和谐观和仁爱观。
3. 掌握孔子管理思想的实践观及人才观。
4. 了解并掌握孟子的人性论及民本观、仁爱观和管理的权变观。
5. 了解并掌握荀子的人性论及其隆礼重法管理观。

人是管理的核心要素。无论是决策的制定还是政策的执行，都需要"人"来处理。所有组织的领导都要花费大量的时间去处理人的问题——而人的问题，放到哪儿都大同小异。儒家的思想核心是"仁"，仁者，人也，主要解决的也是人与人的问题。从管理层次上来看，中层管理人员既要贯彻执行上级的指示，又要反馈下级的需求，处于承上启下的中间位置，唯有解决好中层管理，才能把整个管理工作理顺，工作才能正常地开展和运行。而儒家思想正是解决中层管理人员工作难题的"良药"。

第四章　中层管理：儒家的管理思想

第一节　儒家思想背景

儒家思想在中国传统文化占有重要地位。儒家产生的时间在西周，成熟于春秋时期。为满足治国理政之需要，各诸侯国的司徒对治国理念进行了摸索与实践，积累了一定的经验，在此基础上形成了一家之言，后来发展为儒家。可见，儒家的思想本就治国理念的思想之结晶。

"儒"字在文献中出现较晚，始见于《论语·雍也》："女为君子儒，无为小人儒。"这里孔子教导子夏要做"君子儒"，不要做"小人儒"。早在孔子之前，"儒"字及其概念已经出现，至孔子时代已有了君子儒和小人儒的分化。

许慎《说文解字·人部》则认为："儒，柔也。术士之称，从人，需声。"此处，许慎回答了儒家起源三个问题中的两个问题：第一，"儒"的得名。《说文解字》运用"因声探源"的方法，以"柔"释"儒"。从音义关系来看，"柔""儒"音近，音近常义通。从词义来看，凡从需之字，大都有柔弱之义。儒字以"需"为部首，反映出儒者仁慈、温和的"柔"的特征。

儒家起源问题的观点比较驳杂，总结起来主要有五种：一是源于周公说，二是源于术士说，三是源于王官说，四是源于"儒有三科"说，五是源于殷遗民教士说。

周公说见于《淮南子》。《淮南子·要略》篇曰："孔子修成康之道，述周公之训，以教七十子，使服其衣冠，修其篇籍，故儒者之学生焉。"《淮南子》认为，孔子主要学习和传承周公的典籍、思想及其礼乐文化。

术士说源于东汉著名史学家班固的《汉书·艺文志》。该书对儒家作了这样的介绍："儒家者流，盖出于司徒之官，助人君顺阴阳明教化者也。游文于六经之中，留意于仁义之际，祖述尧舜，宪章文武，宗师仲尼，以重其言，于道最为高。"意为儒家这个流派，大概出自古代的司徒之官，他们帮助国君，顺应自然，宣明教化；研习传颂六经中的文章，特别注意仁义之间的事务，远宗尧舜的道统，近守周文王、武王的礼法，尊崇孔子为师表，其治国之道最为精妙。司徒是上古官名，相传尧、舜时已经设置，主管教化民众和行政事务。夏、商、周时期，朝廷都设有司徒官，为六卿之一，称为地官大司徒，职位相当于宰相。这是班固对儒家所作的相当全面的概括，其中"儒家者流，盖出于司徒之官"表达了对儒家起源的看法。

王官说由西汉末年著名学者刘歆提出。班固《汉书·艺文志》引刘歆《七录》称:"儒家者流,盖出于司徒之官,助人君顺阴阳明教化者也。游文于六经之中,留意于仁义之际。祖述尧舜,宪章文武,宗师仲尼,以重其言,于道最为高。"刘歆认为,儒者的职能是"助人君顺阴阳明教化者也",儒者的特征是"游文于六经之中,留意于仁义之际",儒者思想来源是"祖述尧舜,宪章文武,宗师仲尼",这些都极有见地,而且这种观点在不少典籍中都有所体现。《庄子·渔父》称儒家:"性服忠信,身行仁义,饰礼乐,选人伦,上以忠于世主,下以化于齐民,将以利天下。"

"儒有三科"由国学大师太炎提出,他认为,"儒有三科,关'达''类''私'之名,也就是将儒分为达名儒、类名儒与私名儒三种"。

儒学源于殷遗民教士说的观点见于胡适的《说儒》,胡适从儒学的服装、性格等方面,得出儒家来源于殷遗民教士的结论。

春秋时期由于"王室衰微"和"礼崩乐坏",导致学术下移,出现了"私学",由"学在官府"走向"学在民间",在民间兴起了私人讲学之风。孔子堪称春秋末年第一个开私人讲学之风的学者。作为儒家思想的集大成者,孔子对以往的儒家思想进行了总结、阐发和传播,构建了儒家管理思想的基本框架。

本章内容主要以先秦时期的三个重要儒家人物为代表,下面的章节就分别介绍他们的管理思想,即孔子、孟子和荀子的管理思想。

第二节　孔子的管理思想

一、孔子的人生经历

孔子(公元前551年—公元前479年)被尊称为"圣人",是儒家的集大成者,中国古代思想家、政治家、教育家。孔子名丘,字仲尼,春秋时期鲁国陬邑(今山东省曲阜市)人,祖籍宋国栗邑(今河南省夏邑县)。父叔梁纥,母颜氏。儒家在西方又被称为孔教,这充分说明了孔子在儒家学派中的地位。

孔子3岁丧父,随母亲颜征及其庶兄孟皮一起移居曲阜阙里。

鲁昭公五年(公元前537年),15岁的孔子意识到要努力学习做人与生活之本领,志向在于做学问。17岁,母亲过世,19岁娶亲。鲁昭公九年(公元前533年),

孔子19岁,为了能经常回到祖籍地宋国祭拜祖先,便迎娶了宋国人亓官氏为妻。孔子做过管理仓库的"委吏"和管理牛羊的"乘田"。他虚心好学,学无常师,相传曾问礼于老聃,学乐于苌弘,学琴于师襄。

孔子自20多岁起,就想走仕途,所以对天下大事非常关注,对治理国家的诸种问题,经常进行思考,也常发表一些见解。鲁昭公十一年(公元前531年),孔子改作乘田,管理畜牧。因小时候生活艰难,所以会干一些粗活。鲁昭公十七年(公元前525年),郯子来到鲁国朝见,孔子向郯子询问郯国古代官制。孔子开办私人学校当在此前后。鲁昭公二十四年(公元前518年),孟懿子和南宫敬叔学礼于孔子。相传孔子曾与南宫敬叔到周问礼于老聃,问乐于苌弘。鲁昭公二十年(公元前522年),30岁的孔子已有些名气,所以他自称"三十而立"。这一年,齐景公与晏婴出访鲁国时召见了孔子,与他讨论秦穆公称霸的问题,孔子由此结识了齐景公。

这一年,孔子在阙里收徒授业,开创私人办学之先河。

公元前517年,孔子年34岁,鲁国发生内乱。鲁昭公被迫逃往齐国。孔子也离开鲁国,到了齐国,受到齐景公的赏识和厚待,甚至曾准备把尼溪一带的田地封给孔子,但被大夫晏婴阻止。

公元前516年,孔子年35岁,齐景公问政于孔子,孔子说君王要像个君王,臣子要像个臣子,父亲要像个父亲,儿子要像个儿子。

公元前515年,孔子年36岁,齐国的大夫想加害孔子,孔子听说后向齐景公求救。齐景公说自己老了,没有用了。孔子只好仓皇逃回鲁国。继续钻研学问,培养弟子。

公元前500年,孔子年51岁,担任鲁国中都宰(今汶上县地方官)。由于为政有方,"一年,四方皆则之"。这说明孔子对地方的治理能力很强。一年后被提升为鲁国司空、大司寇。54岁时,孔子受季桓子委托,摄行相事。他为了提高国君的权威,提出"堕三都、抑三桓(鲁三家大夫)"的主张,结果遭到三家大夫的反对,未能成功。

公元前497年,孔子年55岁时,鲁国国君被齐国送来的美女攻陷了,终日迷恋美色。孔子大失所望,遂弃官离鲁,带领弟子周游列国,另寻施展才能的机会和平台。

孔子这一游就游了12年,在这12年里他遇到了70多位君主,但就没遇到一个真正识才的人!公元前484年,齐国派师讨伐鲁国,孔子弟子冉求率鲁师与齐战,获胜。季康子问冉有指挥才能从何而来,冉有说是向孔子学来的。68岁的孔子在其弟子冉求的努力下,被季康子派人以币迎归鲁国。孔子周游列国14年,至此结束。

71岁时,孔子的得意门生颜回病卒。孔子悲痛至极,哀叹道:"天丧予!天丧予!"这一年,有人在鲁国西部捕获了一只叫麟的怪兽,不久死去。72岁时,突然得知子仲由在卫死于国难,孔子哀痛不已。公元前479年(孔子73岁),4月4日,子贡来见孔子,孔子拄杖依于门前遥遥相望,他责问子贡为何这么晚来见自己。于是,他叹息说泰山将要坍塌了,梁柱将要腐朽折断了,哲人将要如同草木一样枯萎腐烂了。七天后,孔子病卒,终年73岁,葬于鲁城北泗水岸边。孔子过世后,他的弟子为他守墓,不少弟子为他守墓三年,唯独子贡为他守墓六年。孔子弟子及鲁国人从墓而家者上百家,得名孔里。

这就是孔子一生的经历。从孔子的经历来看,孔子的理想是从政,他希望能用自己的学识去治理一个国家或地区,然后再实现天下太平。但是,理想是丰满的,现实是骨感的,孔子的政治家的理想始终未能如愿,在他人生最得意的时候,他用自己的理论把鲁国治理得井井有条,足以体现他的管理理念和水平。但是,他的治国理念和思想也受到了当时贵族阶层的反对,无奈只好著书立书,为各国培育人才。在周游列国的过程中,孔子和他的弟子们经历了诸多波折,但这些经历锻炼了他们对整体局势的认知水平和能力,在周游列国的过程中他们还了解了当时社会状况及其各国国情,进一步提升了在治理方面的感悟,故而他的弟子也非常优秀。因此,他也被誉为伟大的教育家。

二、孔子的管理和谐观

(一)和谐圆融

1. 尊五美屏四恶

和是什么?孔子认为要想社会和谐圆融,先要做到讲五美屏四恶。五美是指惠而不费、劳而不怨、欲而不贪、泰而不骄、威而不猛(给人好处而不浪费,让百姓辛勤工作而无怨恨,有欲望而不贪婪,安泰矜持而不骄傲自大,威猛严肃而不凶狠可怕)。

四恶则是指"不教而杀、不戒视成、慢令致期、出纳之吝",意即:"事先不进行教育,(犯了错)就杀,这叫虐;事先不告诫不打招呼,而要求马上做事成功,这叫暴;很晚才下达命令,却要求限期完成,这叫贼;同样是给人东西,拿出手时显得很吝啬,这叫有司。"

例如,一个人犯错的时候没人给他指出来,结果呢,他一直以为他自己这样做都是对的,错误越犯越大,一直等他犯了大错的时候直接就被判为死罪,这是恶的行为;事先不打招呼,直接就叫对方完成任务,这是暴政,是恶。"慢令致期"是指命令下达很晚,结果说一定要在当天完成,这也是恶!政府给予补贴,结果地方一层一层地克扣,等到了当事人手里,只剩下一丁点了,孔子认为,这也是种恶行。这是孔子所认为的为政之人的四种恶行。

孔子认为,在从事国家管理工作时,应该提倡美的管理,避免恶(丑)的管理。从"五美""四恶"的具体内容看,孔子要求在国家管理工作中不仅要充分实现管理目标,完成规定的任务,取得预期的成果,还要使整个管理过程进行得尽量平稳、顺畅、圆融,人际关系尽量和谐,少有摩擦和冲突,给人以美的感受。孔子认为,国家的管理工作做到了这种境界就是美的,反之,就是恶的。

2. 井然有序

如果每个管理者达到他所从事工作的各项标准,就能实行有效管理,达到和谐状态。在孔子看来,"和"还是一种各得其所、秩序井然的状态。孔子认为,在"为政"中,要做到"君君,臣臣,父父,子子"。为君,为臣,为父,为子都必须严格按照各自的标准,恪守各自的职责范围,如果做君的不能履行君主的职责,做臣的不能履行臣子的职责,做父亲的不能履行父亲的职责,做儿子的不能履行儿子的职责,整个国家"君不君""臣不臣""父不父""子不子",那么,一个国家的秩序就不复存在。要达到秩序井然的状态,管理者,特别是高层管理者应该严格遵循自己的职责标准,譬如国君必须按照"君道"而行,才于名、于实都是真正的君。

要做到有序,首先要制定规则,而规则的遵守要先从领导开始,领导起带头作用。如果一个高层管理者能够达到他所从事职位的各项标准,就能实行有效的管理,达到和谐状态,也就是"子帅以正,孰敢不正"。"苟正其身矣,于从政乎何有?不能正其身,如正人何?"一个领导自己贪污腐败,然后大会小会上说不要贪污腐败,要清廉,那他的话有谁会认同呢?只有自己带头,自己先做好,才能去约束别人。"其身正,不令而行;其身不正,虽令不从。"只有领导自己行得正,站得直,下属才会跟从。如果一个人口号喊得震天响,结果却是雷声大雨点小,那谁还会把这位领导的话当一回事呢?

3. 和而不同

孔子说:"君子和而不同,小人同而不和。"在这里,孔子把"和"与"同"作为两个不同的概念严格区别开来,"和"是指不同人、不同意见的平衡、和谐、统一,不是否认矛盾,取消矛盾,而是追求对立面的协调、统一。管理就是处理主体与客体的矛盾。"同"则是指无差别的无原则绝对等同。孔子以"和"作为管理的目标,而"和"的实质和本源是仁爱。

"和"与"同"是两个层面,"和"是可以保持不同意见,例如说,你喜欢黄色,他喜欢绿色,每个人都觉得自己喜欢的颜色都是最好的,但是,毕竟每个人的看法不同,允许别人保留,不能因为你认为紫色是最美的而让别人都穿紫色衣服,只有"和"才能使世界变得缤纷多彩。

(二)克己复礼

孔子认为,人的行为必须合乎"礼","礼"的依据是"义",要使人的行为合乎"礼","义"必须"正名"。

1. 外在行为规范:礼

"礼",民之所由生,礼为大。非礼,无以节事天地之神也;非礼,无以辨君臣、上下、长幼之位也。礼是能规范人的行为举止的一种方式。

礼本是一种用于宗教祭祀的仪式,"礼,履也,所以事神致福也。"当原始氏族内部出现纷争,就需要一些准则来规范人的行为。周公"制礼作乐",标志着古代礼仪的制度化、系统化。由此,礼的性质发生了根本性的变化,由宗教祭祀仪式演变为规定政治秩序以及人与人关系的典章制度和道德规范,演变为现实生活中人的行为准则。按孔子的说法,就是"民之所由生,礼为大。非礼,无以节事天地之神也;非礼,无以辨君臣、上下、长幼之位也"。

"礼"在《论语》中所表达的是一种以血缘为基础的等级秩序和维护这种秩序的制度与规则。孔子和齐景公讨论政治时道出了"礼"的具体内涵:那就是"君君,臣臣,父父,子子"。齐景公的回答更是惟妙惟肖地说明了礼治的目的:"信如君不君,臣不臣,父不父,子不子,虽有粟,吾岂得而食诸?"所以,孔子强调在政治管理中必须做到"君使臣以礼,臣事君以忠"。对于破坏礼乐秩序者,孔子则会大发雷霆,怒言"是可忍也,孰不可忍也"。足见他提倡"礼"的真正意图。

孔子提出"(君子)礼以行之",强调礼是人的行为准则。首先礼是个体修养的标准,"君子博学于文,约之以礼,亦可以弗畔矣夫!君子广泛地学习文化知识,并且用礼来约束自己,因而就不会离经叛道了。礼是个体安身立命、投身社会、推行仁道的重要条件,"上好礼,则民易使也"。管理者以礼自守,能对被管理的民众起到言传身教的作用,使其自觉遵守社会中的礼仪规章,礼是为政治国的主要依据,"能以礼让为国乎,何有?不能以礼让为国,如礼何?"《礼记》在论及礼的治国功用时,就是以孔子礼的原则为依据的。礼也是人们社会实践各方面的行为准则,事君使臣、待人接物等都需据礼而动、遵礼而为。可见,大到安邦治国的国家管理,小到立身处世的人生管理,均要依于礼。

2. 内在的约束机制:义

孔子曰:"君子义以为质。""义"是人们行为的内在依据。对于义,孔子同样未给予明确的定义。孔子所言义的三个基本特性如下:其一是社会性,义是人在社会环境中的处事原则;其二是道德性,义是一个伦理道德的概念;其三是本然性,义是符合客观之理的。

要做到义,就不违背礼,讲究道德规范,讲诚信。那怎么处理呢?这就是义与利的关系。利是人之所爱,君子爱财,但要取之有道,也就是义利要合一。君子义以为质,君子一定要以义为根本。

义利观是孔子整个思想体系的重要内容之一。孔子一方面承认对于物质利益的追求乃人之常情,另一方面又强调这一追求必须符合"义"。这种"义利合一"的观念,表现在管理过程中,便是其所说的"义以生利,利以平民"的原则。而在"安人"之道中,孔子强调的就是上位者应以"义"来克制个人私欲,不能对人民横征暴敛。"季氏富于周公,而求也为之聚敛而附益之。子曰:'非吾徒也,小子鸣鼓而攻之可也。'"孔子对搜刮百姓财富的季孙氏、助纣为虐的冉有都予以毫不留情的痛斥,主要原因之一在于他们违背了"义"的原则,损害了百姓们的利益,破坏了他们安居乐业的生活。孔子说:"上好礼,则民莫敢不敬;上好义,则民莫敢不服;上好信,则民莫敢不用情。夫如是,则四方之民襁负其子而至矣。"统治者推行仁义,老百姓就会从四面八方来投奔,国家统治就有了坚实的基础。

在孔子的思想体系中,仁义和礼是紧密联系的。仁义是一种内在的非强制性的控制和强化措施,强调以精神价值为导向,通过教育、鼓励、说服和确立理想等方式,激发个体的主观能动性,加强道德修养,提高理性的自觉。礼是一种外在的引导性控制手段,强调以合理的社会礼仪制度为导向,通过引导、协调和树立榜样等方式,规范个体的社会行为,明确各自的社会地位,恪守相应的道德职责。就仁义对礼的关系来说,孔子认为仁义是施礼之目的。"克己复礼为仁",约束自己来践行礼,这样就可使天下归于仁义的管理之下了,这是将仁义看作礼之本质的结果,仁义亦是充实礼、遵循礼的内在依据。"人而不仁,如礼何?""人而不仁,如乐何?"仁义是人与人之间真情实意的体现,由此而表达于外,则有礼乐。若无内心之仁义长存,则礼乐很容易失去意义。就礼对仁义的关系来说,孔子将礼作为完善仁义,执礼以成仁的最终保证。他说:"知及之,仁不能守之,虽得之,必失之;知及之,仁能守之,不庄以莅之,则民不敬;知及之,仁能守之,庄以莅之,动之不以礼,未善也。"意为政权可以用智谋得到,但如果不能用仁爱的政策来保守,就算得到了必定会失去。用智谋得到了,也能用仁爱的政策来保守,但如果不能用庄重的态度来执政,民众不敬服。用智谋得到了,也能用仁爱的政策来保守以及用庄重的态度来执政,但不能按照礼来指导行动,还是没有达到完善的程度。

3. 明确职权:正名

要使管理正常运行,需要每个管理者都行使好自己的职权,而要使管理者的职权清晰,就需要做到"名正言顺"。如何来正名呢? 一要正名分,二要正名实。

正名分是指确定个体的身份,包括人的血缘关系和阶级地位,即确定个体的身份、明确社会地位。前者表现为家庭范围中的父子兄弟等关系,后者表现为社会生活中的君、臣、士、农、工、商等关系。正名分的作用在于使人对自身和他人有明确的定位,对相互间内在的联系与区别有清楚的认识。

正名实则是指名与实要符合,即要名副其实,要明确彼此的责任与义务,责、权、利间的关系要处理好,三者要相统一。克己复礼,即每个人欲望和想法要符合自己的身份,这才是合乎礼仪之道。其最终目标是对那些名不正、言不顺、事不成的事情进行有效管理,对礼乐不兴和刑罚不中的乱世进行拨乱反正。

在社会关系中,每个名都含有一定的责任和义务。负有这些名的人就应该相应地履行这些责任和义务。生活在社会中的每个个体都有与其血缘和社会等级关系相应的"名",与这些"名"相对应的是其应该履行的责任和义务,如个体能循"名"而动,则其思想与行为是符合"义"的,反之则违背"义"的原则。孔子通过"正名",使"义"由一个抽象的理论概念演变成为一个具体的权衡名实关系的标准。以此标准,人们可以合理地约束自身,更可有效地管理他人。在国家管理过程中,"正名"从人的外在身份着手,重新确立组织建制的原则,保证政令畅达、治事有成。而循礼则是固守其名的外在表现。当个体能依照自身的"名"调节自己的欲望,约束自己的行为,即"克己"时,则可"复礼"。孔子强调对手"名"要有正确的认识,因为有了正确的概念,在实践中才能义无反顾,才能培养积极上进的力量,所以他提出"君君,臣臣,父父,子子"的要求。意思是,事实上为君的人的行为,必须合乎"君之名"所包含的本质规范,事实上为臣的人的行为,必须合乎"臣之名"所包含的本质规范,父与子亦同理。只有这样,才有可能对名不正、言不顺、事不成、礼乐不兴和刑罚不中的乱世予以有效的管理。孔子的"正名"学说涉及"修己以安人"中的亲、友、君和乡邻,"修己以安百姓"中的民、国家和天下。对于这些不同的"名",孔子有针对性地进行了研究,并从各自的"实"中总结出应遵循的基本道德原则,作为约束自身和管理他人的前提。

孔子认为,要人们的行为合于礼义,必先正名。"正名"思想是孔子管理哲学思想的基础。那何为"名"?孔子没有明述,但通过其对名的论述我们可以认为,所谓"名",就是人通过思考与辨别后,赋予万事万物及其相互关系的抽象的代号。这些代号一旦产生,即在人的思想中体现出一定的含义。这种含义,从纯哲学的角度言,就是此名所代表的一类事物的本然特质。万事万物都应当尽可能与其"名"所代表的理想本质相符合。当出现不符甚至背道而驰的情况时,以代表事物理想本质的名去批判和矫正出现偏差的现实情况,这就是孔子所强调的"正名"学说的核心内容。

三、孔子的仁爱观

"仁"的观念由来已久。春秋时期仁成为道德范畴中的一种,但并没有形成系统的仁学理论。孔子第一次构建了仁学理论,把仁当作其思想的核心,当作为人处世和为政的根本原则,系统地阐述了仁与其他道德条目之间的关系,因此孔子的学说也被称为仁学。《论语》有502章,论仁的内容有58章,共109次。

(一)仁的内涵及其核心

1. 仁的概念

仁者,人也。仁的本质是人,是爱人,要像爱自己一样去爱别人。尽管孔子在不同场合从不同角度对"仁"进行了多种解释,但是其基本内容是"爱人"。

孔子主张,在处理人与人的关系时,应当推己及人,像爱自己那样爱别人。这就是孔子"一以贯之"的"忠恕"之道,也就是"己欲立而立人,己欲达而达人""己所不欲,勿施于人"的思想。孔子认为,"为政"的实质,就是推行仁爱于天下,也就是说,统治者在管理整个国家的时候,就是把自己的仁爱之心推行开来,从最爱自己、最爱自己的家人这一点出发,推己及人,把别人当作自己来爱,把与自己无血缘关系的人当自己的亲戚来爱。"君子笃于亲,则民兴于仁",如果在上位的人能够真诚地厚待自己的亲族,就会仁爱地对待老百姓,从而形成淳朴的民风。

那么如何才能做到"爱人"呢?孔子从两个方面阐释了仁的重要内容,也可以看作是对如何"爱人"所作的诠释。

"仲弓问仁。子曰:'出门如见大宾,使民如承大祭。己所不欲,勿施于人。在邦无怨,在家无怨。'仲弓曰:'雍虽不敏,请事斯语矣。'"意思是仲弓问什么是仁。孔子说:"在外面做事像会见贵宾一样恭敬,役使老百姓像承担重大祭祀一样谨慎。自己不愿意的事,不要强加给别人。无论是在任何地方,都不招致怨恨。"仲弓说:"我虽然不聪明,但是会按照您这些话去做。""子曰:'夫仁者,己欲立而立人,己欲达而达人。能近取譬,可谓仁之方也已。'"意思是仁者,自己想立足就也使别人能立足,自己想遇事通达就也要让别人遇事通达。他能够以自身打比喻,推己及人,可以说是成为仁者的方法了。

《论语·颜渊》记载:"樊迟问仁。子曰:'爱人。'"其另一种表达是"泛爱众,而亲仁"。具有什么样的品德才算是"仁爱"呢?孔子在《论语·阳货》中有明确的回答:"子张问仁于孔子。孔子曰:'能行五者于天下,为仁矣。'请问之。曰:'恭、宽、信、敏、惠。恭则不侮,宽则得众,信则人任焉,敏则有功,惠则足以使人!'"由此可见,在孔子看来,恭、宽、信、敏、惠是"仁"的品德的具体体现。

2. 仁的道德修养

儒家主张以"仁"来约束自己的行为。一位仁者是不会干坏事的,他会管理好自己,约束自己的行为,不乱为、不妄为。

"子曰:'无欲而好仁者,无畏而恶不仁者,天下一人而已矣。'"因此孔子认为爱好仁德的人,是至高无上的,并且憎恶不仁德的人,他践行仁德,是为了不使不仁德的事物加在自己身上。"好仁"则必定"恶不仁",如果有志于仁德,一心所想的便是如何增进品德修养,如何爱人,为善如不及,为恶如探汤,当然就不会去干坏事了。

孔子认为,仁既是最高的道德境界,也是一种实践活动,只要我们坚持不懈地努力,就可以逐步地接近仁,最终成为仁者。只要我们立志行仁,仁就在我们身边。所以孔子谆谆告诫人们道:"仁远乎哉？我欲仁,斯仁至矣。"颜渊就是朝着"仁"的目标前进的人。"颜渊问仁。子曰:'克己复礼为仁。一日克己复礼,天下归仁焉。为仁由己,而由人乎哉？'颜渊曰:'请问其目？'子曰:'非礼勿视,非礼勿听,非礼勿言,非礼勿动。'颜渊曰:'回虽不敏,请事斯语矣。'"孔子倡导"为仁由己",颜渊则表示"我虽然不聪明,但是会按照您这些话去做。"这就是朝着仁的目标前进。又例如:"子曰:'苟志于仁矣,无恶也。'"

朝着"仁"的目标前进,就是要求君子时刻保持一颗行仁之心,从孝悌做起,从事贤者和友仁者做起,努力培养近仁的美德,坚持不懈地追求仁德。

（二）仁的实践：修己安人

如何去实现仁爱天下？首先要修己安人。修己,就是从道德、学识、能力等方面进行自我修养的提升。可以从格物、致知、诚意、正心、修身等方面进行提高。安人的意思是使人安,指精神上的满足,也就是一个人的行为能让人觉得安心可靠。儒家的目的是修身、齐家、治国、平天下,即先把自己个人品德修好,然后再是家庭、再是国家,最后是天下,其涉及面从小到大。由此可见,儒家的格局比较大,他关注的不仅仅是自己的一亩三分地,更关注家国天下之事。儒家的终极目标是平天下,亦即天下太平！

1. 修己

孔子认为,管理是个修己安人的过程,要达到管理之"和",管理主体就要从"修己"开始,达到"安人"的目标。"修己"是管理的出发点和基础。"安人"是使人达到一种精神上的自足状态。管理必须使人"安","安"才能达到"和"的目标。相反,如果管理者为了达到某个目标而不择手段,使人处于不安的状态,这就违背了儒家行为管理原则,也不能达到"和"的目标。"修己"与"安人"是统一的,"修己"是安人的基础和前提,只有"修己"才能"安人"。

关于"修己",孔子提出了五项基本要求,即"恭、宽、信、敏、惠"。这"五德"是一个管理者所必须具备的五种基本素质:修身要庄重,办事要勤敏,对待被管理者则要宽厚,守信用,施恩惠。在"五德"中,孔子尤为重"信",《论语》中"信"字出现了35次。"信"主要包括两个方面:其一,强调民众对管理者的信任。"子贡问政。子曰:'足食,足兵,民信之矣。'子质曰:'必不得已而去,于斯三者何先?'曰:'去兵。'子贡曰:'必不得已而去,于斯二者何先?'曰:'去食,自古皆有死,民无信不立。'"孔子认为,民众对政府的信任甚至比粮食和军备更重要,可见,"信"在管理中的地位极其特殊。另一方面是强调管理者自身的信实,"信则民任焉"。民众对管理者的信任与管理者自身的信实是统一的。管理者讲信用才能得到民众的信任,"君子信而后劳其民;未信,则以为厉己也",得到民众的信任之后才能役使人民,否则,民众便认为统治者在虐待自己。"上好信,则民莫敢不用情。""人而无信,不知其可也。"管理者如果不讲信用,那就毫无可取之处了。

孔子除了对管理者提出"五德"的要求外,还有过其他描达,如"君子义为上""君子义以为质",等等。当管理者具备了高尚的道德品质之后,就会自然地对民众产生巨大的影响力。

2. 安人

孔子认为,"修己"与"安人"是一个统一的过程。关于"修己"与"安人"的关系,在《论语·宪问》中有一段对话:"子路问君子。子曰:'修己以敬。'(把自己慎重地培养、训练、教育好)曰:'如斯而已乎?'曰:'修己以安人。'曰:'如斯而已乎?'曰:'修己以安百姓。'"安人的内容又有哪些呢?其内容主要是由近及远,从个人、家庭,再涉及社会层面。

(1)安亲:孝悌

"安亲"是指让自己的亲人安心。如何安呢?孔子常常孝悌并举,如"其为人也孝悌""弟子入则孝,出则悌"等。善对父母长辈为孝,友爱兄弟姐妹为悌。孔子提倡通过孝悌来协调家人间的关系,以建立和睦、友善的和谐家庭关系,从而保证身心健康。安亲的根本也是社会和谐的基础,社会是由每一个细小的分子组成的,每个家庭的安定能保证整个社会的稳定与和谐。

孔子主张用"孝悌"来协调兄弟姐妹之间的关系,建立一种和睦友善、相敬如宾的氛围,使有血缘至亲关系的人群能从安人者的行为和行动中享受到幸福与安康,从而保证个体身心能在和谐安宁的家庭环境中得到正常发展,达到家族的和谐、和睦。

(2)安友:忠信

"安友"即要正确处理好朋友关系。孔子认为,诚心和朋友交往,彼此在学识、道德修养和精神境界上能够获得共同的提升,在彼此的交往中得享精神上的安宁与怡乐,故说:"有朋自远方来,不亦乐乎?""君子以文会友,以友辅仁。""与人谋,而不忠乎?""与朋友交,言而有信。"

孔子认为"安友"应遵循的主要原则是"忠信"。孔子提倡以忠信待友,彼此真诚相待,在此基础上形成一种互忠互信的良好心态。

(3)安君:"致其身"

"安君"就是让君主安心。如何做呢?臣子应该竭尽所能辅佐君王治理国家、教化民众,全心全意为君王服务。

儒家以辅佐君王、匡扶社稷、拯救黎民为己任。在封建时代,君主是特殊的社会角色,对社会产生了特殊的影响,所以在孔子看来,"安君"是"君子"的重要职责。"安君"的内容就是为臣者应竭尽所能地辅佐君王,保证君王能安心地治理国家、教化民众,时刻以为天下百姓谋福利为政治追求。对于如何"安君",孔子提出了"致其身"的原则,具体体现在两项,那就是"忠"和"敬"。

关于"忠"与"敬"的内涵,孔子有"勿欺也而犯之"的说法。"勿欺"即为"敬","犯之"可为"忠"。所谓"犯之",即为匡扶正义犯颜谏争,不可唯命是从。当君主在言行上出现偏差时,为臣者无原则地唯命是从,此种举动不是"忠",相反,为了匡扶正道,与上位者据理力争、敢于直谏的行为才是真正的"忠"。所谓"勿欺",即不能欺骗君王。为臣者发现君王不合道义的行为,或视而不见,或故意隐瞒,或言过其实投君所好,皆是以不敬之心行欺骗之举。对君王的错误能义正词严地直斥其非,此种行为才是真正的"敬"。也就是说,如果领导犯错,我们要敢于指出来,而不是听之任之,更不能只要领导说的都一味照办,如果是这样,就不能称之为"忠"。

敬则是不欺骗、不投其所好。尊敬一个人不是唯命是从,而是有原则有底线的尽好自己的本份;而不是说君主喜欢美女,臣子到处寻找美女以供君上欣赏,这不是敬。领导来视察了,下属把东西粉饰一下,跟上面汇报一下业绩,这更不是敬,而是欺骗。

孔子以"致其身"为"安君"的主要原则,目的在于强调为臣者有理性、有原则地辅佐君王,引导其能走上为国为民、施仁行义的正途。

(4)安百姓:"泛爱众"

如何做到安百姓呢?应"泛爱众",就是说对所有的人都能以真心相待,自然能够爱护百姓,也就是要具有一定的博爱精神。具体措施为"立之斯立,道之斯行,绥之斯来,动之斯和",也就是立民、导民、抚民、使民四项。

"立民"是指让民众自立、自我管理、自我约束。"立之斯立"讲述的是"立民"之道。所谓"立民",就是要让民众"自立",即使老百姓自我管理、自我约束、自我发展。孔子认为管理民众有两种方式:一是"道之以政,齐之以刑"的外在法制管理;二是"道之以德,齐之以礼"的内在道德约束。两者相比较,孔子更推崇以德及礼来"立民"。他认为重刑苛政能使人一时畏惧,但难以从本质上被感化而真心向善,故功效短暂且不能深入人心,长此以往会造成"民免而无耻"的后果。而以德化之、以礼齐之则是从改造人的内在思想处着手,使个体清楚地认识到遵循道德原则不仅是社会得以存在的基础,更是完善自身、焕发人性的精神需求,以此而行,人即能达到"有耻且格"的地步。孔子摒弃强制性的"制民"之策而选择了道德性的"立民"之法,认为人的纲常伦理关系得以维持,在很大程度上,所依靠的并不是外在的强制性规定,而是一种人性道德感召。

"导民"指的是教化百姓,引导百姓走上什么样的道路。怎么导呢?孔子强调两条路径:

其一,进行礼乐教育,以提高道德修养产生导向作用。孔子非常认同音乐,他认为音乐能陶冶人的情操,礼仪能提高人的修养。孔子一直坚持两大原则:一是重视道德教育,即通过礼乐等手段对老百姓进行潜移默化的思想教化。孔子很重视艺术的作用。他把艺术看作陶冶个人性情、不断完善自我的重要手段,提倡"志于道,据于德,依于仁,游于艺"。在艺术中,他尤其重视音乐。他曾"学琴于师襄",受过严格的训练。他在齐国的时候,听到演奏著名的"韶"乐,以至"三月不知肉味"。在他的日常生活中,音乐是他不可一日或缺的东西。他的学生言偃(子游),做鲁国的武城宰,孔子去武城访问,一入境就听见"弦歌之声"。言偃告诉他,这样做是遵循老师的一贯教导:"偃也闻诸夫子曰:君子学道则爱人,小人学道则易使也。"可见,孔子一向是把"弦歌"作为教民、为政之道的一部分来教育自己的学生的。孔子认为,《诗》本于性情,可发人心志,使人兴起;礼以恭敬辞让为本,可使人卓然而立,不为物动;乐者,可养人性情,荡涤邪秽。诗、礼、乐都能对学者的道德修养产生良好的导向作用,因此他提出了"兴于诗,立于礼,成于乐"的观点。

其二,进行平民教育,使全民都能享受到教育,共同提高道德修养。孔子身体力行有教无类这一原则,使文化向民间下层普及,向夷狄之邦传播,使平常百姓也可以获得学习的机会,从而修德明理,终至成仁成圣之境界。

"抚民"指对百姓进行安抚,从物质上和精神上对民众进行全面安抚。在物质方面,孔子提倡"富民",他认为"百姓足,君孰与不足?百姓不足,君孰与足?"将百姓的利益置于为政者利益之前考虑,并将"足食"与"足兵""民信之"一起奉为为政的三大原则,所以安抚百姓的前提是使民衣食无忧。孔子曾说,不患寡而患不均,是指贫富差距太严重会容易让百姓心理失衡,会对政府产生负面情绪,这会对政府执政埋下隐患。当统治者执行"均无我,和无寡,安无倾"等举措后仍出现"远人不服"的情况时,便应该修文德来招揽他们,此乃精神安抚的方式。

"使民"指君王治理国家时,要求百姓尽心尽力地为其服务,这是必然的事情。孔子比较务实,他认为立民、导民、抚民的目的就是使民,就是让百姓干活。财富是谁创造出来的,是百姓!劳动创造财富,所以,要让百姓劳动,只有劳动才能创造无限的价值和财富。但是让他们干活也得要有个尺度和限制,因此他提出使民三原则:

其一,不可无度,使民以时。时,指农时。上位者必须考虑到人民所能负担的程度,使民当于农隙,以不纷其生业为前提。这种做法既能保证有效运用民力,解决国家相关的问题,又不会因为严重影响民众生计而激发社会矛盾。让百姓干活要有个限度,不可无限期,这也就是当下国家在劳动法里就明确规定的工作时间及节假日,正是"不可无度"的使民思想的体现。

其二,互利。以惠养民,以义使民。让民众得到实惠从而不会有怨言,即各取所需,从中受益。对于怎样做到"惠而不费",孔子的主张是"因民之所利而利之",即听任百姓去做他们自认为能够获利的事情,从而为自己谋得利益。他认为这样可使百姓靠自己的力量得到利益,统治者无所烦费,又不致引起抵制、反抗,还可从百姓产生的财利中分取(通过财政手段)一部分,所以孔子把"惠而不费"列为五美之首。"择可劳而劳之"可使民"劳而不怨",管理者和管理对象皆能各取所需,从中受益。

其三,真诚,不可欺骗。"使民如承大祭",就是说让百姓干活要真诚,用民就像祭祖一样慎重对待。不能欺骗百姓,更不可愚弄百姓。只有不存故意欺骗之心,未有任意妄为之举,郑重其事、恭敬、认真,方能使"民忘其劳"。

"立民""导民""抚民""使民"是相互联系、内在统一的整体。孔子论"立民"在于使百姓在内在思想上能够守仁而立德,在外在行为中能够循礼而立身;说"导民"在于使百姓乐于求知,安于受教,时刻本着"就有道而正焉"的近贤精神去求仁好礼;言"抚民"在于使百姓从物质与精神两方面皆能获得满足,为上位者有效施政打下坚实的民心基础;道"使民"在于使百姓真心实意地为谋求整个国家的幸福与安宁而辛勤劳作。四者相互融合,相互作用,共同构成了"安民"的总体框架。这是孔子从物质基础、精神修养、道德教化、社会实践、君主美德、民众行为等多角度、多层次对管理者提出的要求。

四、孔子的管理实践观

(一)选贤使能、知人善任的人才策略

孔子认为,为政者必须建立正确的人才观。《论语·为政》记载,哀公问曰:"何为则民服?"孔子曰:"举直错诸枉,则民服;举枉错诸直,则民不服。"也就是说,孔子认为提拔任用正直的人,伸张正义、整饬风纪,树立良好风气,人民才会心悦诚服;反之,人民就会有怨言,也不会配合。那么,如何选贤任能呢?其一,识别人才。要做到"听其言而观其行""视其所以,观其所由,察其所安""众恶之,必察焉;众好之,必察焉";"不以言举人,不以人废言。"其二,不拘一格选拔人才。不以贵贱、亲疏、长幼为选拔人才的标准,"先进于礼乐,野人也;后进于礼乐,君子也。如用之,则吾从先进。"其三,知人善用。人各有所长,皆为可用之才,关键在于用其所长。孔子对其弟子了如指掌,能把握各自所长而荐用。如《雍也》篇载:季康子向孔子询问子路、子贡、冉求谁能够办理政事,孔子一一介绍了他们各自的长处,"由也果""赐也达""求也艺",认为皆为可用之才。又如《公冶长》篇记载,子曰:"由也,千乘之国,可使治其赋也""求也,千室之邑,百乘之家,可使为之宰也""赤也,束带立于朝,可使与宾客言也"。

（二）节用爱民、休养生息的经济策略

古人云："得民心者得天下。""爱民"是德治的重心。子曰："道千乘之国，敬事而信，节用而爱人，使民以时。"这句话中包含两种经济策略：其一，"养民以惠"，即为人民谋福利。为政者节省开支便可减轻人民的经济负担，节用民力则可稳固生产，要"薄赋敛而民富"，减赋税，保生产。其二，"使民以时"，即征用徭役要注意时节。农忙时节，不要滥用民力，以免影响生产。孟子《梁惠王上》也有类似表述："不违农时，谷不可胜食也。"兵役工役的征用要适度，不能过多过重，要给人民休养生息的时间。节用爱民，养民裕民，则国富民安矣。

（三）德主刑辅、治民以礼的管理策略

德治与法治是两种不同的政治手段，各朝各代在运用时都有所偏重。孔子分析了德治与法治的不同功用，提出了以德为本以法为辅、德治与法治相结合的行政管理主张。其一，要为善戒杀。孔子坚决反对苛政、暴政，主张用从政者的良好德行教化世俗。子曰："'善人为邦百年，亦可以胜残去杀矣。'诚哉是言也！""子为政，焉用杀？子欲善而民善矣。君子之德风；小人之德草。草上之风，必偃。"其二，要以礼德为本。子曰："道之以政，齐之以刑，民免而无耻。道之以德，齐之以礼，有耻且格。"严刑峻法只能控制人们的行为，而用道德教化和礼制规范百姓却能使其心悦诚服、知耻行义。其三，要宽猛相济。"政宽则民慢，慢则纠之以猛。猛则民残，残则施之以宽。宽以济猛，猛以济宽，政是以和。"德主刑辅、德法结合，才能使人民的思想言行合礼合法，取得"近者说，远者来"的效果。

五、孔子的人才观

（一）人才素养

1. 君子不器

器：局部、具体事务的执行地位。管理要有分工，最高管理人员的职责就是领导全局，即决策和用人，而不是拘泥于某一物上，要有大格局。孔子认为，领导者和管理助手以及管理对象之间应有明确的分工，高层领导主要关注全局性、大方向等

问题,凡属管理助手或管理对象职行范围之内的事,应放手让他们自己去做,领导者不应自为。这就是孔子所说的"君子不器"。领导人的职责是领导全局,必须把自己的精力放在决策和用人上,而不能把自己放在"器"即局部、具体工作执行者的地位,否则就会妨碍自己对全局的观察和指导,也会妨碍管理助手的作为,削弱他们的主动性和责任心。

孔于还为管理者的管理艺术问题提出了一个总的原则——"无为而治"。"无为"指国家的领导者不自为或尽最少自为,"治"是把国家的管理工作充分做好,达到所谓的"大治",即实现最佳的管理目标。孔子把舜看作这种高超管理艺术的典型,极口称赞说:"无为而治者,其舜也与!夫何为哉?恭己正南面而已矣!"意思是说舜谦恭敬慎地处在最高位上,从容不迫,不躁不乱,而国家的一切工作都自然而然地进行着,而且都能恰到好处。这自然是管理艺术的最高境界。

2. 中庸之道

中庸意为"过犹不及",就是说不左不右,不胖不瘦,不高不矮,恰到好处,这是咱们中国人的标准。管理也是一样,不能太过,其职能的限度和准绳,要做到"尊五美,屏四恶",即防止偏倚和走极端道路("五美"和"四恶"前面已经说过了,此不赘述)。

通过教育去调动民众的积极性,而不是一味地用强制、命令和规章来约束,甚至用威胁的手段去压迫,迫使管理对象服从,这样只会造成管理的浪费及成本的增加,而且还会适得其反。

(二)选拔方式:举直错诸枉

1. 人才标准

"举直错诸枉,则民服。举枉错诸直,则民不服。"意思是说:把贤明的人选拔出来,不贤明的人自然就远离了,或正确的做法代替错误的做法是正确的。所以说,标准很关键。标准是尺子,如果尺子歪了,那么选择出来的东西肯定全都是歪的。比如,如果现在我们衡量成功人士的标准基本都是经济,于是乎那些能赚钱的人自然就是成功人士的典范了;品德好如果没有钱,不能产生经济利益,那么在这个评价标准下也是无用之人,这极有可能造成劣币驱逐良币的局面。所以说,标准是件很重要的事情。对人才的标准,儒家提倡的是德才兼备。

2. 听其言,观其行

孔子对于人才的选拔和任用非常重视,提出了一系列的举措和方案。他认为,首先要举所知,即先任用你所了解的贤才,尔后其他人才会一个个被推荐出来或引来(近朱者赤)。"不以言举人,不以言废人",不能光听别人说好就好,也不能听别人说不好就觉得不好,我们应该"听其言而观其行"。如果当地的好人都说好的,那么这个人确实是好的,如果当地的坏人、品行差的人都认为这人很讨人厌,那么这家伙还真是个好人,即"不如乡人之善者好之,其不善者恶之"。

同时,我们还要"视其所以,观其所由,察其所安",即从这个人的动机、过程、内心的追求等几个方面去全面考察,不能光看表面,要看他内在的精神和思想,只有这样才不会错过人才,更不会误用人。

(三)人才使用观:因材任使

根据人的不同性格、特点而分别放在不同的岗位上使用。孔子认为,应知人、善任、无求备于一人,对人的要求不要太苛求,只要品德大节无亏,忠于职守、勤于任事,缺点未影响其任职基本条件,即可继续使用,并信任他。

孔子提出了"器之"的人才使用原则。"器之"即因材任使,像对器具一样,什么样的器具派什么样的用场。在领导者自身的作用问题上,孔子强调"君子不器",在对管理助手的使用问题上,孔子则主张"器之"。这是基于分工的需要而得出的两个不同方面、不同性质的管理艺术:领导艺术和用人艺术。管理助手是受领导者委托负责局部、具体工作的,他们是因为有各自的专长而被遴选担任某种或某方面工作。如果他们不具备这种条件,遴选他们担任有关工作就是领导者无知人之明,他们具备这种条件而不把其摆在合适的岗位上,那就是领导者不善任人。既善于识别管理助手的才能,又善于为他们安排适宜的工作岗位,既知人,又善任,就叫做"器之"。器之,就应"无求备于一人",即对任何人都不能要求他完美无缺。只要他在品德方面大节无亏,在工作能力方面胜任所担负的职务,并且忠于职守,勤于任事,即使发现其有某些缺点,该选拔的仍应选拔,该重用的仍应重用。在使用过程中,如果发现缺点,也要具体分析,只要缺点不致妨害他任职的基本条件,就应继续使用,并给予信任。

孔子一生致力于治国,希望通过自己的努力和能力去改变社会现实,实现富国之目的。他一生以管仲作为最高理想和榜样,因此他到处宣传管仲的政治理念,但皆因时代的原因,他的思想无法得以实现。但是,他的治国理论却在后世被历代统治者所认同,至汉代时成为最高的治国理念和思想准则。

第三节　孟子的管理思想

孟子是孔子之后儒家的又一杰出代表,后世称为"亚圣"。孟子继承了儒家的重民思想,他的管理思想的理论基础是人性本善论。他从人性本善的角度出发,认为社会管理的核心就是实施仁政,争取民心。孟子主张义先利后,义利统一,并对孔子的"经""权"思想作了具体的阐发。

一、孟子的性善论

孟子认为人性天生是善良的,他说:"人性之善也,犹水之就下也。人无有不善,水无有不下。"孟子所说的人性并不是指人生来就有的一切本能,而是指人与其他动物的不同,使人成其为人的那些特性。他所谓人性本善是指人的那些特殊本性是善的。

孟子认为每个人都具有四心,即恻隐之心、羞恶之心、恭敬之心(有时称为辞让之心)、是非之心。他说:"恻隐之心,人皆有之;羞恶之心,人皆有之;恭敬之心,人皆有之;是非之心,人皆有之。恻隐之心,仁也;羞恶之心,义也;恭敬之心,礼也;是非之心,智也。仁义礼智,非由外铄我也,我固有之也。"就是说人生来就具有仁义礼智四种善良的天性,这四种天性是"不学而能""不虑而知"的"良知""良能"。

仁是指一个人要有同情心,对一个弱者能体会他人的痛苦;义,是指人们对于那些犯罪行为有是非曲直的认知,并对自己或他人做得不好的事心中会有羞耻感;礼,即对他人有恭敬之心,尤其是对做了善事义举的人有一种由衷的恭敬之心;智,指是非判断之心,对事物的发展会有清晰的认识,有自我的思考。例如2021年春节期间网上讨论得比较热的那个被锁着铁链、有8个孩子的母亲。网上质疑的是这个母亲的身份,她究竟是谁?她来自哪?她如何会成为这个样子?基于一个"人"的立场,人们应该同情那个妇女,这就是"仁"。羞恶之心,是指如果这个人真的是被拐来的,且她的牙齿是被人拔掉的,那么现在还为那件事遮丑的那些人应该感到羞耻,如果有这种感觉,这个人还算是有良知的,因为他的心中还有"义",没有被利益所捆绑和诱惑；对于那些在这件事中敢于直言、敢于揭露真相的人，而且为此还到处奔波的人，我们要尊重他们，这就是"礼"。这件事情沸沸扬扬一个多月了，当地政府官宣都已经三四次了，且每次都有新发现，对此网上也有很多讨论，很简单的问题都没有得到说明和澄清，作为旁观者也要有个是非曲直的判断，而这个判断的能力就是"智"。这就是孟子所说的仁义礼智的含义，是一个人清醒生活所应具有的基本的能力。

人有不忍之心，说明了人性善良。不善的症结在于人，而不在于"性"。孟子强调，人之所以不能发挥自己天生的善良本性，完全是受了外界不良因素的影响，因此，只有通过教化的方式把人善良的一面发挥出来。

"性善论"是孟子管理思想的基本出发点与依据。孟子认为人具有同情心，自尊自重，渴望被人理解、渴望激励、渴望和谐的人际关系，必要时能担当社会责任的勇气等精神方面的需求。孟子的性善论突出了人作为社会动物具有相互依存、利他性的一面，这种对人性的积极乐观的态度，影响到孟子管理思想的基本面貌。

二、孟子的民本观

"以民为本"是中国传统文化的特征之一，也是儒家坚持的行为管理原则之一。所谓以民为本，即不仅把民众看成是事业成功最基本、最主要的因素，而且民众是目的本身，民众是管理的出发点和归宿。在孟子之前，已经有一些进步的思想家提出过重民的思想。《周易》中有"民为邦本"的说法，《左传》曰："国将兴，听于民；将亡，听于神。"儒家先圣孔子更是主张统治者要富民、惠民、足民、利民，希望统治者"泛爱众""博施于民而能济众"，反对一味攻伐与横征暴敛，提倡使"老者安之""少者怀之"，对"鳏寡孤独"等不幸者要给予关怀。

孟子继承了上述重民思想，并把它发展成为激进的民本思想，鲜明地提出了"民贵君轻"论。在管理者和被管理者这对矛盾中更突出和强调了被管理者的地位和作用。孟子说："民为贵，社稷次之，君为轻。是故得乎丘民而为天子。"在孟子看来，人民的地位是至高无上的，民是国之根本，政权的更迭，君主的易位，都取决于民众的态度，因为"得民心者得天下"。国君应该"进贤"，应该"乐以天下，忧以天下"，应该"民悦之则取之，民不悦则不取"。孟子还提醒统治者要"制民之产"，即给民众一定的私有产业，满足他们的物质生活需要，要"薄税敛"，减轻农民的负担，只有这样才可"保民而王"。而"仁政"学说从根本上讲,就是要管理者重民、爱民,以民为本,即在决定或实施各种管理决策或措施时,首先要考虑到民众的利益。

三、孟子的仁爱观

从民本观和性善论出发,孟子认为社会管理的核心就是争取民心和实施仁政。

(一)争取民心

孟子强调在管理中争取民心,也就是赢得被管理者的支持和认同。他说:"得天下有道:得其民,斯得天下矣;得其民有道:得其心,斯得民矣;得其心有道:所欲与之聚之,所恶勿施尔也。"

他提出了"天时不如地利,地利不如人和"的著名观点,极大地突出了"人和"的重要性。他说:"天时不如地利,地利不如人和。三里之城,七里之郭,环而攻之而不胜,夫环而攻之,必有得天时者矣;然而不胜者,是天时不如地利也。城非不高也,池非不深也,兵革非不坚也,米粟非不多也,委而去之,是地利不如人和也。"孟子指出在战争中,天时、地利、人和这些因素都会影响到战争的胜败;但最终起决定作用的因素既不是天时,也不是地利,而是人和,即是否得到老百姓的拥护。

孟子说:"善政不如善教之得民也。善政,民畏之;善教,民爱之。善政得民财,善教得民心。"这里提出了两种不同的领导方法或曰管理模式:一种是"以力服人",即凭借手中的权力,靠规章制度惩罚等对被管理者实行压服;另一种是"以德服人",即靠领导者的道德榜样、人格魅力,通过说服教育,和被管理者进行感情交流与思想沟通,晓之以理,动之以情。孟子认为对被管理者要"以德服人",不应"以力服人",他说:"爱人者,人恒爱之;敬人者,人恒敬之。"在管理中要多用说服教育的方法,反对用压制惩罚的手段,"以力服人者,非心服也,力不赡也;以德服人者,中心悦而诚服也,如七十子之服孔子也。"

争取民心要管理者加强自身品德、意志的修养,从而起到表率作用。孔子把个人修养看作实施有效管理和增进管理效率的前提,指出"其身正,不令而行,其身不正,虽令不从"。孟子继承了孔子的这一思想,对搞好个人修养同治理国家与取得事业成功的关系作了比较深入的论述。他说:"天下之本在国,国之本在家,家之本在身。"作为一个统治者(管理者),要搞好天下国家,其基础在于搞好个人的修养,

"君子之守,修其身而天下平"。这是说君子应坚持这样的操守,先搞好自身的修养,然后再来平治天下。他还有以下一段名论:"故天将降大任于斯人也,必先苦其心志,劳其筋骨,饿其体肤,空乏其身,行拂乱其所为,所以动心忍性,曾益其所不能。"这是说,一个人如想做惊天动地的事业,必须先经历烈火冰霜的考验。唯有经过苦难的考验和生活的磨炼,才能培养起成就伟大事业所需要的坚强性格和百折不挠的意志。后来,《大学》把它发展为"意诚而后心正,心正而后身修,身修而后家齐,家齐而后国治,国治而后天下平"的完整表述。"修齐治平"已成为历代政治家的人生追求和生活模式,其源头乃在孟子。

(二)实施仁政

"仁"是孔子思想的核心,它是指处理人与人的关系时所应实行的一种准则和态度,就是在彼此交往中要尊重对方,把对方当人看,考虑到对方作为人的情感和权利,核心是"爱人"。孟子的"仁政"思想是从孔子的"仁"发展而来的。他把孔子主要讲个人修养的"仁"推广到政治领域,把仁爱同政治结合起来,提出了"仁政"这一新概念,把它发展为安邦治国的政治学说和管理学说。孟子说:"不以仁政,不能平治天下。""仁政"有时又称为"不忍人之政",就是用一种对被统治者和被管理者比较宽容同情的态度来进行统治和管理,孟子认为这将有助于更好地达到管理的目的:"以不忍人之心,行不忍人之政,治天下可运之掌上。"这是说,只要统治者和管理者能真正体现出尊重人、爱护和同情人的精神,就能平治天下,取得管理工作的成功也就很容易了。相反,如果不行"仁政",忽视了人甚至侮辱和践踏人,那就必然衰弱败亡:"天子不仁,不保四海;诸侯不仁,不保社稷;卿大夫不仁,不保宗庙;士庶人不仁,不保四体。"

从一定意义上讲,实施"仁政"就是"以佚道使民"。孟子说:"以佚道使民,虽劳不怨。"根据他的说明,"以佚道使民"至少应包括以下三方面的内容:一是"取于民有制",对租税徭役的征发应依制度而行,并有一定的限制。二是"勿夺其时"或"不违农时",这是指徭役的征发要避开农忙季节,不打乱正常的农业生产秩序。三是"制民之产",就是要发展一家一户的小农经济,让人民拥有自己的私有产业,一定要使人民对上足够奉养父母,对下足够养活妻儿,好年成终年能吃饱,坏年成也能免于饿死。他的"以佚道使民"所要达到的目标之一就是民"虽劳不怨"。孟子又说:"君行仁政,斯民亲其上,死其长矣。"也就是统治者实行宽松式的统治,人民会更努力、更忠诚,这也是一种双赢。

四、孟子的义利观

在义利问题上,孟子基本继承了孔子以义制利的观点,同时他将孔子仅仅涉及个人道德修养的义利观上升为一个国家和社会处理义利关系的普遍性问题。孟子主张义先利后、义利统一。当梁惠王向他请教"何以利吾国"时,孟子提出了"仁义而已矣,何必曰利"的观点。他还说过,如果一个国家一个社会上上下下都将仁义道德置于脑后,在与他人交往中,尽做损人利己之事,这个国家或社会肯定要灭亡,"君臣、父子、兄弟,去利,怀仁义以相接也,然而不王者,未之有也""苟为后义而先利,不夺不餍""上下交征利,而国危矣"。

孟子反对把私欲摆在首位,对见利不见义的行为,他说:"非礼之礼,非义之义,大人弗为。"但这并不是说不重视物质利益,不要私利。他说:"富,人之所欲""贵,人之所欲""好色,人之所欲",财富、地位、美女都是人们想要得到的,孟子对这一点是肯定的,不过,他希望"王如好货,与百姓同之""王如好色,与百姓同之"。孟子还强调取利的原则,他说:"非其义也,非其道也,禄之以天下,弗顾也;系马千驷,弗视也。非其义也,非其道也,一介不以与人,一介不以取诸人。""行一不义,杀一不辜而得天下,皆不为也。"他认为,合乎道义的利益,取;不合道义的利益,不取。

五、孟子的权变观

孟子认为在管理过程中应遵循"执经达变"的原则。经,是指正常情况下人们应当遵守的道德准则或道德原则;权,本指秤砣,借指特殊情况下人们选择道德行为时应有所变通权衡。经与权,大体可用原则性与灵活性来解释。关于"经""权"问题的探讨源于孔子。孟子继承了这一思想主张并对其有所发展,对"经""权"的内容作了具体的阐述。

经,孟子仍是以仁与礼为其具体内涵;权,孟子在孔子基础上又有自己的见解。孟子以杨朱、墨子对比,明确提出"权"的原则:"杨子取为我,拔一毛而利天下,不为也。墨子兼爱,摩顶放踵利天下,为之。子莫执中,执中为近之。执中无权,犹执一也。所恶执一者,为其贼道也,举一而废百也。"意为杨子主张为自己,尽管只要拔掉一根汗毛而有利天下,他也不肯干。墨子主张兼爱,即使磨秃头顶、走破脚跟,只要有利天下,他也愿做。子莫持中间态度,持中间态度就接近正确了。持中间态度而没有变通,也还是执着在一点上。执着于一点之所以不好,是因为它损害了道、抓住了一点而丢弃了其他一切的缘故。

权的本意是衡量物之轻重,作为一种行为原则,其基本内涵是灵活变通。与权相对的是执一,即拘守某种规范而不知变通。执一必然导致一般规范的僵化,并使之难以应付丰富多样的社会生活("举一而废百"),从而最终限制规范本身的作用(贼道)。

中道不是既定的,要根据具体的情况和环境做调整,这就是"权"。死守中道,而不知应时,就是"执一"。"执一"即缺乏从权达变的灵活性,就会"贼道",对道的推行构成严重的损害,终不能将道进行到底,进而还会危害道德本质。

他认为权变作为一种生活的智慧和艺术具有十分重要的意义,这也构成他管理思想的一大特点。孟子认为"执中",即坚持一定的原则和标准是好的,但如果过了头,变成死板僵化就使人憎恶了,因为它违背了事物发展的规律,否定了事物的丰富多样性。孟子举了一个例子来说明通权达变的重要性:

(淳于髡)曰:"嫂溺,则援之以手乎?"曰:"嫂溺不援,是豺狼也。男女授受不亲,礼也;嫂溺,援之以手者,权也。"

这种权变表面上不合乎礼的规定,实则是由人的恻隐之心所必然生发出来的。当他人的生命受到威胁时,当下就会显现出恻隐之心,这种至纯的情感使得人们不惜违反一些规范作出权变,这也正是仁心(道心)之所在。它是特殊情况下的特殊处理,从根本上体现了"仁"这一儒学的最高道德原则,因而这种"不符合"并没有背离道德的最高原则,也没有损害道德的本质。

孟子还用另一则故事来说明经与权的关系:舜的父亲为人顽劣,几次要害死舜。舜要结婚,如果事先去征求父母同意,就不能结婚,这种情况下"不告而娶"就是唯一正确的选择,这时就不应拘泥于"娶妻如之何?必告父母"的礼节规定。

孟子对于"执中无权"的抨击,是深刻而尖锐的。孟子主张"行权"而反对"执一"中道的具体化,即"时中"。经权关系实际上是原则性与灵活性的关系,进一步讲体现了原则与规则之间的关系。在孟子看来,原则不是变动不居且僵化的一个个具体规则的总和。原则是内在的,它关乎人的内心的情感体征。孟子的"权"的思想表现为他的灵活性、变通性,权的基本要求是对不同的存在情景作具体分析。

当梁惠王站在有台池鸟兽的别苑中问孟子"贤者亦乐此乎"时,孟子回答说"贤者而后乐此",即只有有道德的人才能享受这一切,并举《诗经》中文王筑灵台而百姓皆喜而助之并以文王有灵台为乐的例子,与商纣时民皆愿与之同亡的反例相对比,指出民心才是最重要的,因为"古之人与民偕乐,故能乐也"。"民欲与之偕亡,虽有台池鸟兽,岂能独乐哉",引导其与民同乐,制民之产。当齐宣王说自己"非能好先王之乐也,直好世俗之乐耳"时,孟子干脆说"今之乐,由古之乐也",甚至认为齐宣王的"好货""好色""好乐""好勇"都不要紧,只要他能够与民同乐,让百姓也可以丰衣足食、内外无怨就行了。孟子从大处着眼,只要统治者能够实行爱民、行仁政,那么就可以不必拘于小节。

循礼是为了尽孝,但若以变通的手段更好地实践道的根本宗旨,更为难能可贵。孟子葬母,连其制棺的学生都认为是"木若以美然"(棺木太好了),并以此向老师质疑。孟子的父亲死时其家境贫穷,丧葬相对较为节俭,而礼则要求后葬不得逾前葬。所以,孟子的这一所为明显是反于经的。但孟子本人认为所用之棺椁,"非只为观美也,然后尽于人心"。在孟子看来,既然地位和财力能达到购买上等木料的能力,就应该使用,这是个人情感之必然呈现,是对父母之敬与爱的全面展开。所以,循礼是为了尽孝,但若以变通的手段更好地实践道的根本宗旨,就更为难能可贵。

所以孟子曰:"大人者,言不必信,行不必果,惟义所在。"又说:"汤执中,立贤无方。"乍一看,似乎孟子在提倡一种不守信誉、不讲原则操守的生活态度,其实不然。当已经开始的某项工作因条件的变化而无法继续下去,或继续该项工作已毫无意义时,放弃这项工作就是明智的。这里有一个判断是非的标准,这个标准就是"义"("惟义所在"),即符合更高的价值准则和利益原则。

孟子讲:"仁,人之安宅也;义,人之正路也。"仁,心之所发,义,路之所由,仁义既是经权内在一致性的缘起,又是反经行权的关节点。他以"汤放桀,武王伐纣"之事为例:齐宣王问曰:"汤放桀,武王伐纣,有诸?"孟子对曰:"于传有之。"曰:"臣弑其君,可乎?"曰:"贼仁者谓之贼,贼义者谓之残;残贼之人,谓之一夫。闻诛一夫纣矣,未闻弑君也。""弑",一般指不合礼的杀。孟子认为他们只是"诛一夫纣",非"弑君"也。诛,一般指合乎正义的讨杀罪犯。汤伐桀、武王伐纣明显是有悖于经的,但孟子却明显为他们辩护。在他的眼里,不遵君道的商纣王根本不配享用"君"名,杀之不过是"诛一夫纣",而与弑君毫无关系。由弑到杀这一褒一贬的转化,就是因为诛的是"一夫纣",即贼仁贼义者。孟子的立场十分鲜明:贼仁贼义者只能是独夫,不称其为君主。由此可见,孟子是把仁义作为道德标准的,作为反经行权的"度"的。君子要反经,要忠君,但是只要君主贼害仁义,那他只有其名而无其实,就要行权,这也是为了更好地行经。这种评价上的转变,正是赖于对经权关系的标准——仁义的理解才得以实现。

孟子的权,是其对当时社会现状的一种积极回应,也是其思维敏捷、善于审时度势的体现,他所奉行的是依时变通的灵活的处事原则,折射出了高度的人生智慧。

第四节　荀子的管理思想

荀子的管理思想在外在形态上与孟子呈现出不同的分野,但在本质上与儒家精神相契合。荀子从人性本恶的角度来探讨管理的问题及其本质所在,并从性恶论的角度出发,认为管理必须"隆礼重法",平政爱民。荀子特别强调"任贤使能",认为国家管理者的职责就在于按一定的分工和等级把人们组织起来,使士农工商诸民各得其位,即"明分使群"。

一、荀子的性恶论

从现代管理学的角度看,任何成熟的管理理论,都以一定的人性假设为其前提。不同的人性假设,其管理的方法、过程和目标不同。儒家学说作为一种古代成熟的、完备的治理(或管理)社会、国家的理论,同样也十分重视人性的问题。孔子的德治理论,虽未明确其人性的善恶,但却隐含着人性为善这一前提。孟子明确提出"性善论"的人性假设,目的是为他的"仁政"服务。荀子提出的人性本恶的观点,对人之本性有更深入的挖掘。

(一)人性本恶

人同时具有自然本性和社会属性。性、情是指其自然属性,而欲则是由于外部环境对人的引导而产生的心理倾向或追求。荀子说:"性者,天之就也;情者,性之质也;欲者,情之应也。""性"指人的自然性,"情"即喜、怒、哀、乐等,是"性"的内容;"欲"是与外界事物发生交感后而产生的心理倾向或追求。

1.人的自然属性

荀子认为,由于人的这种自然的本性,生而好利多欲,为了满足这种利欲故必争斗,所以人的本性是"恶"的。荀子说:"今人之性,生而有好利焉,顺是,故争夺生而辞让亡焉;生而有疾恶焉,顺是,故残贼生而忠信亡焉;生而有耳目之欲,有好声色焉,顺是,故淫乱生而礼义文理亡焉。然则从人之性,顺人之情,必出于争夺,合于犯分乱理,而归于暴。"荀子的结论是:"人之性恶,其善者伪也。"在荀子看来,"性者,本始材朴也;伪者,文理隆盛也。"即"性"为"本有",而"礼"为"伪有"。"本有"指人的生理本能或生理欲望,"夫人之情,目欲綦色,耳欲綦声,口欲綦味,鼻欲綦臭,心欲綦佚";"饥而欲食,寒而欲暖,劳而欲息,好利而恶害,是人之所生而有也,是无待而然者也";"目好色,耳好声,口好味,心好利,骨体肤理好愉佚,是皆生于人之性情者也,感而自然,不待事而后生之者也"。

2.人的社会属性

人的这种好、恶、喜、怒、乐的情感,就是人性本有的内容。这些情感与外界的事物发生交感时,便产生欲望,而在欲望的驱动下,就要产生满足这些欲望的行动,于是争斗就发生了,这就是荀子所说的"性恶"。"伪"指人为的,即教化礼法对人之本性的干预和改造。

(二)心性两分

荀子又认为庶民百姓,学《诗》《书》《礼》《乐》《春秋》,习"先王之遗言",为圣人。这里似乎陷入了"性恶"与"成圣"的矛盾之中。

荀子认为,"心"与"性"是分而为二的,心的本质是"虚一而静",不包含恶的本性,人"性"恶,"心"未必就为恶。这就是说,人们认识"先王之道",学习"先王之遗言",积习积善,改造人性是可能的。荀子说:"人何以知道?曰:心。心何以知?曰:虚壹而静。心未尝不臧也,然而有所谓虚;心未尝不两也,然而有所谓壹;心未尝不动也,然而有所谓静。人生而有知,知而有志。志也者,臧也。然而有所谓虚,不以所已藏害所将受谓之虚。心生而有知,知而有异。异也者,同时兼知之,同时兼之,两也。然而有所谓一,不以夫一害此一谓之一。心,卧则梦;偷,则自行;使之,则谋。故心未尝不动也,然而有所谓静,不以梦剧乱知谓之静。未得道而求道者,谓之虚一而静。作之,则将须道者之虚,虚则人;将事道者之一,一则静;将思道者谓之静,静则察。知道,察;知道,行,体道者也。虚一而静,谓之大清明。"这段话的意思是:人靠什么来了解道呢?回答说:靠心。心靠什么来了解道呢?回答说:靠虚心、专心和静心。心从来没有不储藏信息的时候,但却有所谓虚;心从来没有不彼此兼顾的时候,但却有所谓专;心从来没有不活动的时候,但却有所谓静。人生下来就有智能,有了智能就有记忆;记忆,也就是储藏信息;但是有所谓虚,不让已经储藏在心中的见识去妨害将要接受的知识就叫做虚心。心生来就有智能,有了智能就能区别不同的事物;区别不同的事物,也就是同时了解了它们;同时了解它们,也就是彼此兼顾;但是有所谓专,不让哪一种事物来妨害对这一种事物的认识就叫做专心。心睡着了就会做梦,懈怠的时候就会擅自驰骋想象,使用它的时候就会思考谋划,所以心从来没有不活动的时候;但是有所谓静,不让梦幻和繁杂的胡思乱想扰乱了智慧就叫作静心。

对于还没有掌握道而追求道的人,要告诉他们虚心、专心和静心的道理,以作为他们的行动准则。想要求得道的人,达到了虚心的地步就能够得到道;想要奉行道的人,达到了专心的地步就能够穷尽道的全部;想要探索道的人,达到了静心的地步就能够明察道。对于道十分明察,知道了道能实行,这就是实践道的人。达到了虚心、专心与静心的境界,这叫做最大的清澈澄明。孟子之学,"心"即"性"也,荀子则把"心"和"性"分别开来,而荀子的"心"又有"知识心"和"礼义心"以及"人心"和"道心"之分。荀子在分别"心"与"性"之中,"未涵性必恶之义",所谓"性恶"是相对于礼义而言的,"礼义文理为理想,性则为其所转化之现实,为因理想之善,方见现实之恶"。在荀子的"性恶论"中并不包含人的"本质自身"是恶的,而只具有相对比较的意义。[①]

(三)化性起伪

荀子认为,既然人性本恶,同时"心""性"两分,那么对人和管理就应该"化性起伪"。人们受各种"蔽"的影响,总是"蔽于一曲,而暗于大理"。人有种种"蔽塞":

[①] 吴照云.中国管理思想史[M].北京:经济管理出版社,2017:55—56.

"欲为蔽,恶为蔽,始为蔽,终为蔽,远为蔽,近为蔽,博为蔽,浅为蔽,古为蔽,今为蔽。"总之,凡对事物的任何差异的认识都可能成为"蔽"。因为对事物的任何一个差异方面的认识,都会产生认识上的片面或局限。在荀子看来,要获得全面的正确的认识,就需要"解蔽",为此荀子在《荀子·非十二子》中批评了他认为带有片面性和局限性的学说。为了获得正确的认识,必须"兼陈万物而中悬衡",即把不同的事物都陈列起来,建立一个标准,进行分析比较,然后作出判断,这样就不会造成片面和局限,搞乱事物的本来面貌。荀子认为,对事物进行正确判断的标准是"道"。"何谓衡? 曰:'道。'故心不可以不知道;心不知道,则不可道,而可非道。"真正认识了"道",就不会否定"正道"而肯定"邪道",即不会颠倒是非。荀子在回答普通人何以可以"为禹"时说:"然则仁义,法正有可知可能之理,然而途之人也,皆有可以知仁义法正之质,皆有可以能仁义法正之具;然则其可以为禹明矣。""知识心"是没有善恶的。"仁义法正"具有可以认识的本质,而人又具有能认识"仁义法正"的能力和条件,这样人就必然能认识"仁义法正"。当"知识心"知晓了"仁义法正"之后,人心就从"知识心"上升为"礼义心"了,这就使"化性起伪"成为可能。

荀子是把"性"和"伪"置于矛盾的辩证统一之中的,他真正强调"性伪合一"的理论。他说:"天地合而万物生,阴阳接而变化起,性伪合而天下治……宇中万物,生人之属,待圣人然后分(各得其位)也。"可以说,"性伪合而天下治"是荀子人性治理模式的最好表达。人性多欲,那就要满足人的生存需求,尽量满足人的欲望;但是,人的欲望又是没有止境的,所以必须要用礼义来教化,使之节欲,把人们的欲望限制在"礼"所规定的范围之内,使人各自按照自己的职分、地位去行事,不能有僭越的行为。社会上各个阶级、各个阶层、各个等级的人,都按照"礼"的规定,各安其本分,各得其位,社会才能安定和谐。

二、荀子的隆礼重法

荀子从其人性论出发,认为管理必须"隆礼重法"。荀子说:"故古者圣人以人之性恶,以为偏险而不正,悖乱而不治,故为之立君上之势以临之,明礼义以化之,起法正以治之,重刑罚以禁之,使天下皆出于治,合于善也。""是以为之起礼义、制法度,以矫饰人之情性而正之,以扰化人之情性而导之。使皆出于治,合于道者也。"由于人性是恶的,要求社会的平治,就不能顺其人性的自然而发展,必须"化性起伪",即用"礼义"来教化人,树立人的以"礼义"为中心的道德观和价值观,把人的"自然本质"重新塑造成合于"义"的"社会本质"。荀子认为,如果不用"礼义"化之、导之,不用"法度"治之、禁之,社会就会发生争夺暴乱而不安宁。

(一)隆礼

荀子所说的"礼"是制定法律的总纲,又是以法类推的各种条例的纲要。"礼者,法之大分,类之纲纪也。""礼者,贵贱有等,长幼有序,贫富轻重皆有称者也。""礼也者,贵者敬焉,老者孝焉,长者悌焉,幼者慈焉,贱者惠焉。""礼者,节之准也。"由此可见,荀子的"礼"的内容包括政治法律制度、社会等级制度、道德规范以及行为准则等。所以,"礼"是"治之经""国之命"。"礼"对社会人群的等级名分进行明确的规定,使之贵贱有别,长幼有序。"礼"还包含仁、义、忠、孝、慈、惠等道德范畴以及各种礼节和人际交往中的行为准则等。所以,"礼"有多方面的社会功能,在社会生活中具有重要的作用。"人无礼,则不生;事无礼,则不成;国家无礼,则不宁。"

(二)重法

荀子认为,在治理国家的过程中,除"隆礼"之外,还必须"重法"。"法者,治之端也。""众庶百姓则必以法数制之。"荀子认为,"重法"对于一个社会的治理是绝对必要的,"治之经,礼与法",无"法"则社会不能治理。"欲恶同物,欲多而物寡,寡则必争矣",这样就要"犯分乱理"而犯罪。对于各种犯罪,必须"以法数制之",用以惩治人的各种邪恶。荀子主张:对于犯罪的处罚,要"刑当罪";要"公义胜私欲";"行一不义,杀一无罪,不为"。由于"人之性恶",因此既要"隆礼",又要"重法";既要教化,又要刑罚;这两种治理的手段交互为用,就成了逻辑和事实的必然。

三、荀子的爱民观:养民富民

荀子认为,统治者应该爱民,施恩惠于民,养民富民。百姓安政,国君才能安位,民安君安,社会才能安宁和谐,"庶人安政,然后君子安位……故君人者,欲安,则莫若平政爱民矣"。"平政爱民"的表现之一是尽可能地"养人之欲,给人之求",因为"不富无以养民情,不教无以理民性"。人有各种欲求是人的本性,荀子对人的欲求不是"寡欲"更不是"灭欲",而是"养欲给求",这种"养"和"给"不是无限制的,而是有节制的"养"和"给"。荀子说:"欲虽不可尽,可以近尽也;欲虽不可去,求可节也。所欲虽不可尽,求者犹近尽;欲虽不可去,所求不得,虑者欲节求也。道者,进则近尽,退则节求,天下莫之若也。"意思是说,按照"礼"的规定,尽量满足人的欲求;同时又用"礼"的规定节制人的欲求。"从人之欲,物不能赡也",只有用"礼"来调节人的欲望,并将其限制在一定的程度和范围之内,超越了这个范围就需要发挥"法"的作用了。

天下百姓拥护,王道政治的目标就能实现。荀子认为,凡治理国家者,"得百姓之力者富,得百姓之死者强,得百姓之誉者荣。三者具而天下归之……天下归之谓之王"。"使民夏不宛暍,冬不冻寒,急不伤力,缓不后时,事成功立,上下俱富;而百姓皆爱其上,人归之如流水。"意思是为治者要关心爱护人民,要使他们夏天不要中暑,冬天不要受到寒气的冷冻。爱民不只要爱一地一域的人民,还要爱天下的人民。爱民,民则亲上;民亲上,则政治平和。他反对"筐箧已富,府库已实,而百姓贫"的"上溢下漏"的剥削行为。荀子认为,"王者之法",取于民要合理,要按等级收税,要办理好民众的事情,利用好万物。荀子说:"田野什一,关市饥而不征,山林泽梁,以时禁发而不税。相地而衰政(根据土地的好坏收税),理道之远近而致贡,通流财物粟米,无有滞留,使相归移也。"采取这些措施的目的是"养民",即满足人民物质生活条件。这是"平政爱民"的极其重要的物质基础。"平政爱民"就要反对滥用刑罚,不能施强暴于民。即使施刑罚于民,目的也不是为了惩罚,而是为了民安、君安,达到社会的安定。

荀子特别重视人的劳动在财富创造中的作用,认为"用国者,得百姓之力者富",因此,国家必须善于使用民力。首先,要"度人力而授事"。国家应根据所拥有的可以使用的劳动力的数量,来安排或兴办各项事业,使投入和产出能够相抵,并能取得一定的盈余,这是动用民力必须遵循的原则。其次,必须"审劳逸"。既要使百姓努力从事各项生产事业,又要使他们能够得到休息,做到劳逸结合,不能使百姓劳而不息。使用民力要选择合适的时间,尽量减轻人民的负担,"时其事,轻其任,以调齐之"。

荀子指出,在民力使用上,必须反对两种错误倾向。一种是为了讨百姓欢心,向人民施小恩小惠,该用民力而不用,该兴办事业而不兴办。荀子把这种层面的爱民思想叫做"垂事养誉"，不去发展生产，其结果是"事必不就，功必不立"，影响国家富强。另一种是好大喜功，不顾百姓的负担能力，不管人民的死活，为了追求事功，不惜强迫百姓干这干那，"生民则致贫隘，使民则綦劳苦"。荀子把这种做法叫作"以遂功而忘民"，虽然事业暂时进展较快，但"事进矣而百姓疾之"。事业是有进展，但百姓怀恨在心。由于遭到人民的痛恨和反对，其结果必然是"徙坏堕落，必反无功"，结果是名声败坏，反而没有成效。同样不可能使国家富强。后一种情况劳而无功，反而会激化矛盾，所以荀子特别警告统治者说："上好功则国贫。"

四、荀子的用人观：任贤使能

"尚贤"是儒家传统的用人路线。荀子特别强调"任贤使能"，他把任不任贤提到仁与不仁的高度，他说："贵贤，仁也；贱不肖，亦仁也。"相反，如果不尚贤就是不仁。荀子认为，作为国君要"以礼分施，均遍而不偏"，要"好礼义，尚贤使能，无贪利之心"，端正自己的德行，作民众的楷模。"君者仪也，民者景也，仪正而景正。君者盘也，民者水也，盘圆而水圆。""君子"在实行王道政治中有更为重要的作用。荀子说："君子者，法之原也。故有君子，则法虽省，足以遍矣；无君子，则法虽具，失先后之施，不能应事之变，足以乱矣。不知法之义而正法之数者，虽博，临事必乱。故明主急得其人，而暗主急得其势。""君子"是礼义法度的制定者、施行者，又是庶民行为的楷模。所以，要尚贤而王，"尚贤推德而天下治"。荀子指出："尚贤使能"，不能"以世举贤"，要"不恤亲疏，不恤贵贱，唯诚能之求"，要做到"无德不贵，无能不官"，要"论德而定次，量能而授官""贤能不待次而举，罢不能不待须而废"，即贤能者不按等级次序而得到推举，疲沓无能的人立刻予以废弃。荀子认为，只有"尚贤使能"，才能君安、民安，实现国家治理的目标。

应根据士大夫的不同才能，委任他们以不同的管理职责。荀子指出，士君子中有适于担任一般管理事务的"官人使吏之材"，也有"士大夫官师之材"及"卿相辅佐之材"。君主应该根据士君子德行才能安排以适当的官职："论德而定次，量能而授官，皆使人载其事，而各得其所宜。"要为农工商各部门安排相应的管理职位，如设司空以管理水利、设治田以管理耕种、设虞师以管理山泽、设工师以管理百工、设市师以管理关市等，使各项事业都在精于道的士君子的治理下健康发展。

五、荀子的社会分级观：明分使群

（一）分类管理要求的提出

荀子说："水火有气而无生，草本有生而无知，禽兽有知而无义，人有气、有生、有知，亦且有义，故最为天下贵也。力不若牛，走不若马，而牛马为用，何也？……曰：义。故义以分则和，和则一，一则多力，多力则强，强则胜物。故宫室可得而居也。故序四时，裁万物，兼利天下，无它故焉，得之分义也。"在荀子看来，人类之所以优于其他生物，关键在于人类的社会性——"群"。"群"是人类生来就具有的功能，而要使之成为现实的社会组织，就必须有"分"。"分"是社会组织的构成，而要合理地构成一定的社会组织，就必须有"义"——相应的社会行为准则。荀子认为，管理的秩序和效率的根本在于"明分使群"。

（二）分类管理的理由

荀子指出，人和猩猩从外形上看，都是"二足而无毛"，非常相像，并且都同样生活在自然界，可是猩猩却为人类所虏获，成为人类的食物。为什么呢？就是因为人类社会有"辨"，而猩猩兽群无"辨"。什么是辨？"辨莫大于分，分莫大于礼。"所谓辨，就是礼、分，即人和人之间的君臣、上下、长幼、贵贱等一整套社会等级关系。"人生不能无群，群而无分则争，争则乱，乱则离，离则弱，弱则不能胜物"，"争则必乱，乱则穷矣"。同时，从事生产劳动是艰苦的事情，往往是人们所不愿意干的，而对劳动果实的享用和占有，人们却会争先恐后。如果人群中劳动和享受、事业和功利之间不用"分"予以明确规定，"则人有树事之患，而有争功之祸矣"。生产活动就难以正常进行了。另外，人的智愚、贤与不肖互不相同，能力也不一样，如果人群中没有一个能使智愚、贤不肖、能不能分别处于不同地位的"分"，人群中智不能使愚，贤不能使不肖，生产活动也不可能有效地进行。所以，"明分使群"，就是说确定人们在社会群体中的地位和上下关系，对社会生产活动极为重要，它是决定生产发展和社会富足的关键所在，"兼足天下之道在明分"。"故制礼义以分之，使有贫富贵贱之等，足以相兼临者，是养天下之本也"，"无分者，人之大害也；有分者，天下之本利也"。所以，管理社会经济活动最主要的是"明分使群"，解决人和人在生产活动中的地位和相互关系问题。

(三) 分类管理的内容

在荀子看来,国家管理者的职责就在于按一定的分工和等级把人们组织起来。所谓"君",就是善"群"(管理)的人,即善于按照一定的原则把社会组织起来的人。组织社会的原则恰当,天下百姓和世间万物就能各得其所、各得其宜。对于"能群"即社会管理者组织工作的具体内容,荀子提出了四点。他说:"能群也者,何也?曰:善生养人者也,善班治人者也,善显设人者也,善藩饰人者也。"所谓"生养人""班治人""显设人""藩饰人",就是养活百姓、管理百官、任用人才、等级供给。这与现代管理组织理论有共通之处。

"分"也是组织结构的内容。总观荀子所涉及的组织结构,可以区分为四种:一是社会等级结构;二是社会伦理结构;三是社会职业结构;四是国家管理机构。所谓社会等级结构,就是荀子所说的"贵贱有等"。荀子十分强调社会中的"君子"与"小人"的区别。他从"性恶论"出发,认为每一个人所禀赋的人性是相同的,但由于后天的熏陶和修养的不同,于是就出现了"君子"与"小人"的区别。也就是说,从自然素质和认识能力看,君子与小人是一样的;就好荣恶辱、好利恶害来说,君子与小人也是相同的。但在如何追求荣誉和利益、避免耻辱和祸害的道路上,就出现了君子与小人的分野,从而形成了社会等级结构。在这个社会等级结构中,上与下、贵与贱、能与不能、君子与小人之间的界限是十分明确的。而就具体的个人来说,君子与小人之间的位置却又是可以相互转换的,"小人君子者,未尝不可以相为也"。这里的"君子"与"小人",从管理学上说,可以视为社会中的管理者与被管理者,他们之间的分工界限是明确的,而个人的地位又是可以相互置换的。一个普通的人,只要善于学习,注意道德修养,也可以成为像传说中的"圣王"尧、舜、禹那样聪明有为的管理者。

所谓社会伦理结构,就是荀子所说的"君君,臣臣,父父,子子,兄兄,弟弟"。君主要像君主的样子,臣下要像臣下的样子,父亲要像父亲的样子,儿子要像儿子的样子,兄长要像兄长的样子,弟弟要像弟弟的样子。总之,各种社会角色都有自己的伦理要求,这也就是孔子所说的"正名"。荀子指出,管理国家社会,首先要明君、民之分。在君主专制的封建政权下,君主是权力中心,制礼明分要靠君主的权力来实现:"人君者,所以民管分之枢要也。"封建社会中的"分"能否建立起来,建立得能否合于封建生产发展的要求,完全取决于封建君主。因此,荀子认为:"明分"就先要明确君主在整个社会中所处的这种特殊的"分",为了发展封建经济,富足天下,必须把封建君主放在社会最尊贵的位置上去,这是管理国家的关键。为此,要厚君。要使封建君主享受最优厚的物质待遇,拥有最高的政治权威。封建君主"不美不饰之不足以一民也,不富不厚不足以管下也,不威不强之不足以禁暴胜悍也"。

"明分"的另一重要内容是确定士、农、工、商在社会中的地位和相互关系。荀子认为君、民之间的关系是"礼法之枢要",而士、农、工、商四民之间的关系,则是"礼法之大分":"农分田而耕,贾分货而贩,百工分事而劝,士大夫分职而听,建国诸侯之君分土而守,三公总方而议,则天子拱己而正矣。出若入若,天下莫不平均,莫不治辨,是百王之所同,而礼法之大分也。"

士、农、工、商之间的关系,首先是士与农、工、商之间的关系。在荀子看来,士与农、工、商之间的关系,是德与力的关系、精于道者与精于技者的关系。士大夫、士君子是脑力劳动者,是社会生产的管理者,而农、工、商则是体力劳动者,是实际从事生产与经营活动的阶层,他们都有为上君子所不及的技术特长,如"相高下,视墝肥,序五种,君子不如农人;通货财,相美恶,辨贵贱,君子不如贾人;设规矩,陈绳墨,便备用,君子不如工人"。但是,荀子认为,在社会生产活动中,道与技、德与力之间,起主导作用的是道和德,它比技艺、体力对财富的生产活动具有更重要的意义:"农精于田,而不可以为田师;贾精于市,而不可以为市师;工精于器,而不可以为器师。有人也,不能此三技,而可使治三官。曰:精于道者也,精于物者也。精于物者以物物,精于道者兼物物。"精于具体业务技术的只能从事具体业务活动,而精于道的君子却可以治理各业务部门。又说:"君子以德,小人以力。力者,德之役也。"士君子是社会中的能者、贤者和智者,在生产过程中起主导作用,所以必须把他们放到比农、工、商更重要的社会经济管理者的位置上去。要使士君子享受比农民、手工业者和商人更优厚的物质待遇,使他们不论在社会地位上和财富占有上都和他们活动中的主导地位相适应,和他们的德行才能相一致:"德必称位,位必称禄,禄必称用。"这就可以保证他们完成自身职责所必要的物质生活条件。只有这样,才能调动全心全意的积极性,促进社会经济的发展。

"明分使群"的总要领是使士、农、工、商诸民各得其位,即上文所说的"农分田而耕,贾分货而贩,百工分事而劝,士大夫分职而听,建国诸侯之君分土而守,三公总方而议,则天子共已而正矣。"从天子、国君、三公,以至士、农、工、商诸民皆按照"礼"的规定,各自按自己的职分从事自己所应该做的工作,使人人各得其位,从而也满足了自己的需求。荀子的结论是:"治之经,礼与刑,君子以修百姓宁。明德慎刑,国家既治四海平。"这样,社会就达到了一种有序的状态。

思考题

1. 儒家的管理对象主要适合于哪个阶层?其思想本质是什么?
2. 孔子的修己安人的思想对当代有何影响?
3. 孟子的性善论是如何推出的?
4. 荀子的性恶论是如何引出的?
5. 儒家的思想如何对企业进行引导?

案例故事

眼见未必为实

孔子在陈国和蔡国之间的地方受困,七天没吃上米饭了。白天睡在那,颜回去讨米,讨回来后煮饭。饭快煮熟时,孔子看到颜回掀起锅盖,抓些白饭往嘴里塞,孔子当时装作没看见,也不去责问。饭煮好后,颜回请孔子进食,孔子假装若有所思地说:"我刚才梦到祖先来找我,我想把干净还没人吃过的米饭先拿来祭祖先吧!"

颜回顿时慌张起来说:"不可以的,这锅饭我已先吃一口了,不可以祭祖先了。"

孔子问:"为什么?"

颜回涨红脸,嗫嚅地说:"刚才在煮饭时,不小心掉了些染灰在锅里,染灰的白饭丢了太可惜,我只好抓起来先吃了。我不是故意把饭吃了。"

孔子听了,恍然大悟,对自己的观察错误甚为愧疚,抱歉地说:"我平常对颜回已最信任,但仍然还会怀疑他,可见我们内心是最难稳定的。大家记下这件事,要了解一个人,还真是不容易啊!"

第五章

管理的制度性：法家的管理思想

学习要点

1. 了解先秦时期法家的起源以及齐法家和晋法家的区别。
2. 了解和掌握管仲的思想基础及其安民富民礼法并重的法治思想。
3. 了解和掌握商鞅的人性好利的观点及对他的严刑峻法的不同观点。
4. 了解和掌握慎到"道法自然"的立法观及其"立公去私"的法治观。
5. 了解和掌握韩非子的法家基础及其"任势而治""以术治吏"的制度思想。

儒家是从人性本善的角度来探讨如何进行管理，但是同样作为儒家代表人物的荀子却认为，人性是恶的。荀子认为人本身其实是恶的，因为人都有欲望，人的欲望是无限的，但资源却是有限，为了获取更多的资源，因此人的恶（自私）的一面就引出来了。对于善的人可以从礼仪和道德上去进行约束，那么对于恶的人如何去进行管理呢？从管理的手段来说，儒家是通过人内在的道德与外在的礼仪去进行约束，但如果一旦脱离了道德和礼仪的约束，用什么去约束人的行为呢？法家认为，靠的是法律制度。本章就是从法的角度来探讨法家从管理的外在制度去约束组织行为的管理思想和方法。

在中国历史上,法家内部也有分歧,一种是礼法并重,先德后刑,叫齐法家,以管仲为代表;一种反对礼仪说教,提倡严刑峻法,叫晋法家,主要以商鞅与韩非子为代表。

第一节　管仲的管理思想

一、管仲的个人经历

管子(公元前730年—公元前645年),姬姓,管氏,名夷吾,字仲,颍上(今安徽省颍上县)人。管仲出身贫苦,以商贾为业。自幼与鲍叔牙为知己,鲍叔牙知其雄才伟略,常善待之。后经鲍叔牙举荐管仲为齐相,齐桓公任命管仲为上卿、相国。后管仲辅佐齐桓公治理齐国,成就霸业。

公元前698年,齐僖公去世,留下三个儿子,太子诸儿、公子纠和公子小白。太子诸儿即位,是为齐襄公。当时,管仲和鲍叔牙分别辅佐公子纠和公子小白。

齐襄公十二年(公元前686年),齐国内乱,两个逃亡在外的公子(公子纠和公子小白)见时机成熟,都想急忙回国,以便夺取国君的宝座。鲁庄公知道齐国无君后,万分焦急,立即派兵护送公子纠回国,后来发现公子小白已经先出发回国。管仲于是决定自请先行,亲率30乘兵车到莒国通往齐国的路上去截击公子小白。人马过即墨30余里,正好遇见公子小白的大队车马。管仲等公子小白车马走近,就操起箭对准公子小白射去,一箭射中,公子小白应声倒下。管仲以为公子小白已经被自己射死,就率领人马回去。其实,公子小白没有死,管仲一箭射在他的铜制衣带勾上,公子小白急中生智咬破舌尖装死倒下。经此一惊,公子小白与鲍叔牙更加警惕,飞速向齐国挺进。当他们来到临淄时,由鲍叔牙先进城里劝说,齐国正卿高氏和国氏都同意立公子小白为国君,于是公子小白就进城,顺利地登上了君位,这就是历史上有名的齐桓公。

管仲与公子纠认为公子小白已死,再没有人与他争夺君位,也就不急于赶路。六天后才到齐国。到了齐国后,发现公子小白已成为齐国的新君。鲁庄公得知后气急败坏,当即派兵进攻齐国,企图以武装干涉来夺取君位。双方在乾时会战,管仲建议趁小白人心未定时速攻,但鲁庄公却说:"如果一切如你所料,小白早就被射死了。"公子纠不听管仲的话,结果遭遇伏击,鲁军大败,公子纠和管仲随鲁庄公败归鲁国。

与此同时,即位后的齐桓公急需人才,请鲍叔牙任齐相。但鲍叔牙称自己才能不如管仲,若要使齐国称霸,必须要用管仲为相。

齐桓公为绝后患,遗书给鲁庄公,叫鲁国杀公子纠,交出管仲和召忽,否则齐军将全面进攻鲁国。鲁庄公得知后与大夫施伯商量,施伯认为齐国要管仲不是为了报仇雪恨,而是为了任用他为政。因为管仲的才干世间少有,他为政国家必然会富强称霸。假如管仲被齐国任用,将为鲁国的大患。因此,施伯主张杀死管仲,将尸首还给齐国。但鲍叔牙称齐桓公恨管仲入骨,一定要生杀管仲。鲁庄公新败,闻齐国大兵压境,早吓得心颤胆寒,没有听施伯的意见。在齐国压力下,鲁庄公杀死公子纠,并将管仲和召忽二人擒住,送给齐桓公发落。管仲知道这是鲍叔牙的计谋,于是让押运人快马加鞭赶去齐国,最后平安到了齐国。

经鲍叔牙的建议,齐桓公同意选择吉祥日子,以非常隆重的礼节亲自去迎接管仲,以此来表示对管仲的重视和信任,同时也让天下人都知道齐桓公的贤达大度。齐桓公迎接管仲后,一连聊了三天三夜,句句投机,斋戒三日,拜了管仲为相,并称管仲为"仲父"。

后来在管仲的帮助下,齐国国力日渐昌盛,齐桓公也成为"春秋五霸"的首霸。

二、管仲的思想理论基础

(一)"趋利避害"的人性观

在管子看来,每个人都会追求利益而躲避不利于自己的事情,这是一种客观存在的现象。要对人进行管理,首先就要准确把握"趋利避害"的人性特征。

管子认为:"凡人者,莫不欲利而恶害。"《管子·林藏》也说:"凡人之情,见利莫能勿就,见害莫能勿避。""人情"是人们对有关事物及现象的心理反应,即喜、怒、哀、乐、爱、恶、惧等。"人情"就是人性,人性的本质就是"趋利避害"。人性是人们所共有的心理特征,它不因时间、地点和人物的不同而发生变化,"凡人之情,得所欲则乐,逢所恶则忧,此贵贱之所同有也"。即人之常情,都是满足了要求就高兴,碰上了厌恶之事就忧愁,不论地位高低的人都是如此,无论富贵贫贱均不能例外。

管子还说:"民,利之则来,害之则去。民之从利也,如水之走下,于四方无择也。"即人们趋利,就像水往下流一样,不管东西南北。既然自利是人的一种天性,是人的意识对客观事物的必然反映,是一种客观存在,那么,人类的自利观念就是不可违背的,只能去顺应它、利用它。这种自然人性论的认识体现了管子的朴素唯物主义思想。

管子还认为趋利避害的人性具有强大的动力,人们的各种行为都是在这种人性的驱使下进行的。《管子·形势解》有云:"民之情莫不欲生而恶死,莫不欲利而恶害。"《管子·禁藏》中还有例证:"商人通贾,倍道兼行,夜以续日,千里而不远者,利在前也。渔人之入海,海深万仞,就彼逆流,乘危百里,宿夜不出者,利在水也。故利之所在,虽千仞之山,无所不上;深渊之下,无所不入焉。"意为商人做买卖,一天赶两天的路,夜以继日,千里迢迢而不以为远,是因为利在前面。渔人下海,海深万仞,在那里逆流冒险航行百里,昼夜都不出来,是因为利在水中。所以,利之所在,即使千仞的高山,人们也要上,即使是深渊之下,人们也愿意进去。

对于趋利避害的人性,管子没有做简单、机械的善恶评判。他认为,人性本身无所谓善恶,人的善恶如何,是由趋利避害的方式决定的。好恶存在着个体差异,不同的人所好恶的内容不同,趋利避害的方式也不同,结果就造成了贤者与不肖的区别。因而《管子·禁藏》说:"近之不能勿欲,远之不能勿忘,人情皆然。而好恶不同,各行所欲,而安危异焉,然后贤不肖之形见也。"意为对接近的东西不能不追求,对远离的东西不能不遗忘,人情也莫不如此。然而每个人的好恶不同,各行所好,结局的安危也不一样,这里就区别出贤者和不肖者来了。

对人性的认识是管理者进行管理的基础。管子认为,有了对人性的准确把握,管理者可以更好地管理下级,统治者了解了民情就可以驾驭人民。所以说:"人情不二,故民情可得而御也。"即人的本性没什么两样,所以人的思想性情是可以掌握的。如何驾驭人民呢?《管子·形势解》等篇章概括提出了管理策略:"故欲来民者,先起其利,虽不召而民自至。设其所恶,虽召之而民不来也。"所以要招揽民众,先要创造对他们有利的条件,即使不主动招揽,民众也会自己来。如果对他们有害,即使招揽,他们也不会来。而这正是管子管理思想的基础。

(二)四民分业论

为了管理,管子对百姓进行了分层,并提出"四民分业定居论",主张将被统治的广大群众分为士、农、工、商四大社会阶级集团,并建议这些集团按各自的专业聚居在固定地区,以稳定统治秩序。这一理论强调了社会分工的整体功能和合理科学分工的重要性,旨在通过职业的固定和专业化,使被统治者能够专心于自己的本职工作,从而稳定社会秩序和促进国家的发展。

"士"指官绅阶层,这批人的要求比较高,既要学习统治阶级的道德标准,做到"父与父言义,子与子言孝,其事君者言敬,其幼者言弟",又要学习军事,作战勇敢,视死如归,"守则同固,战则同强"。

管子所说的"农",主要是指农奴和自耕农。要求他们根据时令,细心耕作,"察其四时,权节其用……深耕而疾耰之……沾体涂足,暴其发肤,尽其四支之敏,以从事于田野"。

管子所说的"工"有两种,一种是以奴隶身份直接为官府手工业干活的"官工"及其管理者,另一种是以平民身份"日至于市而不为官工"的大小手工业者。要他们"审其四时,辨其功苦,权节其用论比协材。旦暮从事,施于四方",按季节需要,制造适用的手工业产品,以满足社会需要。

"商",在春秋时期有"官商""私商"之分。所谓官商,大部分是从事运输、收购、销售活动的奴隶身份的人(称为"商奴"),少数是管理商奴并率领他们外出做买卖的小官小吏。所谓"私商"(贾),是一些有平民身份、行动自由和经营自主的"商"(如管仲、鲍叔牙、宁戚等都是私商出身)。商人要根据四时变化,预测商品的储存,熟悉本地区的货源和贵贱,"以知其市之贾,负任担荷,服牛轺马,以周四方,以其所有,易其所无,市贱鬻贵",以促进商品流通和市场繁荣,这就是管子提出的"四民分业定居"的具体内容和"四民"的基本任务。

管子的四民分业论在管理上可以达到职业世袭,以保证劳动技能和劳动力的再生产的连续;同时同业相聚,行业内部互通有无,彼此间多交流信息和经验,这样既可以提高行业内的技术水平,也能快速地掌握市场的行情和需求,从而可以准确地安排生产,有利于国家的稳定和社会的有序。

管子打破了以往严格的奴隶等级制度,把士、农、工、商并列为"四民",使他们处于平等的地位,并称之为"国之石民也"。这正好反映了一个新兴的自由工商业群体的客观存在。四民的分类也存在一定的先后次序,如士就成为四民之首,而农则成为第二梯队,这体现了当时国家对农业的重视,毕竟农业是国家的根本,而耕种土地的农民其位置自然也排在前面,"兴利者,利农事也"。手工业则宜实行官营和私营两套体制,对不同行业采取不同的管理办法。能工巧匠不能生产奢侈品,必须满足全社会的需要。

他对商人的界定则是"万乘之国,必有万金之贾……非君所赖也,君之所与",如果任其自流,其后果是"贫者失其财""农业失其五谷",商人最终操纵国家的经济命脉,甚至干预政治,造成"一国而二君二王"。毕竟商人是利益至上的,因此管子认为在发展商业的同时,必须打击富商巨贾,且盐铁、粮食、布帛等重要物资均应由国家垄断经营。

管子还鼓励四民间的正常流动,尤其是农民阶层。如果农民足够优秀,他们可以被选拔为"士"("秀民之能者为士"),来补充"士"这一阶层。这种阶层的流动性,有利于稳定国家的统治。

三、管仲的管理思想

(一)民为本,安民富民

在管仲看来,民是国家的根基,是君主治理天下所依赖的根本力量。他说,"霸王之所始也,以人为本。本治则国固,本乱则国危"。管子十分重视民众在国家中的作用和地位。国家的兴旺发达,离不开民众的支持与拥护,国家的管理者只有收服人民,取得人民的支持,国家才会巩固,君主的统治才会稳定;而离开人民的支持和拥护,国家则会坠入危险的深渊。《管子》中多次强调民众的地位和作用,如"政之所行,在顺民心;政之所废,在逆民心""令之所以行者,必民乐其政也""人主能安其民,则民事其主如事其父母""有道则民归之,无道则民去之"。统治者能否顺利地施行政令,关键在于政令能否符合民众的意愿,为民众所肯定。民众对于统治者统治地位的稳固起到了关键作用。

关于如何取得民心,《管子》中提出了安民与富民的策略。只有把百姓的心安住,才能守住国家的根本,故而"以人为本"是管子的核心管理理念。

1. 安民

管仲认为,作为君主要体恤百姓的疾苦,让民众生活安顿。管仲说:"齐国百姓,公之本也。"又说:"夫霸王之所始也,以人为本。本治则国固,本乱则国危。"意为霸王之业的根基在于人民,只有把人民的问题解决好了,统治者才能达到称王称霸的目的,才能建立和巩固自己的统治。否则,人心一乱,国家就危险了。

他认为,想要夺取天下,治理好天下,必须利用好本国的力量,积极地依靠民众的力量。如果违背民意愿,那就是逆天行道,注定要遭到失败。不仅如此,得民心的事件在数量上的多寡也决定着统治天下的成败,只有多得民心,才能赢得天下最广大民众的拥护,最后才能真正拥有天下,"得天下之众者王,得其半者霸"。

(1)收民心。为了达到国家富强称霸的目的,管子从社会的现实出发,主张遵从人们"趋利如水走下"的实际心理,对民众"爱之、利之、益之、安之",时时事事都要为民着想,使人民安于本国、尽心劳作,并指出,此"四者,道之出。帝王者用之,而天下治矣"。

管仲告诫君王要时刻关注民心,"民之观也察矣,不可遁逃以为不善。故我有善,则立誉我;我有过,则立毁我。当民之毁誉也,则莫归问于家矣。故先王畏民"。意为民众对君政的反应是非常敏感的,君王的善行或过失都会被民众感觉到,并用誉或毁来表示他们的赞同与否,君王对待民众如果虚仁假义,则绝不会赢得百姓的真心爱戴,所以君王要"与民为一体"。由众心所聚而成的民众的智慧,是形成先王之德的源泉,君王只有寓己于民,才能了解民众的所想所愿,制定出合乎人心人性的法令政策,才能把作为整体的民的力量变为自己的力量,达到"守国""守民"的目的。

(2)教化民众。管子认为:"得人之道,莫如利之;利之之道,莫如教之以政。"意为得人心的办法,没有什么比给人以实际利益更好;给人利益的办法,没有什么比用实际政绩来证明更好。管仲在《管子》中对于教化有着专门的论述,他认为教化就是"明智礼足以教之",教化的内容是"礼义廉耻",即"一曰礼,二曰义,三曰廉,四曰耻",认为"礼义廉耻"是国家道德教育的四个维度,在国家的管理中处于举足轻重的地位,教化不足就会失去礼义廉耻,国家的统治也就会出现危机,即"四维不张,国乃灭亡";应采用有效的激励措施,满足民众的欲望,提高民众努力工作的积极性,即"民必得其所欲,然后听上;听上,然后政可善为也"。

管仲提出"有道化民,教子学技",认为应提升民众的学识、认知与能力,给民众以教化与培训,让人民学会礼义廉耻,这样才能建立有效的管理制度和秩序。

2. 富民

管仲最早提出了"藏富于民"的主张。他认为,国家治理的基础在于让人民富

裕起来,对此,他在《管子·治国》中有专门的论述:

> 凡治国之道,必先富民。民富则易治也,民贫则难治也。奚以知其然也?民富则安乡重家,安乡重家则敬上畏罪,敬上畏罪则易治也;民贫则危乡轻家,危乡轻家则敢凌上犯禁,凌上犯禁则难治也。

意为大凡治理国家的根本办法,必须先使百姓富裕。百姓富裕就容易治理,百姓贫穷就难以治理。为何呢?管子说,就安于乡居而珍惜家业,安乡爱家就恭敬君王而惧怕犯罪;敬上畏罪,国家就易于治理。百姓贫穷,就不安于乡居而轻弃家业,不安于乡居而轻家就会抗上犯法,国家就难以治理了。

民众有家有产,他们的生存就有了保障,就会珍惜来之不易的安居之地,不再四处迁徙,这样不仅能够稳定国家的统治,而且能够发挥个人的作用,致力生产,发展经济。所以,君主统治好国家,就要保证人民的基本生活,使他们富起来。如果人民贫困,政令就繁复无效;人民苦于劳役之灾,政令就无法贯彻。管子告诫统治者,假如君主不讲求治国原则而倒行逆施,不依理进行诛杀,重收赋税,枯竭民财,急征徭役,疲困民力,就会造成侵夺事件的大量出现,民力疲困就不免怠惰轻慢。人民已经到了侵夺、惰慢的地步,再用刑法来处罚他们,那就会导致"刑罚越重,祸乱越起"的局面。敛赋、使民都要考虑到民的实际承受能力,如果横征暴敛,使民无度,还要用诛杀等严刑酷罚为后盾,最终只会逼得天下大乱。

管仲还认为,百姓有"逸乐""富贵""存安""生育"四种需求,顺应这些需求,就会政通人和,君王受到拥戴。百姓讨厌"忧劳""贫贱""危堕""灭绝"四种情况,硬要去做这些事情,再亲近的人也会背叛。因此,管理者应该适当地满足民众的需求,对于如何富民,他也提出了几点看法:

(1)教子学技。"有道化民,教子学技。"这里包含两层意思,一方面是指从精神层次对民众进行教化,另一方面从技能上进行培训。

(2)管仲认为必须让民众掌握生活的技能,只有这样才能使百姓有生活的保障,也才能拥有过上富裕生活的基础。对百姓进行教化,并对他们进行相应的技能培训,使得他们拥有过上幸福生活的能力。

(3)管仲还主张大力发展农业,以留住民众。《管子·治国》云:"先王者善为民除害兴利,故天下之民归之。所谓兴利者,利农事也;所谓除害者,禁害农事也。"意为古代君主,正是善于为人民兴利除害,所以天下百姓都归附于他。所谓兴利,就是有利于农业；所谓除害，就是禁止危害农业。只要除害兴利，远方的人们就会来而不走。

管仲在齐国担任丞相期间，大力发展齐国的经济生产活动，提出了"相地而衰征"等鼓励开垦、发展农业的政策。同时，管仲在大力发展农业生产的同时也注重发展工商业，他在齐国设立专门的铁官，掌管齐国的冶铁事业，颁布政令，将渔业、林业、盐业、矿业由国家统一管理，鼓励民众开展工商业活动，大力发展商业贸易，鼓励市场交易，加强同其他诸侯国之间的贸易，为国家赚取大量的财富。齐国在这一时期经济得到了巨大的发展，国家强盛，齐桓公成为春秋时期的第一位霸主。司马迁在《史记》中这样评价道："管仲既用，任政于齐，齐桓公以霸，九合诸侯，一匡天下，管仲之谋也。"

（二）法德并举

管仲认为，国家的治理要法德并举，既要靠"法治"，又要靠"德治"，双管齐下才能有效治理国家。"德"与"法"两者互为补充，紧密结合，才达到治国理民的管理目标。

1. 法治思想

管仲认为，一个国家如果能得到治理，必须全国上下都要遵循法律制度。"君臣上下贵贱皆从法，此谓大治。"离开了法的制裁与管理控制，就会失去硬性的约束规范。对此，管子进行了反复论述，如"尺寸也，绳墨也，规矩也，衡石也，斗斛也，角量也，谓之法"。这句话用比喻的艺术手法说明了法的性质，认为法则是人们在政治生活、社会生活中所必须遵循的行为规范。

管仲还说，法律是国家处理各种事务的根本准则，具有至高无上的权威性和强制性。法律，是君主用来控制天下而禁止奸邪的，是用来统治海内而奉祀宗庙的。法律，是用来明定本分制止争端的；政令，是用来命令人们执掌事务的。法律政令，是治理人们的规矩绳墨，矩不正，不能求方；绳不伸，不能求直。不依法行事，国事就没有常规；法令不依法实施，政令就不能推行。因此，法律作为重要的规范和控制功能是必须重点强调的。

管仲从正反两个方面阐述了施行法制管理的必要性。他说："明主者，有法度之制，故群臣皆出于方正之治而不敢为奸；百姓知主之从事于法也，故吏之所使者，有法则民从之,无法则止,民以法与吏相距,下以法与上从事。故诈伪之人不得欺其主,嫉妒之人不得用其贼心,谗谀之人不得施其巧。千里之外,不敢擅为非。"

法律能较好地规范上下各个阶层的行为,使他们自觉地遵守法律,依法行事。官吏不敢贪赃枉法,胡作非为,人民也知道用法律来保护自己的合法权益,自觉抵制官吏的不法行为,这样就可以杜绝各种奸邪违法事件的出现。法律是国家治理的大仪和根本,国无常法,人人为所欲为,很容易导致天下大乱;治国而没有法制,人民就会搞帮派而在下面相勾结,搞虚伪敲诈而去完成个人的私利。因此,《管子·明法解》中说:"治国使众莫如法,禁淫止暴莫如刑。故贫者非不欲夺富者财也,然而不敢者,法不使也;强者非不能暴弱也,然而不敢者,畏法诛也。故百官之事,案之以法,则奸不生。"

治理国家使人民莫如有法,禁止淫乱抑制暴行莫如有刑。所以贫者并非不愿意夺取富者的财物,然而他不敢,是畏惧法度的惩治。所以,百官的工作,都按法度检查,奸邪就不会产生。

对于如何进行法治,管仲从四个方面作了阐述:

其一,要明确法治的基本程序。

《管子》一书明确了实施法治的四个环节,即君主定法、百官习法、传法和反馈。《管子·立政》称:

> 正月之朝,百吏在朝,君乃出令,布宪于国。五乡之师,五属大夫,皆受宪于太史。大朝之日,五乡之师,五属大夫,皆身习宪于君前……五乡之师出朝,遂于乡官,致于乡属,及于游宗,皆受宪。宪既布,乃反致令焉,然后敢就舍……五属大夫……出朝不敢就舍,遂行。至都之日,遂于庙,致属吏,皆受宪。宪既布,乃发使者致令,以布宪之日,早晏之时。宪既布,使者已发,然后敢就舍。宪未布,使者未发,不敢就舍。

正月初一那天,百官上朝,国君发布命令,向全国公布宪令。都城内五乡的乡师和都城外五属的大夫都在太史那里领受法令典籍。在百官上朝那天,五乡的乡师和五属的大夫都要在国君面前学习法令。……五乡的乡师出了朝之后,要即刻到乡师的办事之处,将宪令传布于本乡所属官吏,一直到游宗,都要来领受法令。法令传布以后,要及时返回报告,然后才能回到住所。如果法令没有传布,情况没有回报,不能到住所休息……五属大夫都是乘车上朝的,散朝后也不能回到住所休息,要立即出发。到达都城的当天,就要在祖庙传布宪令,所属官吏都要来领受宪令。宪令传布以后,要派遣使者及时回报朝廷,派遣使者要在传布宪令的当天早宴的时候。宪令传布了,使者派出了,然后才敢到住所休息。宪令没有传达和公布,使者没有派出,就不能到住所休息。

其二,要保证法律的稳定性和强制性,不能朝令夕改,轻言更易。

《管子·任法》云:"黄帝之治天下也,其民不引而来,不推而往,不使而成,不禁而止。故黄帝之治也,置法而不变,使民安其法者也。"法律一旦制定,就不能朝令夕改,让人无所适从,不知所措。而应该有相对的稳定性,约定俗成,从而化作人们自觉的行动。管子又说:"法制有常,则民不散而上合,竭情以纳其忠。"意为法制行之有素,人民就不会拉帮结派而能够靠拢朝廷,全心全意贡献其忠诚。否则,"国无常经,民力必竭"。

管仲认为,君主统一立法,百官就能守法;上面明确公布制度,下面就能够遵守制度。反之,这就势必导致百姓与官法对立,大臣与君主争权,国家的危险一定会由此而开始。法制一旦建立,臣民则不能议论其是非,"法制不议,则民不相私"。法制已经实行,臣民不敢违犯,"明主之治国也,案其当宜,行其正理。故其当赏者,群臣不得辞也;其当罚者,群臣不敢避也"。意为明君治国总是根据恰当合适的原则,执行正确道理。所以,对于当赏的,群臣不得推辞;对于当罚的,群臣不敢逃避。

法律就必须明确公布,且不能随意更改,否则皆以死罪论处。《管子·重令》中说:"亏令者死,益令者死,不行令者死,留令者死,不从令者死。五者死而无赦……"意为删减法令者处死,增添法令者处死,不执行法令者处死,扣压法令者处死,不服从法令者处死。这五种情况都是死罪无赦。只有这样,才能保证法律的严肃性、至高性和强制性。

其三,法令推行的关键在于执法者要以身作则。

"生法者,君也",君主虽然是法律的制定者,但在法律制定出来后,君主也要以身作则,自觉地接受法律的制约,不能超然于法律之上。《管子·法法》认为:"明君知民之必以上为心也,故置法以自治,立仪以自正也。故上不行,则民不从;彼民不服法死制,则国必乱矣。是以有道之君,行法修制,先民服也。"意为明君知道人民一定以君主为出发点的,所以要确立法制以治理自己,树立礼仪以规正自己。所以,上面不以身作则,下面就不会服从;如果人们不肯服从法令,不肯死于制度,国家就一定要乱了。所以,有道的君主,行法令、修制度,总是先于人民躬行实践。君主率先垂范,带头执行法令,既可赢得民心,也有利于法。

"是故先王之治国也,不淫意于法之外,不为惠于法之内也。动无非法者,所以禁过而外私也。"君主必须依法行令,而不能根据自己的喜怒好恶,正所谓:"喜无以赏,怒无以杀,喜以赏,怒以杀,怨乃起,令乃废。"不可因个人喜悦而行赏,不可因个人恼忿而擅杀。如果是因喜而赏,因怒而杀,人民就会生怨,政令就会废弛。这样就会引起怨声载道,法令不行。君主尚且如此,臣民百姓更要无条件遵从法律的约束。

其四,要公正执法,从严执法。

如果不能得到公正有效的执行,再好的法律也会成为一纸空文,有法等于无法。因此,《管子》提出必须执法公正,执法从严。《管子·版法解》曰:"凡法事者,操持不可以不正;操持不正,则听治不公;听治不公,则治不尽理。"意为凡是有关法度之事,掌握不可以不正。掌握不正则判断不公,判断不公则治狱不充分合理,办事不完全得当。又说:"夫公之所加,罪虽重,下无怨气;私之所加,赏虽多,上不为欢。行法不道,众民不能顺;举措不当,众民不能成。"执法公正,刑罚重,人无怨言;按私心行事,赏赐虽多,人们也不会受到鼓励。不能公正执法,民众就不会顺从;措施不得当,民众就不能成事。执法公正,必须做到"无私",不徇私枉法。《管子·任法》曰:"以法制行之,如天地之无私也,是以官无私论,士无私议,民无私说,皆虚其匈以听于上。上以公正论,以法制断,故任天下而不重也。"就是全凭法制办事,好像天地对万物那样没有私心,所以官吏没有私人的政见,士人没有私人的议论,民间没有私人的主张,大家都虚心听从君主。君主凭公正原则来考论政事,凭法制来裁断是非,所以担负着治理天下的大任而不感到沉重。"私论""私议""私说"等都要排除在外,而无任何偏私。"一言得而天下服,一言定而天下听,公之谓也。"以公执法,方可服人。法律失去公正,秩序就会混乱,进而影响到社会稳定,"舍公法而行私惠,则是利奸邪而长暴乱也。"

执法要严格。法令一出,必须不折不扣地执行,如果"令出而不行者毋罪,行之者有罪,是皆教民不听也"。即法令发出,不执行的人无罪,执行的人有罪,这就让人不听从君主。所以,"刑杀毋赦,则民不偷于为善"。即刑罚不准赦免,百姓就不会苟且行善。基于这种思想,《管子》反对赦小过和无故减轻刑罚,"上赦小过,则民多重罪,积之所生也"。小过不严惩,就不能防微杜渐,积少成多,则会铸成大错,

"惠赦加于民,而囹圄虽实,杀戮虽繁,奸不胜矣。故曰:'邪莫如蚤禁之。'凡赦者,小利而大害者也,故久而不胜其祸。毋赦者,小害而大利者也,故久而不胜其福"。即把恩惠和宽赦政策加于人民,监狱虽满,杀戮虽多,坏人也不能制止。所以说,邪恶的事不如早加禁止。凡是赦免,总是小利而大害的,故久而不胜其祸;不赦免,则是小害而大利,所以能够久而不胜其福。"赦过遗善,则民不励。有过不赦,有善不遗,励民之道,于此乎用之矣。"为免过错,遗忘善举,人民就不能勉励;有过不赦,有善不忘,勉励人民的政策就能发挥作用了。

2.德治思想

在提倡施行法治的同时,管子认为仅有法治还是不够的,因为刑罚不足以令其感到害怕,杀戮不足以令其内心顺服。《管子·立政》也明确提出"国之所以治乱者三。杀戮刑罚,不足用也",即国家之所以安定或是混乱,取决于三个因素,光靠杀戮刑罚是不够用的。法律只能约束外在的行为,道德规范则可以对人的内心进行约束。只有通过教化的方法才能最终使人遵守刑法,达到"教训成俗而刑罚省"的目的。所以,不仅要法治,还要德治。

因此,管仲在强调法治的同时,还提出要对全民进行德治,即运用礼义的全面教化功能,从精神上保证社会生活的安定。

(1)国有四维:礼义廉耻

《管子·牧民》曰:"国有四维,一维绝则倾,二维绝则危,三维绝则覆,四维绝则灭……何谓四维?一曰礼,二曰义,三曰廉,四曰耻。礼不逾节,义不自进,廉不蔽恶,耻不从枉。故不逾节,则上位安;不自进,则民无巧诈;不蔽恶,则行自全;不从枉,则邪事庸不生。"

这段话的意思是:一个国家有四条准则,就好像四根绳索维系着国家的安全。断了一维,国家就要倾斜;断了两维,国家就有危险;断了三维,国家就要颠覆;断了四维,国家就要灭亡……那么,维系国家的四条准则是什么呢?一是礼,二是义,三是廉,四是耻。礼能使人不逾越规矩,义能使人不擅自妄进,廉能使人不掩饰过错,耻能使人不跟从恶人。所以,不逾越规矩,统治者的地位就可以安定;不擅自妄进,人们就没有机巧欺诈;不掩饰过错,人们的行为就自然周全;不跟从恶人,邪乱的事情就不会发生。

管仲把"礼义廉耻"视为"国之四维",即国家的四条准则,它们维系着国家安全,四维不张,国家便有灭亡迹象,这体现了管子用道德教化来治理天下的宏观管理思想。

(2)礼有八经:上下有义,贵贱有分,长幼有序,贫富有度

《管子·五辅》列举了礼所包含的八个方面的内容,并详细阐述了礼在维护封建统治秩序方面的重要作用:

> 上下有义,贵贱有分,长幼有等,贫富有度。凡此八者,礼之经也。故上下无义则乱,贵贱无分则争,长幼无等则倍,贫富无度则失。上下乱,贵贱争,长幼倍,贫富失,而国不乱者,未之尝闻也……夫人必知礼然后恭敬,恭敬然后尊让,尊让然后少长贵贱不相逾越,少长贵贱不相逾越,故乱不生而患不作,故曰礼不可不谨也。

这段话的意思是:上下有礼仪,贵贱有本分,长幼有次序,贫富有节度。这八个方面,就是礼的准则。上下之间没有礼仪就会发生混乱,贵贱没有本分就会发生争执,长幼没有次序就会发生背弃,贫富没有限度就会失去控制。上下混乱、贵贱相争、长幼相背、贫富失控,而国家不发生动乱的,从来没有听说过。……人必须是先懂得礼,然后才变得恭敬,恭敬了才会尊重谦让他人,懂得尊重谦让之后才会做到少长贵贱不相逾越,少长贵贱不相逾越,那么祸乱就不会发生。所以说:礼是不可不谨慎的。

这八个原则就是指每个人要恪守本分。《管子·形势》曰:"君不君,则臣不臣。父不父,则子不子。上失其位,则下逾其节。上下不和,令乃不行。"君主不像君主的样子,臣子当然就不像臣子;父亲不像父亲的样子,儿子当然就不像儿子。君主不按照他的身份办事,臣子就不遵守法度。上下不和,政令就无法推行。《管子·牧民》曰:"礼不逾节。""礼"作为一种以社会为本位的道德规范,目的是维护社会尊卑贵贱等级,是否"逾节"成为衡量一个人道德的标准。"故则上位安",个人的行为都要符合自己的身份,符合礼的要求,不越轨行事,这样社会秩序就稳定了。

(3)义有七体:孝、忠、礼、正、节、厚、和

《管子·五辅》云:"七体者何?曰:孝悌慈惠,以养亲戚;恭敬忠信,以事君上;中正比宜,以行礼节;整齐撙诎,以辟刑僇;纤啬省用,以备饥馑;敦懞纯固,以备祸乱;和协辑睦,以备寇戎。凡此七者,义之体也。夫民必知义然后中正,中正然后和调,和调乃能处安,处安然后动威,动威乃可以战胜而守固,故曰义不可不行也。"

七体是什么？就是以孝悌慈惠来供养亲人；以恭敬忠信来侍奉君上；以公正合宜来实行礼节；以端正克制来避免犯罪；以俭省节约来防备灾荒；以敦厚纯朴来戒备祸乱；用协调和睦来防备敌寇。这七个方面，就是义的体现。百姓只有懂得了义，然后才能做到公正，行为公正才能和睦团结，和睦团结才能保证居处安定，居处安定才可以动而有威，动而有威才能保证战必胜，守必固。所以说，义是不可不行的。这七个方面中，前三个方面是完全意义上的道德要求，后四个方面则是臣民对国家义务的规定。礼与义的作用都是为了规范、教化百姓。"义审而礼明，则伦等不逾，虽有偏卒之大夫，不敢有幸心，则上无危矣。"礼义的教化作用和优势是刑罚所不能替代的，"凡牧民者，使士无邪行，女无淫事。士无邪行，教也；女无淫事，训也。教训成俗，而刑罚省，数也"。意为凡是治理人民，应该使男人没有邪僻行为，使女人没有淫乱的事情。使男人不行邪僻，要靠教育；使女人没有淫乱，要靠训导。教训形成风气，刑罚就会减少，这是自然的道理。

(4) 法有五务（人员的任用）

法治的执行，依赖于人员的具体实施，因此对于人员的任用与选拔就尤其显得重要。管子所说的五务，即"君择臣而任官，大夫任官辩事，官长任事守职，士修身功材，庶人耕农树艺"。人君致力于挑选能臣担任官职，大夫必须致力本职工作善于管事，官长应当尽职守则，士兵应专注品德修养和才能磨炼，庶民则专心致力于务农种植。只有每个人各司其职，才能使国家这台机器正常运行。但如何把合适的人放在合适的岗位，使得机器能正常运行呢？故而管仲提出的这"五务"指的就是人员的任免，但如何才能选拔出优秀且合适的人员呢？

管仲提出"赋禄以粟"的主张，意即国君向下臣发给俸禄而不是分封土地，举贤才，经考评品德才能，才授以官职。

管仲还提出："临事不信于民者，则不可使任大官""一曰大德不至仁，不可以授国柄；二曰见贤不能让，不可与尊位；三曰罚避亲贵，不可使主兵；四曰不好本事，不务地利，而轻赋敛，不可与都邑。此四固者，安危之本也。"意即对于提倡道德而没有真正做到仁的人，不可以授予国家管理的大权；对于见到贤能而不让的人，不可授给高爵位；对于掌用刑罚而避亲贵的人，不可以让他统帅部队；不以国家安全为要，不能克服亲情的人，不能让他从事事关国家安全的管理工作；对于不重视农业，而轻易谋取赋税的人，不可以让他做都邑的官。

管仲在人才选拔和任用上，提出"论材、量能、谋德而举之，上之道也"，即人材选拔应该遵循"德、才、能"三者兼备的人，根据特长，充分发挥他们的才能来治理国家。

(5) 权有三度：天、地、人

管仲说："民知务矣，而未知权，然后考三度以动之。所谓三度者何？曰：上度天之祥，下度之地宜，中度之人顺，此所谓三度。故曰：天时不详，则有水旱；地道不宜，则有饥馑；人道不顺，必有祸乱。"管仲认为，管理应该从三个层面去考察权力运用的状况，上观天时是否调和，下观地利是否合宜，中观人际关系是否和顺，他把这"三观"称为"权有三度"，做到了这三点，管理者的管理才能充分得到应用。

实施德治的主要作用在于从思想上对人的行为、需要施加影响。《管子·权修》云："凡牧民者，欲民之谨小礼，行小义，修小廉，饰小耻，禁微邪。此厉民之道也。"即凡治理百姓，要求百姓谨小礼、行小义、修小廉、饰小耻、禁止小的坏事，这都是训练和约束百姓的办法。《管子·侈靡》说："民欲佚而教以劳，民欲生而教以死。劳教定而国富，死教定而威行。"即百姓贪图安逸，偏要教之以劳动；百姓贪生，偏要教之以殉死。"劳动教育"成功了，国家可以富强；"殉死教育"成功了，国威可以发扬。这都是封建统治者通过德治引导人们调整个人需要，以适应国家的利益。

（三）赏罚有度

在管仲看来，赏罚是引导人们行为的重要手段。在管理中，赏罚既要有分量，又不能太过，这样才能起到良好的激励作用。赏罚有度的含义包括三个方面：

其一，赏罚要有分量。《管子·正世》说："赏不足劝，则士民不为用；刑罚不足畏，则暴人轻犯禁。"即奖赏不足以令人激励，人们就不会为君主出力；刑罚不足以使人畏惧，坏人就会轻于违法犯禁，所以要"赏必足以使，威必足以胜"。

其二，赏罚又不能太过。《管子·君臣下》说："赏重，则上不给也；罚虐，则下不信也。"即奖额太大，国家财政会有困难；惩罚太重，人民就不会信服。但赏罚要掌握适度原则并不完全是财政原因，赏罚过滥会使赏罚的激励作用和威慑作用减弱以至完全消失。

其三，赏罚不能太频繁。《管子·侈靡》说："一为赏，二为常，三为固然。"赏罚太频繁了，会让百姓厌烦，从而容易失去相应的激励作用。

《管子》主要从以下几个方面阐述了赏罚起到激励效应的条件。首先,管理者要做到论功行赏、赏罚分明,"赏罚不明,则民轻其产",要赏罚分明,就要切实贯彻多劳多得的原则。其次,要赏罚有度。《管子》认为,赏罚要有一定的限度,奖赏过重或惩罚过重都是不可取的。这是因为,赏罚过重,就会资财匮乏,过分地行罚就会导致暴虐,两者都会失去民心。最后,管理者在行赏罚中要秉持公正,要"罚不避亲贵"。此外,在鼓励群体意识上,《管子》提出"罚有罪不独及,赏有功不专与",即惩罚有罪的人,不仅仅惩罚犯罪者自身;赏赐有功的人,也不仅仅赏赐立功者本人,以激励群体行为。

第二节 商鞅的管理思想

一、商鞅的经历

商鞅出身于卫国贵族,有学者以此推测他是卫国国都帝丘之人,但该地区对应的现今地名仍存争议,主要有安阳市内黄县和濮阳市濮阳县两类说法。商鞅年轻时喜欢刑名法术之学,受李悝、吴起的影响很大。据说他后来投奔秦国时就携带李悝所撰的《法经》,后侍奉魏国国相公叔痤任中庶子。公叔痤病重时向魏惠王推荐商鞅,说:"商鞅年轻有才,可以担任国相治理国家",又对魏惠王说:"主公如果不用商鞅,一定要杀掉他,不要让他投奔别国。"魏惠王认为公叔痤已经病入膏肓,语无伦次,于是皆不采纳。公叔痤转而让商鞅赶紧离开魏国,商鞅明白魏惠王不采纳公叔痤用他之言,也不会采纳杀他之言,所以并没有立即离开魏国。

公叔痤死后,商鞅听说秦孝公在国内发布求贤令,便投奔秦国,通过秦孝公的宠臣景监见孝公。商鞅第一次用帝道游说秦孝公,孝公听后直打瞌睡并通过景监指责商鞅是个狂妄之徒,不可任用。五日后,商鞅再次会见秦孝公,用王道之术游说,孝公不能接受并再次通过景监责备商鞅。商鞅第三次会见秦孝公时用霸道之术游说,获得孝公的肯定但没有被采用,但商鞅此时已领会孝公心中的意图。最后,商鞅见孝公时畅谈富国强兵之策,孝公听时十分入迷,膝盖不知不觉向商鞅挪动,二人畅谈数日毫无倦意。景监不得其解,向商鞅询问缘由。商鞅说秦孝公意在争霸天下,所以对耗时太长才能取得成效的帝道、王道学说不感兴趣。

秦孝公重用商鞅主持秦国的变法。商鞅的变法得罪了贵族势力,且在秦孝公病重期间,独揽军政大权,使秦国内部权力斗争激化。

公元前338年,秦孝公去世,太子驷即位,即秦惠文王。公子虔等贵族势力便罗织罪名,诬商鞅谋反。秦惠文王下令追捕。商鞅逃亡至边关,欲宿客舍。客舍主人不知他是商君,见他未带凭证,告以商君之法,留宿无凭证的客人是要治罪的。商鞅想到魏国去,但魏国因他曾骗擒公子印,拒绝他入境。

商鞅回秦后被迫潜回封邑商於,发动邑兵攻打郑县(今陕西省渭南市华州区)。秦惠文王派兵征伐,结果商鞅在彤地[今陕西省渭南市华州区(原华县)西南]失败战死。其尸身被带回咸阳,处以车裂后示众。秦惠文王同时下令诛灭商鞅全家。

商鞅被诛杀后,商鞅的变法内容还是被秦国继续沿用。秦国很快成为强国。

二、商鞅的思想理论基础

(一)人性好利

商鞅认为人性好利,人都会有欲求。《商君书·算地》云:"民之性,饥而求食,劳而求佚,苦而索乐,辱则求荣,此民之情也……今夫盗贼上犯君上之所禁,而下失臣民之礼,故名辱而身危,犹不止者,利也。"意为人的本性:饥饿了就会谋求食物,劳累了就会追求安逸,痛苦时就会寻求快乐,屈辱时就会渴求光荣,这是人之常情……现在那些小偷、强盗对上违反了君主的禁令,而在下丧失了臣民的礼仪,所以名声可耻而生命危险,但他们还不肯罢休,这是为了利啊。正是因为人们有好恶,所以可以利用它来进行统治。

统治者要善于掌握人们有好恶的特点而加以管理。人生而有好恶,故民可治也。人君不可以不审好恶。好恶者,赏罚之本也。夫人情好爵禄而恶刑罚,人君设二者以御民之志,而立所欲焉。夫民力尽而爵随之,功立而赏随之,人君能使其民信于此,所以民众才可以被治理。国君不可以不弄清楚人们的爱好和厌恶。

(二)厚赏重罚

商鞅从"好利恶害"的人性论出发,认为治国必须"赏"与"刑"并用,而且赏要厚,刑要重,这样才能起到鼓舞人心和威慑的作用。他说:"凡赏者,文也;刑者,武也。文武者,法之约也。"即:奖赏是一种起鼓励作用的"文"的手段,刑罚则是一种起强制作用的"武"的手段。这文武两种手段,是法治的要领。赏和刑,必须说到办到,才能起作用。他说:"民信其赏,则事功成;信其刑,则奸无端。"即民众相信君主的奖赏,那么就能建成功业;民众确信国家的刑罚,那么邪恶的事情就不会发生。所以,他主张"赏厚而利,刑重而必",即奖赏优厚而且讲信用,刑罚严厉而且一定要实施。

三、商鞅的法治思想

法家历来都把维护君王至尊的权位放在首位。商鞅就明确提出了"权制断于君"的君主集权论。

(一)法术势相辅

《商君书·修权》曰:"国之所以治者三:一曰法;二曰信;三曰权。法者,君臣之所共操也;信者,君臣之所共立也;权者,君之所独制也。……权制独断于君则威。……惟明主爱权重信,而不以私害法。"

法、信、权是治理国家的三件宝,其中,法令和诚信是君臣之间共同建立的,唯有"权"是君王所独有的。国家至高无上的统治权集中于君王一人,他就会具有无比的权威,这对稳定统治是至关重要的。商鞅还曾在《商君书·禁使》中用比赋的手法描述了"势"对君王的重要性:"今夫飞蓬遇飘风而行千里,乘风之势也。探渊者知千仞之深,县绳之数也。……今夫幽夜,山陵之大,而离娄不见;清朝日(耑),则上别飞鸟,下察秋毫。故目之见也,托日之势也。"国君善于运用"势"与"数"(权术),就像凭借风力可飘行千里、借助悬绳可知深潭深浅、有阳光照耀可以明察秋毫一样。商鞅不但强调了至尊权位的重要性,而且提出了"势"要与"术""法"结合起来,君主的统治才能稳定。据君位运权术则可以顺利推行法令,"君尊则令行"。另一方面,法制明确,令行禁止又可以维护君王的至尊地位。所以,"法"与"势""术"是相辅相成的。

(二)以刑去刑

以法为本,就是将"法"作为治理国家、管理百姓的依据。在商鞅看来,人都是生而"好利恶害"的,要管理百姓、强盛国家,建立良好的国家秩序,就需要实行严刑峻法。

商鞅认为,法是建立良好统治秩序、实现富国强兵的基础。他还认为,法治是为君主利益服务的。为了达到胜敌强国的目的,必须制服民众,对民众绳之以法。"昔之能制天下者,必先制其民者也;能胜强敌者,必先胜其民者也。故胜民之本在制民,若冶于金、陶于土也。本不坚,则民如飞鸟禽兽,其孰能制之?民本,法也。故善治者塞民以法,而名地作矣。"意为从前能控制天下的人,一定是首先能管理好民众的人;能够战胜强敌的人,一定是首先能制服民众的人。制服民众的基础在于控制民众,就好像冶炼工人对于金属可以进行控制、陶器工人对于泥土可以随意揉捏一样。如果这个基础不坚固,那么抑制享乐思想而让百姓做自己不愿意做的事,国家就会强大,而要改变人们的这种不良习性,最好的办法是采用刑法,"德生于刑",这样才能很好地进行管理。总之,要采用多刑和重赏的方法,阻止六淫,倡导四难,改变人们的习性,这样就能达到"国无奸"和"兵无敌"的状态。

(三)加强户籍网格化管理

秦律规定:"匿敖童,及占(癃)不审,典、老赎耐。"如果隐匿成童,或者申报残疾情况不确实,则罪及里典、伍老。这说明里典、伍老掌握着案比的尺度,户籍登记由他们具体操作。秦户籍实行分类管理,对于登载内容的准确性、及时性以及户籍的销户、变更等有严格的规定,稍有差池即被严惩。如秦简《效律》规定:"人户、马牛一,赀一盾;自二以上,赀一甲。"《游士律》规定:"有为故秦人出,削籍,上造以上为鬼薪,公士以下刑为城旦。"正是这样严格的管理,使得商鞅学派设想的人们"行间无所逃,迁徙无所入"在秦国成为现实。在商鞅学派看来,民众虽然愚昧,但却是国家统治的基础,也是国家经济和军事力量的来源,必须严加管理和控制。因此,他们建议"举民众口数,生者着,死者削",使"四境之内,丈夫女子,皆有名于上"。

户籍登记还作详细的分类,《商君书》中虽然没有明确地对户籍加以分类,但通过某些篇章的简略记述依然可以窥视一二。《垦令》篇云:"以商之口数使商,令之厮、舆、徒、重者必当名。"秦的人口按其职业、社会身份等级、政治地位、种族、居住区域、国别等标准,可以区分为不同类别。作为人籍的户籍,也必然反映秦人口这种社会存在,而可以划分不同类别。①

户籍登记的内容也比较详细,包括户主的姓名、职业、居住地、爵位与身高;家庭成员包括妻子及子女的姓名、性别、身高;财产状况包括房屋、田地、奴婢、牲畜等。

商鞅派还限制户籍的变动,"农不离廛者,足以养二亲,治军事。"因此除了"生者着,死者削"的自然变动外,他们建议官府"使民无得擅徙",严格控制人民户籍的变动。

除此之外,商鞅还规定居民以五家为"伍",十家为"什",将什、伍作为基层行政单位。按照编制,登记并编入户籍,互相监督。一家有罪,九家必须连举告发,若不告发,则十家同罪连坐。不告奸者,腰斩;告发"奸人"的与斩敌同赏,匿奸者与降敌同罚。商鞅的户籍制度有利于秦国的人口数据的统计,有利于之后的征兵与政府的税收。

(四)统一思想和度量衡

1. 燔诗书、名法令

商鞅认为变动必须扫除复古思想的障碍,对此,他提出燔诗书、名法令的举措,在秦国大力销毁文化典籍。此举意在让秦国的民众只听到一种声音,而这种声音只能通过秦国政府来发布。因此,他制定《秦律》并颁布,要求秦国民众必须遵守,在各级设立法官,负责向民众宣传、解释法律。燔诗书的行为摧残了中国优秀文化的传承,且在历史上开了一个不好的头,在一定程度上限制了百姓对事物的认知,限制了其认知思维的发展。而对秦律的宣传则有助于法制的公开性和广泛性。

2. 统一度量衡

商鞅在全国对度量衡的规格进行了统一,例如规定"尺""升"的具体规格。在秦律中,1标尺约合今0.23尺,1标准升约合今0.2升。商鞅还统一了斗、桶、权、衡、丈等度量衡,并要求秦人必须严格执行,不得违犯。这一举措,有利于国家赋税、交易制度,为国家政令的执行提供了保证。

---

① 张金光.秦制研究[M].上海:上海古籍出版社,2004:824.

（五）弱民

管仲认为治国应"藏富于民",而商鞅则相反。商鞅认为,"家有余食,则逸于岁"。老百姓如果家里有余财,就会处于安逸状态,不愿再努力,管理者将无法召集这些民众,因此,要使百姓处于"贫弱"状态,让百姓为了生计,终日处于奔波之中而无法顾及其他。《商君书》曰:"民强国弱,民弱国强。治国之道,首在弱民。"又曰:"政做民之所恶,民弱;政做民之所乐,民强。"弱民的内容之一,是不让人民拥有兵器。"民贫则力富,力富则淫,淫则有虱。故民富而不用,则使民以食出,各必有力,则农不偷。农不偷,六虱无萌。故国富而贫治,重强。"弱,不仅包括物质上的不足,还包括思想的弱化。

（六）提高吏治

在商鞅看来,法律要得到很好的贯彻执行,就必须提高政府管理和办事效率,当天的事必须当天完成。

商鞅意识到"十里断者,国弱;九里断者,国强。以日治者王,以夜治者强,以宿治者削",即在10个村的范围内才能决断是非的,国家就削弱;在9个村的范围内就能决断是非的,国家就强大。在白天能把当天的政事处理好的,国家就能称王天下,在夜里能把当天的政事处理好的,国家还算强盛,在隔了一夜之后才能把政事处理好的,国家就会削弱。因此,商鞅主张"无宿治",不准官吏拖拉政务,不准官吏留下当天的政务,要求提高办事效率,避免造成公务积压。"无宿治,则邪官不及为私利于民,而百官之情不相稽。……则农有余日",所以应尽量减少官吏违法犯罪的机会。

商鞅主要从以下几个方面阐述了实现"无宿治"的好处：

其一,朝廷的法令得以贯彻执行,"靳令则治不留""法平则吏无奸"。

其二,"治国者贵下断",有问题最好由下层依法判断加以解决。"以五里断者王,以十里断者弱"。如果人民在家里就能依法判断解决纠纷,无须政府机构裁决或诉讼,政府便能从烦琐的事务中解脱出来。所以说"日治者王",工作效率高,政事当天能处理完毕者就能成就王业。

其三,"邪官不及为私利于民""百官之情不相稽",不给奸邪的官吏提供充裕的时间从事非法活动,堵塞了他们营私舞弊的机会,这样可以提高工作效率,促进勤政廉政。

其四,"农不败""草必垦"。也就是说,可以通过提高效率促进农业的发展。

商鞅的法治思想及其实践在当时取得了巨大成功。据《史记·商君列传》载:"行之十年,秦民大悦,道不拾遗,山无盗贼,家给人足,民勇于公战,怯于私斗,乡邑大治。"

第三节　慎到的管理思想

一、慎到简介

慎到(？—约公元前300年),后世尊称为慎子,赵国人,是稷下黄老彭蒙、田骈学派的集大成者。

明代慎懋编纂《慎子内外篇》,并辑录慎到传记大略,谓:"慎到者,赵之邯郸人也。慎到博识疆记,于学无所不究。自孔子之卒,七十子之徒散游列国,或为卿相,或为士大夫,故卜子夏馆于西河,吴起、段干木、慎到之徒受业于其门,及门弟子者甚众。慎到与孟轲同时,皆通五经;轲长于《诗》,慎到长于《易》。"

慎到把国家职能规范化,用规范的形式体现和保证统治阶级的利益,无疑是杰出的思想。慎到的法治思想有重要的理论价值。其一,他论述了君主与国家的关系,指出君主仅仅是国家职能的执行者,是法的工具。其二,他把国家职能规范化,使治理国家的方法由神秘转向公开,是中国行政管理学上的一个创举。慎到的势、法、术互相制约、互相补充。尚法是处于中心地位的思想。而法之行,赖于统治者的威势。有威势,始能令行禁止,而达于至治。重势之说被韩非子吸收继承。

二、慎到法家思想的理论基础

与其他法家人物一样,慎到的管理思想渗透在他的政治主张之中,其理论基点是"自利"人性思想,其核心是立公去私和得助成势。

(一)人性自私

慎到认为,人的本性是自私自利、趋利避害的,人与人之间本质上就是一种利害关系。他说:"家富则疏族聚,家贫则兄弟离,非不相爱,利不足相容。""匠人成棺,不憎人死,利之所在,忘其丑也。""利"决定了亲情的远近,影响了人的审美意识,因此,"私利"是人性的基本内涵。《慎子·逸文》载:"能辞万钟之禄于朝陛,不能不拾一金于无人之地;能谨百节之礼于庙宇,不能不驰一容于独居之余。盖人情每狎于所私故也。"人的表面上廉洁大度、彬彬有礼的伪装,最终掩饰不了他们重私利的本性。

他在《慎子·因循》中明确指出"人之情"最大的特征就是"人莫不自为也",所以"先王见不受禄者不臣,禄不厚者,不与入难"。自私自利的人性是可以改变的,并且可以为管理者所利用。君王(管理者)利用人自私自利的本性以"厚禄"诱使臣下为其所用,越贪婪重利的人,君王认为越能委之以重任。那些不为名利所动的人,由于没有因私心所产生的种种欲望,反而不能被使用。

人是逐利的,但他们的行动却又受限于名分。稷下的彭蒙指出,原野上发现一只野兔,众人会竞相追逐,因为兔子财产权的名分未定。农贸集市上到处是禽畜,却没有人抢夺,因为财产权归属的名分已定。《慎子·大道上》说:"雉兔在野,众人逐之,分未定也;鸡豕满市,莫有志者,分定故也。"田骈说在利益驱动下,士人不肯躲在家中,享天伦之乐,纷纷到诸侯门下求一官半职,但是他们将自己仕途的最高目标定位在卿相大夫,而不敢窥测诸侯之位,是名分制度断绝了这类妄想。"天下之士,莫肯处其门庭、臣其妻子,必游宦诸侯之朝者,利引之也。游宦于诸侯之朝,皆志为卿大夫,而不拟于诸侯者,名限之也。"显然,他们已经发现,由于自私的本性决定,为保护各自私利不受侵犯,人们自然尊重私有权,将国家法定的名分视为神圣不可侵犯之物。因此,名分是维护私有制财产关系和稳定社会秩序的基础。

慎到继承了彭蒙、田骈关于"名分"的学说,并以此作为建立国家制度的依据。他认为国家社会的稳定首先需要建立等级制,确立人们的名分,否则非分之心将起,动乱不可避免。这种观点也见于《慎子·德立》:"立天子者,不使诸侯疑焉;立诸侯者,不使大夫疑焉;立正妻者,不使嬖妾疑焉;立嫡子者,不使庶孽宜焉。疑则动,两则争,杂则相伤。"

名分指社会等级体系中的各种位置(名)所具有的不同权利和义务(分),这些名称和权利义务无疑需要明确的文字进行解释,体现在法律的条文中以便施行,作为检验人们行为的标准,故当时的法律被称为"名法"或"刑名"。建立法律制度是治国的根本之道,就像商业交换离不开度、量、衡器一样,不用衡器致使出现短斤少两,大禹也无法识别;使用衡器出现"毫发"误差,平常人也会看到。"有权衡者,不可欺以轻重;有尺寸者,不可差以长短;有法度者,不可巧以诈伪。"作为检验臣民行为"衡器"的法律,其主要特征是客观、公正、公开,所以《慎子·威德》认为:"蓍龟所以立公识也;权衡所以立公正也;书契所以立公信也;度量所以立公审也;法制礼籍所以立公义也。凡立公,所以弃私也。"占卜吉凶使用蓍草龟甲,商业交换用度量衡器,合同条约使用文书契约,其原因是确立社会公认的公开标准有客观性和可操作性,即慎到所强调的"公"。创立法律制度同样需要摒弃一切主观偏见,客观公正地反映社会之"理"。

法律是一切社会行为的准绳,一旦确立就有至高无上的地位,任何人都要无条件地执行。智者不能超越法律,出谋划策的辩者不能超越法律,高谈阔论士人不能违法而获得美名,大臣不能违法而立功,"法者,所以齐天下之动,至公大定之制也……骨肉可刑,亲戚可灭,至法不可阙也"。即使法律本身有缺陷,在变法之前仍要依法办事。因为有缺点的法律也比无法可循好得多,例如在瓜分财产和马匹时,用拈阄的方法争议最少,因为有客观规则而无主观好恶参与。

(二)道法自然

其一,齐物观。慎到部分地继承了老子的"自然"价值观——"齐物论"。慎到一派"齐物论"的基本思路是:"天能覆之而不能载之,地能载之而不能覆之,大道能包之而不能辩之。知万物有所可,有所不可,故曰:选则不遍,教则不至,道则无遗者矣。"

慎到认为,苍天能覆盖,却不能承载;大地能承载,却不能覆盖;宇宙"大道"虽能生成变化万物,却不能分辨它们。可见,事物都有自身的功用,也有自身的局限。从"皆有功用与局限"这个"齐物"角度(即"道"的高度)看问题,事物是没有差别的,宇宙大道正是以顺应的态度——"包之""无遗"对待万物形式上的差异。文中的"齐万物以为首"的"首"字,有些学者解释为"道",以道观之,则万物皆一。慎到通过"齐物"途径,悟到宇宙"大道"总规律是"因循"事物自然本性,而不是以理想的标准予以改造。这也是人类行为需要效法的总原则。

其二,道法自然。无形无名"不可道"的宇宙"大道"生成了有形有名的万物及其具体规律"可道"之"道",并通过这些可以言说的"道"表现出来。事物规律各不相同,自然界有日月星宿天体运动的"天道""天理",江河湖海有水运的"浮道",社会人事有行为准则"道理"。这些"理"都是独立于人类主观意志之外的客观存在。自然地运行无法改变而只能顺应。效法宇宙大道的"无为"原则,因循万物之"理"是慎到"道"论的核心。他主张放弃主观妄为,顺应外物变化,这样才能无错误、无非议、无罪过,平安无事。

三、慎到的管理思想

(一)立公去私

立公去私是慎到法治管理思想的根本原则。在慎到看来,只有按照公正、公平、公开的原则来实行法治,才能够摒弃私心,减少矛盾,建立公信。建立了公正、公平、公开的法制,管理者就可以"无为而治"。

慎到认为,治理家国天下,最重要的是要有"法"。《慎子·威德》说:"法虽不善,犹愈于无法,所以一人心也。"慎到明确提出了立法可以"立公""去私"。慎到认为:"故著龟,所以立公识也;权衡,所以立公正也;书契,所以立公信也;度量,所以立公审也;法制礼籍,所以立公义也。凡立公,所以弃私也。"意为用著龟占卜吉凶祸福来确立公正的认识,用秤称量物体轻重来确立公正的标准,用文书契约来确立公正的信誉,用度量丈量物体的长短来确立公正的审查准则,用法令制度、礼仪典章来确立公正的道义。凡是确立公正的准则,都是为了摒弃私心。由于法不能满足一切私利,所以慎到提出了与"私"对应的"公"的观念,认为通过建立公识、公正、公信、公审、公义,就可以确立"法治",去除"人治"。

从人性视角出发,慎到具体探讨了法治的必要性。《慎子·君人》云:"君人者,舍法而以身治,则诛赏予夺,从君心出矣。然则受赏者虽当,望多无穷;受罚者虽当,望轻无已。君舍法,以心裁轻重,则同功殊赏,同罪殊罚,怨之所由生也。"意为君主治理国家,如果舍弃法治而实行人治,那么诛杀、奖赏、任用、罢免都会由君主个人的喜怒爱好来决定。这样受到的奖赏即使恰当,但受到奖赏的人欲望却没有穷尽;受到的惩罚即使也得当,但受罚的人都期望无休止地减轻罪行。君主如果舍弃法制而以私人的意愿来裁定赏罚的轻重,就会造成相同的功劳而受到不同的奖赏、相同的罪过却受到不同的惩罚的现象，这样怨恨就由此产生了。也就是说，社会上每个人都希望赏多而罚轻，如果没有一个明确的赏罚标准，仅仅凭着君主个人意愿进行管理，则必然会产生怨恨。而用"法"来治国，其目的在于公开赏罚的标准以减少人际矛盾，"去私塞怨"，促使君臣上下关系和睦。

（二）尊君：民于一君，事断于法

慎到认为，立法权应该集中于君，即君主立法，官员执法，百姓守法。他说："古者立天子而贵之者，非以利一人也。曰：天下无一贵，则理无由通，通理以为天下也。"在他看来，树立君主权势并非为君主个人，而是为了使法律能够通行天下。

1. 以道立法

为了维护法律的权威，慎到主张把立法和变法的权力统归君主。慎到清醒地看到"法非从天下，非从地出，发于人间，合乎人心而已"。从表面上看，立法过程属于帝王的个人行为，但帝王的意志反映了客观的"理"，即人的本质和行为规律。或者说，帝王的使命就是代表社会利益通过建立法律的"通理"工作，使隐蔽的社会规律显现出来，成为人们行为的准则，"古者立天子而贵之者，非以利一人也。曰：天下无一贵，则理无由通，通理以为天下也。"这个由天子来"通理"的过程，是君主立法的过程。慎到还指出，由于社会情况在不断变化，法律也非一成不变，顺应社会规律积极变法，则是君主"通理"立法活动的继续和发展。《慎子·逸文》说："故治国无其法则乱，守法而不变则衰……以道变法者，君长也。"显然，慎到关于君主依照人性之"理"立法和变法的学说，即是黄老道家所谓"道生法"的过程。法理源于人（性）理，人理为物理之一，物理即宇宙大道的具体表现。原始道家与法家思想结合的逻辑枢纽就在这里。

但是君主的立法不能随意，他要求君主立法必须考虑人的本性，这就是"人莫不自为"，即为自己打算的人性，不能强使人民无条件地服从于君主个人。君主立法必须依据"道"。慎到说："天道因则大，化则细。因也者，因人之情也。人莫不自为也，化而使之为我，则莫可得而用矣。"他把人的"自为心"上升到"天道"（即自然规律）的高度，并认为这是不可违背的，君主不能改变这种人性而为己所用。

为了克制人性中的自私行为，慎到主张"不受禄者不以之为臣，受禄不厚者不委以重任"。很显然，慎到的思想里已经有了相应的权利义务对等观：拿高薪的人责任重;工资不高,他相应的责任自然也就轻了。他主张"人不得其所自为也,则上不取用焉。故用人之自为,不用人之为我"(人如果不具备成全自己利益的能力,君主是不会任用他的。所以君主利用人们各自为自己打算的人之常情,而不会指望利用人们各自为君主打算,这样,就能够占有一切,供自己支配),君主应该利用"人性好利"的特点,因势利导,使天下人都顺从君主的意愿而去实现君主个人的私利。

慎到这种在立法上限制君主个人为所欲为的思想,说明了他所主张的君主权势并不是无条件的。除了反对君主立法"为我"以外,他还认为集权于君主一身不是好的统治方法,他反对"人君自任而躬事"。

2. 大臣执法

慎到看到了君主个人的智慧和能力足以治国这一事实,但是,他也认为:"君之智,未必最贤于众也。以未最贤而欲以善尽被下,则不赡矣。若使君之智最贤,以一君而尽赡下,则劳;劳,则有倦;倦,则衰;衰,则复返于不赡之道也。"既然君主个人不可能具有治理天下的全部才能,那么立法以后,君主就不该亲自去管理政事,而是让臣下依照法律去干自己该干的事。为此,慎到反对"人君自任而躬事",他认为这是治国最要不得的方法,是"逆乱之道也"。他认为君主亲任政事,就会出现这样一种现象,好事都必须由君主先做,臣下不敢抢先去做,这样一来,不仅臣下的积极性得不到发挥,反而会"皆私其所知以自覆掩;有过,则臣反责君",于是天下就不能不乱了。他认为"君臣之道"应该是"臣事事,而君无事;君逸乐,而臣任劳。臣尽智力以善其事,而君无与焉,仰成而已"。

慎到认为,因循事物规律获得最大利益才是立法的依据。《慎子·威德》说:天上日月星宿不是担心人类陷入黑暗而发光,人类却可开凿门窗"辟户牖"采光;大地不是担心人类贫困而物产丰富,人类却可通过"伐木刈草"获取物质资料;圣人不是为了拯救人类危难而有德行,人类却可通过效法圣人的德行"准上"而获得平安。可见,在慎到的意识中,自然界与人类社会形形色色的"理"有一个共同的性质,那就是利己而不利他,这就是天、地、人的公理。慎到由此悟到了治国之本:"古之全大体者:望天地,观江海,因山谷,日月所照,四时所行,云布风动;不以智累心,不以私累己;寄治乱于法术,托是非于赏罚,属轻重于权衡;不逆天理,不伤情性……守成理,因自然;祸福生乎道法,而不出乎爱恶。"在道家词汇中,涉及生命的"道"或"理"被称为"性"或"情性",指生命的性质和行为规律,如人性、马性等。自然界生物均以自己为中心活动的自私本性是生物之"理"。对人类社会来说，人类之"理"——人性的本质特征同样是自私自利。趋利避害是人的本能，而这决定了人与人之间的关系是"利害"。统治者无法改变人类的这种天性，只能利用它"天道因则大，化则细。因也者，因人之情也"。而正确因循（利用）人情之理达到天下大治的途径，是建立公正合理的法律制度。

慎子主张，"法"是君主治理国家的总纲，君主在治理国家的过程中，除了"法"以外，其他什么都不要管，要时刻牢记"法"的标准，用"法"来解决争端。《慎子·君人》云："故曰：大君任法而弗躬，则事断于法矣。法之所加，各以其分，蒙其赏罚而无望于君也，是以怨不生而上下和矣。"意为君主治理国家要用法制，而不要仅凭个人的主观意愿去做，一切事情都依着法制来决断。君主依法治理国家，每个人都根据自己的所作所为受到相应的奖赏和处罚，而不必把幻想寄托在君主的私人爱好上，因此人们心里就不会产生怨恨，全国上下就会和睦相处。《慎子·君臣》云："为人君者不多听，据法倚数以观得失。无法之言，不听于耳；无法之劳，不图于功。"意为作为贤明的君主，不要听信谣传，要依据法制权术来处理政事，观察得失。不符合法制的言论，不盲目听信；不符合法制的劳作，不算作功劳。这种提倡君主"弗躬""据法倚数"的思想颇具道家的"无为而治"的理论色彩。

（三）得助成势

"势"即权势，是至尊的君位所产生的威力。法家历来把维护君王至尊的权位放在首位，得助成势是慎子"势治"思想的根本主张。

在慎子看来，治国之道在于行"法"，而君主在"据法倚数（法术）"的治国之中必须依靠权势，而权势的形成则离不开众人的帮助和支持。只有得到众人的帮助，才能够形成可以凭借的威势。在慎子的管理思想体系中，"势"被置于"法"和"礼"之上。他认为，"势"是从事一切政治活动的前提，是君主得以进行统治的保障，是"法治"得以实施的基础。《慎子·威德》阐发了"势"的意义："螣蛇游雾，飞龙乘云，云罢雾霁，与蚯蚓同，则失其所乘也。故贤而屈于不肖者，权轻也；不肖而服于贤者，位尊也。尧为匹夫，不能使其邻家；至南面而王，则令行禁止。由此观之，贤不足以服不肖，而势位足以屈贤矣。故无名而断者，权重也；弩弱而矰高者，乘于风也；身不前而令行得，得助于众也……此得助则成，释助则废矣。"

从这段话中我们可以看出,得势则伸,失势则曲,不在于彼此能力的大小;位尊则服于人,位卑则屈于人,不在于彼此贤愚的差别;权重则号令,权轻则从命,不在于彼此道德的高下。但得势、位尊、权重之人得以"不肖而服于贤"、以"身不肖而令行"的根本原因是他们"得助于众"或"得助博也"。用通俗的话说,就是他们善于假众之力,善于得势乘势。慎到"得助则成,释助则废"的理论具有普遍的意义。一是突出了势位的异常重要和作用,强调只有善于得势乘势、善于假借众人的助力才能建功立业;只有权重位尊才能屈贤、才能服众、才能令行禁止,而贤或不肖不起决定作用。所以得"势",首先必须拥有君王的职位。二是只有得众人的助力才能成功。占有了君王的职位,并不一定就必然获得这一职位所规定的权势。权势归根到底来源于所属成员自愿的或不自愿的服从。国家的治乱,都是群力众智的表现。所以国家治理不能完全归功于某些"圣明天子",天子或国君更不可独擅其功,妄自尊大。

慎子在强调"势"的重要性的同时,为了避免过分追求权势、造成"独裁"的局面,他又以"职分""公"的理论来约束权势。《慎子·威德》说:"故立天子以为天下,非立天下以为天子也;立国君以为国,非立国以为君也;立官长以为官,非立官以为长也。"即拥立天子是为了治理好天下,并不是设置天下来为天子一人服务;拥立国君是为了治理好国家,并不是建立国家来为国君一人服务;设置官职是为了更好地履行职责,并不是设置官职来满足官员个人享受的。《慎子·逸文》说:"法之功,莫大使私不行;君之功,莫大使民不争。今立法而行私,是私与法争,其乱甚于无法;立君而尊贤,是贤与君争,其乱甚于无君。故有道之国,法立则私议不行,君立则贤者不尊,民一于君,事断于法,是国之大道也。"

他主张人君和臣子都要遵循"公"义。"公"具有一般意义,对全社会具有规范性,是君主和臣民都要遵守的社会准则。臣子要按法而行,君主要依法管理,杜绝那种"君舍法,而以心裁轻重,则同功殊赏,同罪殊罚"的人治现象的发生,这样才是"国之大道也"。慎子关于"势"的理论,为历代正统思想所排斥,但是如果以历史的眼光来看,"贵势"思想的基础是人的平等,即君主和匹夫一样。这样,就从根本上否定了传统的"天生圣人"理论。

第四节 韩非子的管理思想

韩非子是先秦时期法家思想的集大成者。他在继承和批判先秦法家尤其是商鞅、申不害、慎到等人基本观点的基础上,大量吸纳了黄老道学、刑名学以及兵家、儒家、墨家、纵横家的观念,形成了当时最具综合性、最具实用价值的管理理论。

一、韩非子的个人经历

韩非(约公元前280年—公元前233年),后世人尊称其为"韩非子"或"韩子",战国时期韩国都城新郑(今河南省郑州市新郑市)人,是韩国的公子,一说为韩桓惠王之子。韩非天生有口吃缺陷,与王位无缘,后经个人努力,成为战国末期法家的主要代表人物和集大成者。

韩非子师从儒家学派代表人物荀子,但观念与其不同,没有承袭儒家思想。韩非"喜刑名法术之学""归本于黄老",继承并发展了法家思想,成为战国末年法家之集大成者。韩非身为韩国的公子,多次向韩王上书进谏,希望韩王励精图治,但韩王置若罔闻,这使他非常的悲愤和失望。韩非痛恨治理国家不能寻访任用贤明的人才,反而提拔浮夸之人在有实际功绩的人之上,于是开始埋头著述。他根据历史治国经验及当时的社会现实,写下了《孤愤》《五蠹》《内储说》《外储说》《说林》《说难》等十万多字的政治著作。在这些文章中,韩非重点宣扬了法、术、势相结合的法治理论,这些思想达到了先秦法家理论的最高峰。

韩非的书传到秦国,秦王读后推崇备至,仰慕之极,说:"寡人若能见到此人,与他交游,便是死也没遗憾了。"为了见到韩非,秦王下令攻打韩国。韩王安三年(公元前235年),因秦国攻韩,韩王在危急关头派韩非出使秦国议和。韩非来到秦国,受到了秦王的欢迎,秦王欲重用韩非。然时任秦国丞相的李斯是韩非的同学,深知韩非的才能高过于他,出于嫉妒,于是向秦始皇进谗言诬陷他。秦始皇听信谗言,将韩非投入监狱,李斯趁机毒死了他。后来秦王十分后悔,派人赦免韩非,但韩非已死。三年后,秦灭韩国。

二、韩非子的思想理论基础

(一)人性好利论

韩非子认为,人天生是自私的,人的本性是追求利益的。"人以肠胃为本,不食则不能活;是以不免于欲利之心",因为每个人对物质都有天然的需求和欲望,而人们对于物质利益的欲望是出于人生存的需要。在他看来,人们之间的关系亦是围绕利益建立起来的,都是赤裸裸的利益关系,道德难以约束人们的行为,人们行为的出发点不是道德,而是利益,即"计数之所出也"。国君与大臣间也是赤裸裸的利益关系,大臣尽全力为国君服务,来换取国君赏赐的官爵。"人情者,有好恶,故赏罚可用;赏罚可用,则禁令可立,而治道具矣。"国家管理就应当利用人性好利的本性,采用暴力与威胁,实现对国家的有效管理。

(二)历史进步论

韩非将历史分为上古、中古、近古和当今四个时期,并认为每个时期有不同的时代特点,而历史是不断向前发展的,每一个时代都有其不同的特征,因此,每个朝代都有其特定的治国方式。如果现在人们还在赞扬且走"尧、舜、汤、武之道",那么就"必为新圣笑矣"。韩非指出:"今欲以先王之政治当世之民,皆守株之类也。"认为采用过去的治国方法来治理当前的国家,是一种守旧与落后。他提倡"不期修古,不法常可""世异则事异,事异则备变",主张从国家的当前实际出发寻求解决现实问题的方法。韩非子的历史进步论有个前提,那就是社会的发展是向前的。历史向前发展的方式是怎么样的,他没有明确说明,但其隐含的意思应该是历史是直线往上发展的。

三、韩非子的管理思想

(一)加强君主专制中央集权

法家都极力推崇君主专制,韩非也不例外。对于君主,他主张"事在四方,要在中央;圣人执要,四方来效",国家的大权,要集中在君主("圣人")一人千里,君主必须有权有势,才能治理天下,"万乘之主,千乘之君,所以制天下而征诸侯者,以其威势也"。为此,君主应该使用各种手段清除世袭的奴隶主贵族,"散其党""夺其辅";同时,选拔一批经过实践锻炼的封建官吏来取代他们,"宰相必起于州郡,猛将必发于卒伍"。显然,韩非子同样是否定"天生圣人作君作师"。

另一方面,作为庶出公子、权位的潜在竞争者,韩非又遭到韩王猜疑,"以宗属疏远,不得进用",这让他洞察君臣间隐秘微妙的心理变化,虽然他本人终生为这种君臣猜忌所困,甚至最后死于君主(秦始皇)猜忌,但是他一直试图教导君主时刻警惕、提防重臣,以免君主被重臣蒙蔽、利用,最终败坏朝政。从逻辑上说,"法治臣民"在前,这是维护整个国家秩序的基础;但是从现实政治看,"术防重臣"为先,只有保证君主不被权臣欺骗,才能实现从"强君"到"强国"的目标。[①]

(二)以法治国

1. 反对人治

韩非提出了"圣人之治国也,不恃人之为吾善也,而用其不得为非也"的观点,主张"上法而不上贤",意即国家秩序的稳定不能依靠人们的道德自律,需要法律制度来进行治理,只有通过法律规范管理活动。韩非子认为,人治是靠不住的,"尧、舜至乃治,是千世乱而一治也",大部分君主是"中主",难以达到较高的水平。一个优秀的匠人可以随心所欲做出称心的物品,但是如果只是普通的匠人,他们又将如何制作出较为优秀的物品呢?很显然,在韩非子的观点里,并不是所有的君主都是能力超群的,大多都只是一般水平,很显然,他们不可能像"尧舜禹"般去治理国家,那么他们又将怎样去治理国家呢?

面对国家动荡的局面,韩非提出加强君权、重建秩序的政治主张,不过,他深知仅凭国君一人之力不足以应对庞大帝国的复杂局面,因为"以一人之力禁一国者,少能胜之",君主必须借助一套完整的制度进行统治,而法正是维持秩序的首选。通过法,君主的意志被落实为官僚操守,"人主使人臣虽有智能,不得背法而专制;虽有贤行不得逾功而先劳;虽有忠信,不得释法而不禁";再通过官僚执法,君主的命令被扩展为全社会的行动规范,"一民之轨莫如法""立法术,设度数,所以利民萌便众庶之道也"。在法的规范下,"明主之国,官不敢枉法,吏不敢为私,货赂不行,是境内之事尽如衡石也"。通过层层推进,君主将大权集于一身,法成为"国君以一人之力统治全国的工具"。[②]

2. 法是规尺

为了保证君主的权力,提高君主的权威,韩非认为"中主守法术,拙匠守规矩尺寸,则万不失矣"。要做好精美的物件,对于大多数人来说,他们只需要一张精细的

---

① 戴木茅. 法治臣民、术防重臣——韩非法术观论析[J]. 政治思想史,2017,8(4):1—18,197.
② 戴木茅. 法治臣民、术防重臣——韩非法术观论析[J]. 政治思想史,2017,8(4):1—18,197.

图纸,只要有了图纸,那么,哪怕他只是普通的匠人,也能够按照图纸上的步骤,一步步制作出较为完美的物件。也就是说,如果按照既定的规章制度,即使平庸的君主也会处理事情而不会背离管理之原则。

既然人性是"好利恶害"的,那么,如何实现对于国家的管理呢？韩非提出了以"法"治国的管理思想,只要法这个规尺在,就能更好地去治理好国家。他在《韩非子·饰邪》中说:"明法者强,慢法者弱。"即彰明法制的,国家就强盛;怠慢法制的,国家就会衰弱。"奉法者强,则国强;奉法者弱,则国弱。"即奉行法度的君主强劲有力,坚决实行法制,国家就会强盛;相反,奉行法度的君主软弱无力,不坚决实施法制,国家就会衰弱。《韩非子·有度》云:"能去私曲就公法者,民安而国治;能去私行行公法者,则兵强而敌弱。"即能远离谋取私利的歪门邪道而追求实施国法的国家,民众就安定,国家就太平;能远离谋取私利的行为而实行国法,兵力就会强大,而敌人变得相对弱小了。

韩非不仅从正面论述了以法治国的良好后果,而且从反面论证了国势强弱的根源。《韩非子·外储说右下》说:"治强生于法,弱乱生于阿。"意为国家的安定强大,产生于依法办事;国家的衰弱动乱,产生于偏袒枉法。

韩非还将法治同其他管理方式进行了比较。他总结说:"一民之轨,莫如法。"他还从时效性方面指出以法治国的优势:"当今之世,为人主忠计,为天下结德者,利莫长于此。"即处在现在这个时代,要为君主忠心谋划,要为天下造福积德,没有什么办法比实行法制所取得的效果更好的了。

法在韩非管理体系中处于核心地位。对于如何实施以法治国,韩非强调了两点:

其一,法治的人性化。他说,法制应当"不逆天理,不伤情性""因天命,守成理"。韩非又说:"顺人,则刑罚省而令行。"即法顺应了世道人情,合乎民心,那么,法就能顺利推行,由此,违法者少,所以刑罚也就简省。他指出,如果法在根本上顺应了人的基本性情,那么,"安国之法,若饥而食,寒而衣,不令而自然也"。即安定国家的法令,就像人们饿了要吃饭、冷了要穿衣一样,不需要强制推行,而成为人们的自然需要。这种"自然"之法也是韩非法治管理思想的显著特点。

其二,法治的严肃性。《韩非子·六反》云:"圣人之治也,审于法禁,法禁明著,则官法;必于赏罚,赏罚不阿,则民用。"即圣人治理国家,明确地制定法律禁令,法律禁令明白清楚了，那么官府就能依法办事；坚决地施行赏罚，赏罚不偏私了，那么民众就能为官方出力。在这里，韩非强调了要审慎地制定法律禁令，要严格实行赏罚，这样便可以实现国富民强。《韩非子·难三》云："法者，编著之图籍，设之于官府，而布之于百姓者也。"这是通过公开法律，实现约束群众和群众监督的双重功能，从而维护法治的严肃性。

（三）任势而治

在韩非之前，法家有以商鞅为代表的"法"，讲究法律制度在管理中起决定性作用；以申不害为代表的"术"，讲求对下属的任用、考核、评价与制约体系；以慎到为代表的"势"，专攻权术的利用，维护管理者的权威地位。而韩非则将法、术、势三者进行了整合，建立了系统的法家管理思想体系。

1. 人设之势

势是慎到提出的一个重要概念。韩非对慎到关于势的学说加以重大发展，并将之纳入自己的管理思想体系之中。

《韩非子·难势》："夫'势'者，名一而变无数者也。势必于自然，则无为言于势矣。吾所为言势者，言人之所设也。"在这里，韩非对势进行了分类，将势分为自然之势和人设之势。实质上，他也在此表明了与慎到所讲的自然之势的不同之处在于自己所谈的势是人设之势。

具体来说，韩非所指的"人设之势"主要有两个方面的含义。其一，"势"是权势，是一种具有绝对权威而令人不能不服从的强制力。他说："势者，胜众之资也。""民者固服于势，势诚易服人。"这当中的势就是权势的意思。其二，"势"是威望，它不是由管理者所掌握的权力，而是由管理者自身的素质以及管理者与下属之间的情感等所产生的。在《韩非子·功名》中，韩非指出："人主者，天下一力以共载之，故安；众同心以其立之，故尊。""古之能致功名者，众助之以力，近者结之以成，远者誉之以名，尊者载之以势。如此，故太山之功长立于国。"也就是说，作为领导者，除了他所具有的正式权力之外，还应当赢得民众的尊敬和拥戴，只有这样，才能巩固自己的权力和地位。

在深入分析人设之势的基础上，韩非强调了"势"的管理作用。在韩非管理体系中，势的主要功能是保证法的执行，从而达到"制民""制天下"的目的。

《韩非子·人主》指出:"万乘之主,千乘之君,所以制天下而征诸侯者,以其威势也。威势者,人主之筋力也。"就是说,势威权重的君主,要统治天下,征服诸侯,必须依靠他的威势。否则的话,如他所言:"无庆赏之劝、刑罚之威,释势委法,尧、舜户说而人辨之,不能治三家。"即没有表扬奖赏的鼓励、用刑处罚的威慑,抛开了权势威势,放弃了法制,让尧、舜挨家挨户去劝说,逐一地去给人们辨析事理,那么他们连三户人家也管不好。因此,他总结说:"凡明主之治国也,任其势。""善任势者国安,不知因其势者国危。"意为善于运用权势的君主,他的国家就安定;不懂得依靠自己权势的君主,他的国家就危乱。

2. 以术治吏

在韩非的管理体系中,"术"是重要一极。正如《韩非子·定法》所说:"君无术则弊于上,臣无法则乱天下。此不可一无,皆帝王之具也。"即君主如果不掌握术治,就会在上面受蒙蔽;臣子如果不遵循法制,就会在下面闹乱子,所以这两样东西是不可或缺的,它们都是成就帝王大业的工具。

何谓术也？有人认为,韩非的"术"应该包括治奸术、用人术和刑名术;也有人认为,韩非之"术"主要内容有三:一是课(考核)能之术,二是禁奸之术,三是自神之术。无论将其术论的边界扩展至何处,其核心内容都应当是用人之术。在《韩非子·定法》中,韩非明确指出:"术者,因任而授官,循名而责实,操杀生之柄,课群臣之能者也。"即"术"就是根据各人的才能来授予相应的职位,按照职位名分来责求、衡量实际功绩,掌握生杀大权,考核各级官吏才能的方法和手段。

如果说韩非在提出法治观点的时候更多地强调了"法"的公开性的话,那么,他的"术"治则包含了更多的隐秘性。《韩非子·难三》:"术者,藏之于胸中,以偶众端,而潜御群臣者也。"意为"术"是藏在君主心里,用来检验各方面的情况,从而暗中驾驭、控制下属的方法和手段。韩非"术"治管理思想中主要包括以下几个方面:

(1)因任而授官。韩非主张在人才选拔时,应注重人才的"贤"(贤德)、"能"(才能),要"程能而授事""官贤者量其能"。根据"因任而授官"的原则,韩非还主张"内举不避亲,外举不避仇",只要是贤能之士,即可提拔重用。他还主张从经过基层锻炼的人中选拔人才,认为"明主之吏,宰相必起于州郡,猛将必发于卒伍",即英明君主统治下的官吏、宰相一定是从州郡那样的基层衙署中提拔上来的,勇猛的将军一定是从士兵队伍中选拔出来的。

(2)循名而责实。这是如何识别官吏品格优劣和才能大小的方法。韩非主张:"听其言必责其用,观其行必求其功。"即听取他们的言论时一定责求其实际效用,观察他们的行为时一定责求其功效。"听其言而求其当,任其身而求其功。"即听取他的言论而要求它和事实相符,任用他本人而责求他办事的功效。也就是说,根据臣下所作的保证,君主即授予某种职事或官位,然后按其职位考察其功绩。

(3)操杀生之柄。这里说的是监督之术。君主对臣下监督赏罚是以考核为根据,"听言督其用,课其功,功课而赏罚生焉"。即听取臣下的言论,审察它的用处,考核它的功效,功效一经考核,赏罚的依据就由此产生了。在韩非看来,行赏的唯一根据是功,施罚的唯一根据是罪,"明主赏不加于无功,罚不加于无罪"。也就是说,君主对臣下实施赏罚,一定要具有客观性。君主实施赏罚决不能为私人恩怨所左右,应以公法为据。君主对臣下实施赏罚,还必须具有公正性。《韩非子·主道》指出:"功当其事,事当其言,则赏;功不当其事,事不当其言,则诛。"意为如果取得的成绩和他的职事相当,完成职事的情况和他的话相符合,就给予奖赏;如果取得的成绩和他的职事不相当,完成职事的情况和他的话不相符合,就加以惩处。

(4)君主"自神"。所谓"自神",就是君主要有意地把自己装扮得神秘无端、高深莫测,以防奸邪者对君主嗜好、欲望和内情的窥伺。首先,他要求君主不要随意地把个人的好恶、欲望、意图和嗜好表现于外,"无见其所欲","无见其意"。其次,要求君主"去其智,绝其能",不要与臣下争强好胜,夸大其智能,因为君主以耳、目、心虑不足以治奸,去好去恶,去智去能,使群臣无所巧饰,呈现出其真相,君主不被臣下欺骗,才可以"因法数,审赏罚",以禁其奸。"术"治的实行,使得最高管理者可以很好地管理下属,督促他们依法办事,从而实现了对法治的补充和保障。

(5)防"八奸"、防"五蠹"。在注重选人用人的同时,韩非也注重对人的防范。《韩非子》中他提出了对几种人要加强防范,即所谓的"八奸""五蠹",来防范下属对君主的不臣之心,以阴谋诡计的权术驾驭臣下,来维护君主权力的安全,保证君主权力不旁落。八奸是指:①"同床",指君主妻妾;②"在旁",指俳优、侏儒等君主亲信侍从;③"父兄",指君主的叔侄兄弟;④养殃,指贿赂君主之人;⑤民萌,指私自散发公财取悦民众的臣下;⑥流行,指搜寻说客辩士收买人心,制造舆论的臣下;⑦威强,指豢养恶人、死士之人;⑧四方,指利于外部力量之人。

所谓五蠹,就是指:①学者(指儒家);②言谈者(指纵横家);③带剑者(指游侠);④患御者(指依附贵族并且逃避兵役的人);⑤工商之民。这五种人在当时是比较见多识广之人,而韩非子对他们的防范显然是因为他们知晓其管理机制的运行内在规律,警告统治者要事先提防他们。

对于这些人的防范,他还提出了具体的防范手段和方法,如"挟知而问",知道的装作不知道,看见的装作看不见,以达到迷惑对方,判别忠奸的目的;"倒言反事",故意说反话,做与想法相反的事,检验大臣的忠诚度;挑拨离间,严厉打击臣属结党营私,让下臣相互之间互不信任,来防止下臣联合威胁到君主的统治;间谍之术,设置专门的人员监督,在暗中观察臣下的行为,对于威胁到君主的官员,则采用投毒等方式进行暗杀。韩非子希望通过此类阴谋之术,让统治者全面控制手下的官吏,维护自身的统治。

(四)刑德并用

刑与德是韩非管理思想体系中两个不容忽视的方面。何谓刑德?《韩非子·二柄》说:"杀戮之谓刑,庆赏之谓德。"实质上,韩非所谓之刑德就是罚与赏。在论述之中,韩非多次指出刑德(赏罚)的重要作用。他说:"明赏,则民劝功;严刑,则民亲法。"即明确地实施奖赏,那么民众就受到鼓励去立功;严厉地使用刑罚,那么民众就依从国法。"罚,所以禁也;民畏所以禁,则国治矣。"即刑罚,是用来禁止邪恶的;臣民害怕用来禁止邪恶的刑罚,那么国家就能治理好了。对于刑德(赏罚)管理,韩非从多个角度提出了基本要求。

1. 赏罚有据

韩非子反复强调:"明主赏不加于无功,罚不加于无罪""赏不加于无功,而诛必行有罪者也。"以功罪论赏罚,避免了最高管理者因亲疏远近而行赏论罪。韩非进一步分析说:"以赏者赏,以刑者刑,因其所为,各以自成。"即该赏的给予奖赏,该罚的给予惩罚,都是根据属下的所作所为,这充分展示了韩非对待赏罚对象一视同仁的公正态度。在《韩非子·主道》中他还进一步指出:"明君无偷赏,无赦罚。"即英明的君主没有随随便便不合法度的奖赏,没有可以赦免的刑罚。

2. 赏可为,罚可避

韩非子在《韩非子·用人》中明确指出:"明主立可为之赏,设可避之罚。如此,则上下之恩结矣。"即英明的管理者在设立奖赏时,总是设立经过努力能够争取到的奖赏;而在设立惩罚时,则总是设立那些经过努力就能尽量避免的惩罚。因而,"明主之表易见,故约立;其教易知,故言用;其法易为,故令行"。即英明君主的标准容易看清,所以他的约定能够确立在人们心中;他的教导容易理解,所以他的言论能够被人们运用;他的法制容易做到,所以他的命令能够贯彻执行。韩非还从反面论证了这一道理。他说:"人主立难为而罪不及,则私怨生。"即管理者制定了民众难以做到的法规,然后以此处罚那些没有达到要求的民众,那么,民众私人的怨恨就会产生。

3. 赏罚敬信

韩非子说:"凡赏罚之必者,劝禁也。"他论证说:"赏厚而信,刑重而必,是以民用力劳而不休,逐敌危而不却,故其国富而兵强。"即奖赏优厚而守信用,刑罚严厉而一定执行,如此,民众就会努力耕作,劳累了也不休息,战时追逐敌人,冒着危险也不退却,所以国富兵强。

4. 赏誉同轨

韩非子认为,管理者如能做到"誉辅其赏,毁随其罚,则贤、不肖俱尽其力矣",即在给予奖赏的同时也给予赞誉,在实施刑罚的同时冠之恶名,那么,德才好的人和德才不好的人就都会竭尽全力为管理者效劳了。因此,他特别强调:"赏莫如厚,使民利之;誉莫如美,使民荣之;诛莫如重,使民畏之;毁莫如恶,使民耻之。"即奖赏不如优厚一些,使民众贪图它;赞誉不如美好一些,使民众觉得它是一种光荣;处罚不如严厉一些,使人民害怕它;贬斥不如丑恶一些,使民众觉得它是一种耻辱。

法是刑德的依据,刑德是对法的落实和支撑。赏罚是法的基本内容,又是执法的利器。离开了赏罚,法制管理就无从谈起。赏罚之权不集中、不统一,法就形同虚设。为实施法制管理,赏罚之权必须集中,这是客观的必然,是任何时代所必须共同遵守的准则。

综上所述,韩非子的法家管理理论是在人性好利的基础上将"法、术、势"三者融为一体,强调通过法治臣民、术防重臣的手段,有力地加强君主的权力,从而控制整个国家机器。

思考题

1. 管子的"四民分业"论对后世有何影响?

2.如何客观评价商鞅？
3.法家的管理基础是什么？
4.慎到的立法思想对后世有什么启示？
5.分析韩非子的历史进步论。
6.法家的管理思想对后世有什么启示？

案例故事

江南第一家

江南第一家，又称郑义门，位于浙江省金华市浦江县郑宅镇，是中国古代家族文化的重要遗址。自北宋重和元年(1118年)至明朝天顺三年(1459年)，郑氏家族在此合族同居达15代，历时340余年，鼎盛时3 000多人同锅吃饭，被称做"廉俭孝义第一家"。在洪武十八年(1385年)，朱元璋亲赐封为"江南第一家"。据载，从宋到清，郑氏家族出仕为官者达173人，明代出仕者达47人，官位最高者位居礼部尚书。郑家治家严格，长达168条的家训，规定了郑氏家族成员的各项要求，包括家政管理、子孙教育、冠婚丧祭、生活学习、为人处世等内容，这些内容又根据"孝、义、廉、俭"的原则详加说明和要求。例如，家规第87条规定："子孙倘有出仕者，当早夜切切以报国为务，抚恤下民，实如慈母之保赤子；有申理者，哀矜恳恻，务得其情，毋行苛虐。又不可一毫妄取于民。"家规第88条规定："子孙出仕，有以赃墨闻者，生则于《谱图》上削去其名，死则不许入祠堂。"这种规定，直接使得郑氏后人曾经173人出仕，竟无一人贪墨。

郑氏家族的当家人以身表率，实现以"孝"治家的理念。曾经流传很广的"兄弟争死"事件就是一鲜活的例了：

郑氏第四代兄弟郑德珪、郑德璋，两人一起主家。兄弟二人性刚直，对待邻里乡亲都很贤德，乐善好施，但他们见到里胥和县吏则是满脸不屑的样子，因此便得罪了当地的里胥。

弟弟郑德璋被里胥陷害，要押往扬州审判，哥哥郑德珪抱着德璋哭道："他们想要陷害的是我这个哥哥，与你无关，你不要去扬州，我代替你去，我到了扬州一番辩白，官府自然知道我们是被冤枉的。"

于是哥哥就代替弟弟去了扬州，但德璋不放心，也一路跟着来到了扬州。没想到,等他到来时,哥哥德珪已经被处死。郑德璋悲恸欲绝,当街仰天号恸,绝而复苏,最终为哥哥收敛了尸首,回到了乡里。

郑德珪献出人伦之爱,在社会尤其在自己的家族中树起了光辉的榜样,从灵魂上铸就了"孝义"不渝的观念。郑德璋则在经过这样一场生死劫难后立志进一步弘扬家业,以礼法驭族众。每晨起,鸣钟集合全体子孙展谒祖庙宗祠,并唱陆九韶撰《戒辞》一遍,然后会食。又建立乡间武装,制定治家准则,兴办家庭教育创"东明精舍",请宿儒教育子孙以明礼法。

郑氏家族采用的是儒家与法家结合的治家方式:外在用法家通过制度的形式来进行约束和规制;内在运用儒家的思想核心内容进行充实。这正是"内圣外王"的具体实践,这种实践也使之成为儒家"修身、齐家、治国、平天下"的培训基地。

2016年3月7日,由浙江省广电集团、浙江蓝巨星国际传媒有限公司承制的廉政文化动画片《郑义门》登陆央视,以动画片的形式宣传"郑义门"家规家训,倡导廉政文化。

第六章

管理的物质性：墨家的管理思想

学习要点

1. 了解墨家思想的起源及墨子的经历。
2. 了解墨家思想的立足点。
3. 掌握墨家的政治和经济思想。
4. 掌握墨家的军事观和教育观。
5. 掌握墨家的人才观和制度观。

法家思想主要是从统治阶级的利益出发探讨如何进行管理，即如何去"治"民，管民。管理者从上至下建立一个管理制度和框架，按照制度的内容执行，以此体现去"私"的本意，但在制度的制订过程中充分体现出了其政策制订者的"私"人意志和意愿，可见先秦法家是为统治阶级服务的。墨家思想则代表了普通的平民阶层对于治理的理解和意愿。对于平民阶层来说，生存是最大的愿望，因此，墨家的思想从平民阶层的生存选择出发，即从"万民之利"出发，从生存的功利主义的角度探寻社会生活的运行法则。

第一节 墨家思想的起源

一、墨家思想起源

（一）学儒者之业，受孔子之术

墨家思想来源于儒家。这就如同一棵树上结出另外一种果子。也就是说，墨家是从儒家思想分化而来。正因为它原来学的就是儒学，所以它深知儒学的优劣，更深知儒学发展到战国后期所存在的各种弊端。

（二）反对厚葬重礼、劳民伤财

儒家生提倡以"礼"为手段约束和规范人们的行为举止，从而建立有序的社会规范和秩序。但是，礼发展到后期与它的初衷发生了违背。礼的发展大致经历了以下三个时期：

1. 周礼

周礼，就是周公设置的礼。周公是周文王姬昌的第四个儿子，他因两次辅佐哥哥武王东伐纣王并制礼作乐而被尊为"元圣"。王国维在《殷周制度论》中写道："中国政治与文化之变革，莫剧于殷周之际。"周公在殷周革命的过程中，对国家长治久安的问题进行了深刻思考，这也是其制礼作乐的思想源头。为了达成该目标，他制定了一整套礼乐制度。

《周礼》的内容囊括了社会生活的一切，宫廷、民政、教育、农田、交通、商贸、赋税、宗庙、祭祀、音乐、军事、司法、营造、匠作等，没有什么不在这部礼典的范畴之内。周公制礼作乐是为了"敬民"，而遵守制定出来的"礼"也可以赢得他人对自身的尊敬。周公劝诫统治者要懂得尊重人，无论对方的地位与身份如何，都要一视同仁，以礼相待。任何个人要想赢得他人对自己的尊敬，都要以"礼"规范自己的思想与行为。

2. 孔礼

到了春秋时期，礼制受到了很大的破坏，历史在此出现巨大的回流与旋涡。司马迁曾感慨地说:"春秋之中,弑君三十六,亡国五十六,诸侯奔走不得保其社稷者,不可胜数。察其所以,皆失其本已。"这也正是当时孔子要重新恢复周礼的原因之一。他要恢复"君君、臣臣、父父、子子"的社会秩序,要正名,要不然就是名不正言不顺。他要明确每个人的职责,相当于分清每个人的责权界限。因此,他以"仁"改造"礼",提出"克己复礼为仁"的观点。孔子在礼乐中注入仁爱精神,运用道德的力量,把本是反映不平等社会关系尊卑有序等级森严的"礼"融化在同类相爱、温情脉脉的仁爱之中。

3. 荀礼

荀子进一步强化了礼的功能。他认为,礼是人类与兽类的根本区别,也是人类能够战胜万物、强盛兴旺的根本原因。荀子把"礼"抬到极高的地位,认为"礼"是修身治国的根本。"内圣外王""修、齐、治、平",由做人而治国,是儒家政治思想的总思路,只有先做道德高尚的君子、圣人,才能担当起治国平天下的重任。荀子认为无论做人治国均当以礼为准、由礼而成。荀子认为以礼修身是学习做人的正道。他继承并发挥孔子"不知礼,无以立"的思想,认为学礼守礼是做人的根本,由学礼而懂礼到自觉守礼,是道德的最高境界。"故学至乎《礼》而止矣。夫是之谓道德之极",做人有许多道德规范要求,自觉守礼是道德的最重要的要求。经过荀子的强化,到了春秋晚期,当政者直接把礼作为一项重要的管理手段,礼成了统治者手里的宝贝武器,成了压榨平民的致命手段。

隆重的礼仪形式加剧了社会分化,同时也大力压榨和限制了平民的行动和自由,而墨家反对的正是儒家这种形式主义至上的"礼"。

二、墨子的经历

墨子(公元前480—约公元前390年)先祖是殷商王室,是宋国君主宋襄公的哥哥目夷的后代。目夷生前是宋襄公的大司马,后来他的后代因故从贵族降为平民,并简略为墨姓。虽然其先祖是贵族,但墨子却是中国历史上唯一的平民出身的哲学家。

作为一个平民,墨子在少年时代做过牧童,学过木工。据说,他制作守城器械的本领比公输班还要高明。他自称是"鄙人",被人称为"布衣之士"。作为没落的贵族后裔,墨子自然也接受了必不可少的文化教育。《史记》记载,墨子曾做过宋国大夫。墨子是一个有文化知识，又比较接近工农小生产者的士人，他自诩说"上无君上之事，下无耕农之难"，是一个同情"农与工肆之人"的士人。

据《淮南子·要略》，墨子原为儒门弟子。墨子曾师从于儒者，学习孔子的儒学，称道尧舜禹，学习《诗》《书》《春秋》等儒家典籍。学得越深，他越发现现实与儒家所要求的太远，因此，他愤然舍弃儒学，寻找一条适合于中下阶层的学说。墨子穿着草鞋，步行天下，开始在各地游学，他在各地讲学，以激烈的言辞抨击儒家和各诸侯国的暴政。由于墨子长期生活在小生产者中间，广泛接触了下层劳动群众，所以能深切地体验和同情他们的疾苦和愿望，因而他身上也保持了劳动群众勤劳节俭、反对不义和邪恶的精神。在他不断的宣传中，大批的手工业者和下层士人开始追随墨子，逐步形成了墨家学派，成为儒家的主要反对派。

墨家是一个宣扬仁政的学派。墨子一生在各国奔走，上说教于诸侯，下教授于弟子，极力宣传他的政治主张。在代表新型地主阶级利益的法家崛起以前，墨家是先秦时期和儒家相对立的最大的一个学派，并成为"显学"。在当时的百家争鸣中，有"非儒即墨"的说法。墨子为宣传自己的主张，广收门徒，亲信弟子达到数百人之多，形成了声势浩大的墨家学派。

三、墨家管理理论基础

（一）人性好利

墨家思想是建立在人性好利基础上的。墨子曾公开倡导"利人多，功又大，是以天赏之"的功利思想，并把"利"作为衡量人们行为善恶的准则。墨子认为，人与人之间的关系都是功利主义起主要的作用，君臣、父子关系都是一样的，"故虽有贤君，不爱无功之臣；虽有慈父，不爱无益之子"。这就是说，作为人的最终目标和行为方式，一个"利"字时时昭示着人的言行，左右着人的视线。人的一切关系都是利益关系，"利"是唯一的衡量法砝。

墨子的功利主义主张又分为两个层次：公利和互利。公利是指社会整体利益，是普天之下、芸芸众生的利益，是占社会最大多数的、广大劳动群众的利益，是相对于少数统治者的区区私利而言的最大化的社会利益。《墨子·天志上》说："天下有义则生，无义则死；有义则富，无义则贫；有义则治，无义则乱。"要实现公共利益，每个人必须做到对他人有利,做到互利互惠、互相帮助,从而达到《墨子·兼爱中》中所谓的"强不执弱,众不劫寡,富不侮贫,贵不敖贱,诈不欺愚"的理想社会。

墨子强调"利"(利益)和"用"(效用)的思想,对利益的道德属性进行了比较详细的论述。墨家认为有用、有利才体现了善,或者说善就是有用、有利;恶则表现为不利、灾祸。一切行为的价值评价,就看它的利益效果。国家的法律作用在于是否利民,"废以为刑政,观其中国家百姓人民之利"。孝的实质在于有利于亲人,"孝,利亲也"。效用是确定人的选择的根本依据,"用而不可,虽我亦将非之。且焉有善而不可用者"。

墨学的功利主义不是求私利,也不是狭隘的牟利、逐利。在他们看来,并非所有的利都是义,窃人桃李,对窃贼而言是利,只在"亏人自利",属于不义。对墨子来说,自利未必一定不义,但亏人必定是义的反面。义与不义的分界线,在人而不在己,是利人还是亏人。从窃人桃李,到攘人鸡犬、取人马牛、杀一不辜,直至攻城陷国,"亏人自利"的程度越大,不义的程度也相应地越严重,最严重的情形莫过于天下之人个个"亏人自利",这便是墨子最担忧的人人"交相贼"的局面,是天下最大的祸害。可见,墨家强调的是在公利、互利原则引导下,得到平等与法制公正保证的规则功利主义。①

墨家的思想以功利主义为基础。胡适认为:"作为一个思想体系,墨家与功利主义和实用主义又有很多共同之处。"②冯友兰指出墨子思想的实质是功利主义,例如节用、节葬,就是从人们的利益出发去认识和进行算计的,浪费的做法可以暂时获得满足,但是不能在长期获得利益,利少而害多。③凡能使人民获得这些实际效益的事情,都是有用的,对百姓没有直接用处或有害的事物都要将其节制或者摒弃。

(二)管理核心是兼爱

墨子旗帜鲜明地提出"兼相爱,交相利"的互利理论,强调了人与人之间的平等,提出了一种无差别、无等级"尚兼反别"的兼爱观,提倡一种不分亲疏贵贱、普遍平等地相爱互助的思想。"兼爱"思想里隐含的平等主义为人们互利互惠提供了可

---

① 孙君恒,高珍:墨家为功利主义学派论[J].江汉论坛,2013(4):69—72.
② 姜义华.胡适学术文集(下册)[M].北京:中华书局,1991:817.
③ 冯友兰.贞元六书·新原道(下)[M].上海:华东师范大学出版社,1996:735.

能性。只有平等了，才可能利益共享，只有以真诚的互利共享做前提，才能够体现出"兼爱"的思想价值和成效。这种思想根源于下层劳动者之间真诚相爱的淳朴道德观念，强调劳动、节俭，把物质利益平民化、平等化，意在实现人人相爱天下太平的美好愿望。因此，墨家很讲务实：他们认为讲仁义必须与人们的实际物质利益相结合，对人有好处的就是义，没有好处的就是"不义"。

墨子认为天下动乱的根本原因就是不相爱、不兼爱。"臣子之不孝君父，所谓乱也。子自爱不爱父，故亏父而自利；弟自爱不爱兄，故亏兄而自利；臣自爱不爱君，故亏君而自利，此所谓乱也。虽父之不慈子，兄之不慈弟，君之不慈臣，此亦天下之所谓乱也。父自爱也不爱子，故亏子而自利；兄自爱也不爱弟，故亏弟而自利；君自爱也不爱臣，故亏臣而自利。是何也？皆起不相爱。"种种乱象，都产生于不相爱，所以，要实现天下大治，必须提倡兼爱。

墨子认为，通过提倡兼相爱、交相利，就能实现天下大治。如果国家之间、君臣之间、父子之间、兄弟之间，人与人之间不分强弱、众寡、富贫、贵贱，都能平等地相亲相爱，则社会就安定，国家就太平。

在墨子看来，不相爱的根源在于人们不能交相利。在春秋战国时期，王权专制主义主导着人们的生活方式，无处不在的等级制度决定了人与人在经济利益、物质利益上的不平等，少数人占据了多数人的利益。这种制度支撑了权贵集团获得利益的最大化，但是却没有保障平民的利益。墨子站在中下阶层"工农肆人"的角度思考着个人和国家的命运，发现了这种"交利相爱"的缺失是导致社会动荡不稳定的主要根源。主张"义"以"利"为准，利于对方为"义"；不利于人的行为就是不义。人与人的交往也是互相利用，对彼此有利的，这对关系就能长久；如果双方利益不存在了，那么他们的关系也就告一段落了，两者的关系是很难长久维护下去的。

兼爱是人人都容易做、愿意做的事情，关键是统治者能不能把兼爱作为根本的政治理念来加以提倡，老百姓能不能对兼爱加以实行。墨子举了三个例子来加以说明。

晋文公喜欢士人穿着简陋，所以，文公臣下穿羊皮衣，戴粗布帽，进宫见君，出列朝廷，为国家积累了很多财富。

楚灵王喜欢士人细腰，所以朝中的一班大臣唯恐自己腰肥体胖而失去宠信，因而不敢多吃。（每天起床后，整装时）先屏住呼吸，然后把腰带束紧，扶着墙壁站起来。等到第二年,满朝文武官员脸色都是黑黄黑黄的了。

越王勾践喜欢士人勇敢,私人令人焚烧宫船,然后考验军士说:"越国之宝尽在此!"越王勾践亲自擂鼓,激励军士前进,军士听到鼓音,不怕牺牲,争先恐后,跳进大火,烧死一百多人,越王勾践才鸣金收兵。

墨子总结说:士人为了迎合晋文公的喜好而穿破衣,为了灵王喜好而饿肚子,为了越王高兴而舍弃性命跳火坑,这些都是难为之事,但因为领导喜好而众人都能办到,况且兼相爱交相利却跟这不同,即爱人者人必从而爱之,利人者人必从而利之,这有什么难以做到的呢?关键是统治者没有作为政策推行,士人也没有付诸行动罢了。

同样,所谓爱与不爱,还得要看行动,而不是空口说白话。这充分体现了墨家思想的功利性。这也正是小市民阶层的特点,充满了物质性。当然,墨子提倡在利己、利人、再利天下的基础上,一步步去实现兼爱的内涵。墨子站在小生产者的角度,肯定了个人利益的正当性以及追求利益的合理性,承认人有利己之心,有追求私利的本能。但做任何事情都要以利人为前提和出发点,自己也终将会受利。又因为人之总和就是天下人,利天下人就等于利天下,所以人之利的最大化,就是利的最高层次——"利天下"。天下之利、他人之利、自身之利之间相辅相成,这三种"利"共同构成了一种稳定的利益架构。

第二节　墨家的政治理念与经济思想

一、墨家的政治理念

墨子希望通过"兴天下之利,除天下之害"来达成"国富民治"(国家富强,民众得到有效的治理)的政治目标。这是中下层民众对理想国度的期盼,希望能有个明主,能够进行有效的治理,百姓能过上安定的生活。

墨子生活的时代,礼崩乐坏,社会无序。墨子认为当时"民有三患,饥者不得食,寒者不得衣,劳者不得息,三者民之巨患也",食、衣、息三者都是百姓基本的生活保障。除此之外,出身于儒家的墨子对于当时儒家的形式主义的"礼"甚是反感,认为"厚葬靡财而贫民,久服伤生而害事,故背周道而用夏政"。

"天下之害"有哪些害呢?《墨子·兼爱下》说:

> 然当今之时,天下之害孰为大? 曰:"若大国之攻小国也,大家之乱小家也,强之劫弱,众之暴寡,诈之谋愚,贵之敖贱,此天下之害也。又与为人君者之不惠也,臣者之不忠也,父者之不慈也,子者之不孝也,此又天下之害也。又与今人之贱人,执其兵刃、毒药、水、火,以交相亏贼,此又天下之害也。"

墨子所描述的这一局面,其实就是孔子所愤激的"天下无道"的局面,也是《孟子·滕文公下》中所说的"圣人之道衰"的情形。世无纲纪、人道陵迟、社会动荡、道德败坏,以及由此而滋生的暴力、欺诈、仇恨、动乱等丑恶现象就是墨子所说的"大害",消除或减少这等丑恶现象的行为就是"除天下之大害"。

"天下之利"指的是哪些利? 墨子所说的"兴天下之大利"就是能不遗余力地从事"天下贫则从事乎富之,人民寡则从事乎众之,众而乱则从事乎治之"这样的事情,能解决"饥者不得食,寒者不得衣,劳者不得息,三者民之巨患也"这些切实的社会问题也是"兴天下之大利"。

他想要建立一个怎样的政治模式呢? 墨子心里有自己的学习榜样,那就是禹汤时期。那个时期被认为是"无饥寒之忧"的小康社会——"民无饥寒忧,劳者可得息,乱者可得治",老百姓有的吃有的穿,劳动者有休息日,违法犯科的人会受到法律的制裁,这是一个太平安定公平的社会。墨子生于春秋晚期的乱世,没有试图重建周代礼制,而是"背周道而用夏政",把大禹作为取法的对象。墨子称道曰:以前大禹做事都是亲力亲为,自己亲自带小分队在外面到处奔波修河道,整整13年都没有回过一次家。以致"腓无胈,胫无毛,沐甚雨,栉疾风,置万国。禹大圣也,而形劳天下也如此"。可见,大禹就是墨家的学习榜样,墨子和他的弟子们"日夜不休,以自苦为极""不能如此,非禹之道也,不足谓墨"。墨家把"兴利除害"作为自己的道德责任,在兴利除害的实践中践行墨家的兼爱理想。

墨家主张兼爱天下,首先就要关注普通百姓的生活,"有力者疾以助人,有财者勉以分人,有道者劝以教人"。墨家倡导人们重视公共责任,关注弱者的权利。最后,达到"刑政治,万民和,国家富,财用足,百姓皆得暖衣饱食,便宁无忧"的理想社会。可以说,兼相爱、兼爱天下既是墨家思想的起点,也是墨家的终极理想。正是这种兼爱天下的情怀使墨家积极投身到救世的实践中。

墨家兼爱天下,也就是要建立人间正义,他们把遵从道义作为行事的准则,试图建立一套符合仁义的社会秩序。

二、墨家的经济思想

墨子以代表中下层的市民阶层自居,故而他的经济思想比较务实,而"强本节用"的观点,也充分体现了平民阶层对经济的实用主义思想。

(一)强本

民为本,民是一个国家的根本,这是儒家思想的精髓。墨子最初接受的是儒家教育,故而他也持民本思想。墨子重视劳动,提出了"赖其力者生"的劳动观。"强本"是"赖其力者生"的必然要求,也是墨家所主张的生产观。"强本"首先是"强"农业生产,这和中国自古以来的重农政策是一致的。墨子特别重视直接创造物质财富的生产劳动,把粮食生产看作稳固国家政治的基础,因此视直接生产"衣食之财"的农业为国家的根本。

墨子把劳动视作社会物质财富和价值的源泉,主张把物质资料的生产放到人类生计的头等位置,他在《墨子·七患》中指出:"凡五谷者,民之所仰也,君子所以为养也。故民无仰则君无养,民无食则不可事。"因此,人类要解决衣食之需,创造出更多的社会物质财富,就必须尽其所能,进行生产劳动。他还强调说:"凡天下群百工,轮车鞼鞄、陶冶梓匠,使各事其所能。""今也农夫之所以蚤出暮入,强乎耕稼树艺,多聚菽粟而不敢怠倦者,何也?曰:彼以为强必富,不强必贫;强必饱,不强必饥,故不敢怠倦。今也妇人之所以夙兴夜寐,强乎纺绩织,多治麻葛绪,捆布而不敢怠倦者,何也?曰:彼以为强必富,不强必贫;强必暖,不强必寒,故不敢怠倦。"

节用,不奢侈、不铺张浪费,是墨家的消费观。墨家主张节俭,并从衣、食、住、行、葬五个方面论述了节俭的准则。墨家所主张的节用的总原则是"凡足以奉给民用,则止;诸加费不加于民利者,圣王弗为"。18世纪的亚当·斯密在《国富论》中也持同样的观点。

(二)节用

墨子出身于贫下中农,他对于那些有权有势者享乐主义的行为很是鄙视。墨子崇尚节俭,反对铺张浪费,他节用的思想则体现在节约财物、物尽其用方面。

墨子强调的"节用"又分为以下几个层次:

一是个人的生活层面。对于墨者,墨子认为应以追求"自苦为极"的生活为宗。对于非墨者,墨子虽然也制定了衣食住行的各项标准,但规定相对宽松,如饮食,其标准是,"充虚继气,强股肱,使耳目聪明"。墨家在《墨子·辞过》中对衣、食、住、行各方面的消费提出了一个指导性标准:"衣"的标准是"冬则练帛之中,足以为轻且暖,夏则絺绤之中,足以为轻且清,谨此则止。故圣人为衣服,适身体和肌肤而足矣";"食"的标准是——"足以增气充虚,强体适腹而已矣";"住"的标准是"室高足以辟润湿,边足以圉风寒,上足以待雪霜雨露,宫墙之高,足以别男女之礼,谨此则止";"行"的标准是"其为舟车也,全固轻利,可以任重致远,其用财少,而为利多,是以民乐而利之"。

二是社会生活层面。墨子反对厚葬。先秦时期上层社会崇尚厚葬、久丧。墨子认为,无论对贱人还是诸侯来说,厚葬都消耗了大量财富。殉葬使人口减少,久丧使匹夫身心疲惫,不利生产。基于此,墨子认为,一个国家"以此求富,此譬犹禁耕而求获也,富之说无可得焉。是故求以富国家而既已不可矣"。

墨子对于"节葬"也给出了建议:"棺三寸,足以朽骨;衣三领,足以朽肉;掘地之深,下无菹漏,气无发泄于上,垄足以期其所,则止矣。哭往哭来,反从事乎衣食之财,侔乎祭祀,以致孝于亲。"

三是精神层面。墨子认为乐于事无补,既不利人也不利国。墨家认为欣赏音乐浪费时间,演奏音乐破费民财,使男女久不相见,耗费民力,都不合"诸加费不加民利者,圣王弗为"。当然,墨子的"非乐"并非反审美,而是反奢靡。墨子的"非乐"也并不是要禁绝乐,而是说"乐非所以治天下也"(乐不是天下要务),只是政治管理的有益补充而已。

墨子用"利"的观点来衡量"乐",确实是无一是处,故《墨子·非乐上》云:"姑尝厚措敛乎万民以为大钟、鸣鼓、琴瑟、竽笙之声以求兴天下之利,除天下之害而无补也。"花很大的财力从事这样一件既不能除"大害"又不能兴"大利"的"乐"显然是不值得的。执意做这样一件耗费财力人力的东西非但无益而且有害:一是"侵夺民衣食之财";二是使人不专心于本职工作,这样耗巨资为乐不但是不值得的而且是不应当的,所以墨子说:"为乐非也。"

墨家所主张的节用的原则是"凡足以奉给民用,则止;诸加费不加于民利者,圣王弗为。"墨子认为只有依靠生产劳动来创造丰富的物质财富,并通过节用的手段,实现财富倍增的目的。

(三)兴利富民

兴利,即百业兴旺。墨家鼓励复兴和繁荣各类手工业,以使百业兴旺,国库充盈。墨子是手工业的代表,关注众多百姓的利益。墨子强调社会生活需依靠劳动者生产出各种产品才能正常运行,因此,古之圣王非常重视劳动者的手工业劳动。只有各种手工业都很兴旺,经济才能繁荣,国家才有税收。显然,这种重视技术劳动、重视物质生产的思想与墨子所代表的平民阶层的生产生活环境是一致的。

富民,即百姓富裕,是国家富强的目标。为了实现兴利除害的兼爱理想,"后世之墨者,多以裘褐为衣,以跂蹻为服,日夜不休,以自苦为极,曰:'不能如此,非禹之道也,不足谓墨'"。

第三节 墨家的军事、教育观

一、军事谋略

(一)非攻擅守

"非攻"是墨学的重要内容。在墨子的心目中,当时的各种战争全都是掠夺性的非正义战争,他认为战争是天下的"巨害",无论对战胜国还是战败国都会造成巨大损害,因之既不合于"圣王之道",也不合于"国家百姓之利",战争给当时的国家和人民带来了痛苦和无穷无尽的灾难:一是耽误农时,破坏生产。农业生产是关系国计民生的大事,战火一经点燃,春天会贻误农民的耕种,秋天会影响农民的收获。只要错过一季,轻则减产,重则绝收,"则百姓饥寒冻馁而死者,不可胜数"。二是会消耗大量人力物力。在战争过程中,无数手工业品都消耗破坏,无数牲畜伤害死亡,许多基础设施也被破坏。再加上路途遥远,粮食运输困难,"百姓死者,不可胜数也"。至于战争造成的死亡人数,更是难以计数。三是强国欺凌弱国,攻伐无罪之国抢人家的地盘和财富。

但是,墨子也并非全盘否定战争,他认为战争有正义之战和非正义之战的区别。他认为正义的战争,包括禹攻三苗、商汤伐桀、武王伐纣等,是上中(符合)天之利、中中鬼之利、下中人之利,即上有天命指示、中有神鬼帮助、下有利于百姓并受到民众拥护,是应该得到充分肯定的正义战争。反之,那些以大欺小、以强凌弱、以众击寡等祸害百姓的战争,则是非正义的,应该受到严厉谴责和坚决反对。在墨子的眼中,那些用来抵御外来侵略,维护国家安全,保护百姓生命财产的防御战争,自然属于正义之战,应该得到支持。他自己就带人参加过好几次守城的战争。

知识链接

墨子救宋

公元前440年前后,墨子约29岁时,楚国准备攻打宋国,请工匠鲁班制造攻城的云梯等器械。墨子正在家乡讲学,听到消息后非常着急。他立即一面安排大弟子禽滑厘带领三百名精壮弟子,帮助宋国守城,一面亲自出马劝阻楚王。墨子从鲁地出发,日夜兼行,鞋破脚烂,毫不在意,十天后到达楚的国都郢。到郢都后,墨子先找到鲁班,说服他停止制造攻宋的武器,鲁班引荐墨子见楚王。墨子说:"现在有一个人,丢掉自己的彩饰马车,却想偷邻居的破车子;丢掉自己的华丽衣裳,却想偷邻居的粗布衣,这是个什么人呢?"楚王不假思索地答道:"这个人一定有偷窃癖吧!"墨子趁机对楚王说:"楚国方圆五千里,土地富饶,物产丰富,而宋国疆域狭窄,资源贫困。两相对比,正如彩车与破车、锦绣与破衣。大王攻打宋国,这不正如偷窃癖者一样?如攻宋,大王一定会丧失道义,并且一定会失败。"

楚王理屈词穷,但仍借鲁班已造好攻城器械为由,拒绝放弃攻宋的决定。墨子又对楚王说:"鲁班制造的攻城器械也不是取胜的法宝。大王如果不信,就让我与他当面演习一下攻与守的战阵,看我如何破解它!"

楚王答应后,墨子就用腰带模拟城墙,以木片表示各种器械,同鲁班演习各种攻守战阵。鲁班组织了多次进攻,结果均被墨子击破。鲁班攻城器械用尽,墨子守城器械还有剩余。

鲁班认输后故意说:"我知道怎么赢你,可我不说。"墨子答道:"我知道你如何赢我,我也不说。"楚王莫名其妙,问:"你们说的是什么?"墨子义正词严地说:"他以为杀了我,宋国就守不住,但是,我早已布置好,我的大弟子禽滑厘能代替我用墨家制造的器械指挥守城,同宋国军民一起严阵以待!即使杀了我,你也无法取胜!"这番话,彻底打消了楚王攻宋的念头,被迫放弃了攻打宋国的计划。

(二)常备无患

墨子对战前、战中、战后都作了详细的论述和说明。战前,墨子要求将"城下里中家人"疏散到城上以"各葆其左右前后"。如城小敌众难以把守,便要将老弱病残安置到国中或其他大城池中,确保他们的生命安全,并"时召三老"共同讨论入保城池的计划。一旦敌军犯境,马上进入战前紧急状态,实行全城戒严。戒严令规定:对那些"无应而妄讙呼者""私纵罪人者""非其署而入者""无符节而横行军中者"以及"誉客内毁乱军心者",一律杀无赦。对凡在军中喧哗扰民、恣意取乐、执法犯法的违令者,均应射杀之,并陈尸示众三日。

为了保证城池的安全,墨子要求将离守方城郭百步之遥的可用作屏障的墙壁、树木、空室民居等全部清除。同时,为了防止间谍破坏,墨子规定守城将领必须持有信符,守将巡城时如发现信符不合、对不上暗号的人,必须立即阻止他们前行,做到不放过一个可疑人员。

在《墨子·备城》中,墨子还详细地说明和指导了如何进行备战,如战前士气的鼓舞、对战士家属关系的处理等。除此以外,墨子还论述了面对不同的战场应采用的不同战术,例如,攻打土石高坡可施架云梯,还可以使用连弩之车予;对于城内战争可以采用地道战和反地道战、反烟熏法等具体的战术。

(三)守字诀

墨子认为最好的防守在于日常的防护,也就是从小事、从日常做起。他认为,守城可以从城市的城池、民心、官员的管理等七类事物开始。

墨子说:"国有七患。七患者何?城郭沟池不可守而治宫室,一患也;边国至境,四邻莫救,二患也;先尽民力无用之功,赏赐无能之人,民力尽于无用,财宝虚于待客,三患也;仕者持禄,游者忧交,君修法讨臣,臣慑而不敢拂,四患也;君自以为圣智而不问事,自以为安强而无守备,四邻谋之不知戒,五患也;所信不忠,所忠不信,六患也;畜种菽粟不足以食之,大臣不足以事之,赏赐不能喜,诛罚不能威,七患也。以七患居国,必无社稷;以七患守城,敌至国倾。七患之所当,国必有殃。"

墨子谈到的七患就是一国日常所应做到的事,只有杜绝七患才能使一个国家长治久安,这才是最好的防守。

二、墨家的教育观

墨家的教育观是在儒家基础上的进一步完善。墨子强调理论知识与实践的结合,他本人也身体力行地践行并设立了历史上第一个设有文、理、军、工等科的综合性平民学校。

教学内容方面,墨子注重品德和专业知识的教育。在德行上,孟子重视道德的修养。他以义为利,要求弟子"利人乎即为,不利人乎即止",为了他人的利益即使牺牲自己也在所不惜。在教育内容上,除了十分重视文献典籍《诗》《书》的学习外,墨子还根据当时社会生产的实际需要和教学需求来设计教学的内容,创设了一些新的教学方法。墨家弟子有"从事""说书""谈辩"的不同课程,即学生将来所从事的工作不同,在对其施教时的内容和方法也不同,而且重视科技方面的教育。

"从事"类指那些从事工匠技艺等体力劳动或守城保卫的弟子。在墨子的教育过程中,直接和生产相关的知识和技能的内容占了很大的比重。墨子要求弟子学会一定的生产技术,包括农业和手工艺的生产技术。墨子自身为人师表,直接从事生产,并且具有很高的技艺。对于守城保卫的弟子,墨子要求直接教他们防御的技巧,内容涉及城墙的建筑要求、守御设施的安排、兵力的部署、将卒的选拔、器械装备等各个方面。墨子将这种技能传授给弟子,使他们从事止战的活动,止楚攻宋时在宋国协助守御的弟子发挥了重要作用,这正是墨子的军事知识和技能教育的具体体现。

在教学方法上,墨子教授弟子时注重因材施教、因能分工,让学生"能谈辩者谈辩,能说书者说书,能从事者从事",因而形成了墨子弟子中丰富的人才层次。

一流的学生需要一流的师资和管理人员,因此墨家非常重视教师的素质。墨子认为教师既要懂得教育又得要懂得管理。墨子前的孔子也持这个观点,他认为教育者又是管理者,而墨子很显然沿用了这一思路,并提出了明确的要求。他认为教师除了懂专业知识,道德修养也必须很高,只有专业知识水平但道德低下者将会误人子弟,除此以外,墨子还非常注重因材施教,要求理论联系实际。应该说,注重实践操作是他的一大特色。

在教育管理方面,墨子实施了毕业生的管理实行巡查、召回制。墨家会对已经毕业就业的学生进行巡查,如果发现对方有不合格者,直接召回再教育。例如,如果发现对方在岗位有贪污腐败等行为,学校就把他们重新领回进行再教育,回炉改造,改造好了再去上岗。

在墨子的教育内容中,生产劳动的教育占很大的比重,他教育弟子要学会并掌握一定的生产技术和技能技巧。《墨子·辞过》云:"圣人作诲,男耕稼树艺,以为民食。"对于手工艺生产,墨子同样强调:"凡天下群百工,轮车鞼匏,陶冶梓匠,使各从事其所能。"墨子本人就能直接从事生产劳动而且技艺高超。他在生产实践中总结出了许多很有使用价值的生产知识并传授给弟子,并将这些感性认识加以概括总结,从中提炼出多方面的自然科学知识,如数学、力学、光学、声学以及心理学等都是他的教学内容。

墨子在教学中注重量力而行、稳扎稳打,反对好高骛远。据《墨子·公孟》篇记载,有几个弟子告诉墨子,既想从学,又想习射。墨子告诉他们:"不可,夫知者,必量元力所能至,而从事焉。国士战且扶人,犹不可及也。今子非国士也,岂能成学又成射哉?"墨子认为,学贵在有始有终,量力而行,不在于贪多骛博。对于教师而言,也应该量力施教,应把握分寸,根据学生年龄、认知能力、心理发展阶段的不同采取不同的教育方式,"深其深,浅其浅,益其益,尊其尊"。

墨子的这些教育管理行为的实施对象主要是平民,墨子的教育制度可以说是历史上第一次大胆的尝试。

第四节　墨家的人才观与制度观

一、人才标准:尚贤使能

墨子要培养的人士是"兼士",兼士的标准是"厚乎德行,辩乎言谈,博乎道术",不仅要道德品质高尚,还要知识结构广博,能言善辩,博通道技,也就是德才兼备。

"辩乎言谈"是墨子心目中贤良之士的必备条件。因此,墨子把辩学(即我们今天所说的逻辑学)作为重要教学内容。他擅长于"辩"并用"辩"来启发和教育学生,讲求以理服人,追求思辨技巧,言行有据。墨家的逻辑学内容全面、系统、深刻,至今仍有强大的生命力。

(一)亲士

新近士大夫等有德才之人,意即领导要亲近一些有德才的人。如何判断人是否德才兼备?听其言,迹其行,察其所能。即判断一个人如何,要听对方说什么,以前做过什么,还要观察对方能做些什么。听其言就是听欲用者的言谈:一听他是言之有理还是无知妄说;二听他是公道大明还是泛泛而谈;三听他是雄辩有力还是不得要领;四听他是博乎道术还是孤陋寡闻;五听他是大胆直言还是献媚取宠;六听他是至公至明还是偏私为己。总而言之,要从谈话中辨别他的德行才华。迹其行就是对推举对象的行动进行考察:他是乐善不倦还是胡作非为;是爱老慈幼还是不孝不悌;是胸怀天下还是贪得无厌;是忠于职守还是阳奉阴违;是仁义待人还是损人利己;是为民谋利还是离经叛道。察其所能就是辨别他的具体才能。

(二)尚贤使能,为政之本

一个国家治理的好坏,关键在于各级官员是否具有治理地方的能力。因此,地方官员的选拔非常关键,如果地方官员选拔不好,那么将导致整个地区的民众遭殃;而一个国家是由一个个地方组成的,地方坏了,国家自然也被拖入深渊。例如,一艘轮船,船往何方开全由船长指挥,如果正确的方向是在南方,结果他指向了北方,下面的人越卖力,只会与目的地越远。这个道理,统治者们都明白,如何选拔出真正优秀的人才才是最核心的问题。怎么判断人才是否优秀呢?墨子给出了两个标准:一个是贤,一个是能。贤是指品德优秀,能是指能力超群。也就是说,他重视的品德与能力的结合体。

1.兼王

墨子强调,一个领导人,一个优秀的管理者,必须拥有广阔的胸怀,格局要大,他要胸怀天下,而不是只管自己的小地盘、小圈子、小事务,如果这样就容易出现扯皮现象。这也体现了墨家对儒家思想的吸收。

2.厚遇

对待贤士应"富之贵之,敬之誉之"。富是钱,贵是地位,要尊敬对方,首先就要给对方应有的地位和荣誉。我们要尊重人才,就要放下身段,真心对待对方,而不是摆着一副官老爷的架子,居高临下地命令对方。是不是真心?你的一个眼神人家都能感受得到。其次,尊重人才就必须给足俸禄,毕竟在一个物欲横流的社会里要求对方只谈奉献不谈薪水不太现实。财富是下面的人创造的,别人做出来的成绩,该表扬的就表扬,而不是把别人的成绩直接纳为己有。这些都不是墨子所赞同的。

3. 大义

选拔人才时不应以亲、贵、近为先。只选"对"的,不选"亲"的。但是也不能因为是亲人而避嫌,不给人家提供平台,否则,人才选拔制度又走向了另一个极端。

4. 量用

能者上,庸者下。对于人才应量才使用,有能力的人上去,没有能力的下来,不要占据位子,浪费人才,合理使用人才资源。庸者下能者上取决于用人单位的判断能力,用人单位是如何评判人才的?往往现实的情况是我说行你就行,我说你不行你就不行。那不行的人上去,会说是自己不行吗?哪个在位的人会自认为水平有限、能力一般而主动下来?没有。除了在上古时期出现过,后面的基本抢着做。作为小生产者代表的墨子大声呼出了心中最理想的用人境界和标准。

5. 考核标准

奉天、事鬼、利人,这是墨子对人才考核的三个标准,即能尊重自然,懂得祭祖礼仪,还能做一些有利于人们的事情。墨子是非常看重鬼神的,他认为有些人不知道的事鬼神尽知,所以有时候人忽略的时候,那么鬼神就会出来行使正义之事,来维持社会的公平与正义,所以我们对他们要敬重。

(三)用人三原则:爵、禄、政

墨子提倡量才使用,以劳定赏。在用人过程中要根据人才的性格、特点、优势去安排,这样才能把人的潜能发挥出来。"爵位不高,则民不敬也;蓄禄不厚,则民不信也;政令不断,则民不畏也。"要稳定人心,必须满足三方面要求,即职位、工资及其权力。在一个物质的社会里,本来衡量一个成功与否的标准就是物质,那么你给的工资不高,别人会认为这项工作是高尚的或者是有价值的吗?答案当然是否定的。同样地,如果在其位没有相应的权力,他无法行使职权,又怎能令下面的人听从呢？所以说薪水、地位和权力三者不可缺少。

二、管理制度：尚同

墨子认为一个好的管理，管理内部思想应该统一，即尚同。墨子说，在国家治理过程中，各级官员都要有统一的意志，"上下同义"，国家才能得到有效的治理。他对于管理内部的关系也进行了整理和疏通，明确了上下级之间的关系。在墨子眼中，尚同是与尚贤相辅而行的行政管理原则，政令不一，只能导致社会纷乱。尚同与尚贤一样，是"为政之本"。墨子的尚同思想是高度的集权主义，他提倡实施自上而下的控制与有效管理，要求从组织系统的领导关系到思想意识，都要绝对地统一于上级，服从于上级，绝对不许反其道而行之。墨子希望用这样的组织关系建立起自上而下的绝对领导与有效的逐级管理。在墨子看来，人的行为受思想意识支配，没有思想的统一，便没有行动的一致，因此他主张"一同天下之义"，意即把天下人的思想统一起来。墨子认为尚同是行政管理之根本，只要为政者对人民"疾爱而使之，致信而持之，富贵以导其前，明罚以率其后"，举措适宜，就一定能统一全国上下的思想，实现民富国治。

三、创新理念：非命

非命，意即不相信命运的安排，敢于突破常规的创新理念。墨子认为命定论乃是凶暴之人所曲解的道理。那些贪婪享受不努力从事生产的人，当面临衣食不足、饥寒冻馁时，认为其冻饿原因不是自己不努力生产劳动，而是自身命运就是贫穷。如果此种命定论盛行并成为社会的主流思潮，必然会阻碍社会生产的发展与社会的有序运行。墨子指出此种思想流行的背景下，上层统治者没有充足的物质祭祀鬼神、吸引贤士和对外交往，也难以进行有效统治，其统治秩序必然走向崩溃；下层民众若不从事生产劳动，必然造成维系社会运转的生活必需品短缺，社会生活物资难以保障。墨子从神道设教的实用主义角度、从天鬼人三个层面强调命定论的最终恶果，认为命定论不仅会造成社会中物质生产的不足与社会生活秩序的混乱，还会引发人们信仰世界的崩塌。[①]

墨子反对命定论的角度，也反对儒家所提倡的天命观。"有强执有命以说议

---

① 张晓立.立德与非命：墨子劳动教育思想及其当代借鉴[J].湖州师范学院学报,2023(11):37-44.

曰:'寿夭贫富,安危治乱,固有天命,不可损益。穷达赏罚,幸否有极,人之知力,不能为焉。'群吏信之,则怠于分职;庶人信之,则怠于从事。吏不治则乱,农事缓则贫,贫且乱政之本,而儒者以为道教,是贼天下之人者也。"①

思考题

1. 墨家的管理思想是基于什么样的人性特点?
2. 为何说墨子代表的是市民阶层?
3. 墨家对于人才的标准是什么?体现了什么样的特点?
4. 墨家的军事思想与毛泽东的军事思想有何异同?
5. 墨家思想中的物质观与当下的物质观有何异同?

案例故事

墨子的教育

子墨子怒耕柱子。耕柱子曰:"我无愈于人乎?"子墨子曰:"我将上大行,驾骥与牛,子将谁驱?"耕柱子曰:"将驱骥也。"子墨子曰:"何故驱骥也?"耕柱子曰:"骥足以责。"子墨子曰:"我亦以子为足以责。"(《墨子怒耕柱子》)

耕柱子是墨子的得意门生,不过,他总是挨墨子的责骂,为此耕柱子很苦恼。

有一次,墨子又责备了耕柱子,耕柱子觉得非常委屈,因为在许多门生之中,大家都公认耕柱是最优秀的人,但却偏偏常遭到墨子指责,让他没面子。于是,耕柱子愤愤不平地问墨子:"老师,难道在这么多学生当中,我竟是如此的差劲,以至于要时常遭您老人家责骂吗?"

墨子听后,毫不动肝火:假设我现在要上太行山,依你看,我应该要用良马来拉车,还是用老牛来拖车?耕柱子回答说:再笨的人也知道要用良马来拉车。墨子又问:那么,为什么不用老牛呢?耕柱子回答说:理由非常的简单,因为良马足以担负重任,值得驱遣。墨子说:你答得一点也没有错,我之所以时常责骂你,也是因为你能够担负重任,值得我一再地教导与匡正你。

耕柱子听后释然。

---

① 孙诒让.墨子间诂[M].孙启治,点校.北京:中华书局,2018:290.

第七章

管理的利他性:佛家的管理思想

学习要点

1. 了解佛家的起源及其本质。
2. 了解佛家对人性的认识。
3. 了解佛家的"六和敬"的组织思想及"六度万行"的实践观。
4. 了解和掌握慧能的顿悟观。
5. 了解和掌握百丈法师对佛教的改革及佛家的规矩形成。

前面各章分别从管理的哲学、管理的不同层次及管理的外部制度等方面论述了管理的相关问题。佛家主要从事物内部本身来进行思考,对于人来说,通常会去思考人的生命意义及其价值,从而明确人生的目标和方向。同理,企业存在的价值和意义同样会引起人们的思索,只有明确了企业存在的意义,企业经营才会有正确的发展方向,而不至于迷失在利润的丛林中。本章将从佛家的角度去思考企业的使命及其管理的本质问题。

佛教产生于古代印度,但传入中国后,经过长期演化,佛教同中国儒家文化和道家文化融合发展,最终形成了具有中国特色的佛教文化,给中国人的宗教信仰、哲学观念、文学艺术、礼仪习俗等留下了深刻影响。从宗教、文化传播、发展史的角度说,佛法东传,既让佛教的发展焕发出生机,又为中国传统文化注入了活力。13世纪后,佛教在其发源地印度日渐消失,但在中国的发展却是另外一种景象。自两汉之际传入中国后,两千多年来,佛教与中国本土文化在既相互排斥斗争又相互吸收融合的道路上砥砺前行,逐渐发展成为一股与儒、道鼎足而三的重要思想与学术潮流。佛教对于中国本土传统文化的各种表现形式,诸如哲学、诗歌、书画、雕塑、建筑、戏剧、音乐乃至语言文字等,都有着十分深远的影响。

第一节　佛家概说

一、佛家基本常识

(一)佛家的起源

释迦牟尼,全名悉达多·乔达摩(公元前565年—公元前486年),佛教创始人。相传释迦牟尼是古印度北部迦毗罗卫国(在今尼泊尔南部提罗拉科特附近)净饭王的太子,属刹帝利种姓。他母亲在他出生7天后就过世了,他由姨母带大,18岁结婚。悉达多·乔达摩幼时接受传统的婆罗门教育,他父亲视其为未来的王位继承人,精心培养他。在他29岁时,有感于人世生、老、病、死各种苦恼,加上释迦族面临灭族的战争威胁以及他对当时婆罗门教不满等因素,他舍弃了王族生活出家修道。后来,他在一棵菩提树下静思冥想七天七夜,最终觉悟成佛,时年35岁。

(二)佛教在中国的传播

在我国的两汉之际的公元1世纪初,佛教传入中国。佛教在东晋时期得到了广泛的传播,其思想与儒家思想融合,这使得佛教走向了兴盛。"南朝四百八十寺,多少楼台烟雨中",这句著名的唐诗反映的正是南北朝时佛教在中国广泛传播的景况。到了唐代,慧能开创了禅宗(南派),为佛教在中国广泛走向民间做出了巨大贡献。

佛教的中国化,尤其是中国化佛教的形成,既成就了佛教自身,也进一步丰富和促进了中国传统文化的发展。首先,中国化的佛教本身就是中国传统文化的一个重要组成部分,例如,最能体现中国佛教特质的"禅宗"就是一种中国传统文化。对此,学界、教界应已有共识。其次,佛教的中国化,一直是在与中国本土文化互动的过程中实现的。在这个过程中,佛教对于中国本土传统文化影响之广泛和深远,在许多方面也是人们所始料未及的。

中国古代传统的哲学思想,自魏晋南北朝起,就与外来的佛学产生深刻的互动乃至交融。佛教先是依附于老庄、玄学而得到传播,但当玄学发展到向、郭之义注时已达到顶点,是佛教的般若学从"不落'有''无'"的角度进一步发展了玄学。佛学传入中国,引起了人们很大的兴趣。因为佛学与道家学说有类似之处,如佛学的基本原理"性空",就是以道家所说的"无"来描述的;佛家的无相、无生,与道家的无名、无为等概念也相似。但佛学与魏晋玄学发生了交涉,由此推动了它的传播。

隋唐时期的中国哲学,几乎是佛教哲学一家独大。这一时期作为儒家代表人物之韩(愈)、李(翱)、柳(宗元)、刘(禹锡)之哲学思想,实难与佛家之天合、华严、唯识、禅宗四大宗派的哲学思想相提并论。宋明时期,儒学呈复兴之势,佛学则相对式微。但是,宋明"新儒学"的本质是以佛家本体论思维模式为依托建立起来的心性义理之学。晚清民国时期是中国近现代史上一个重要的历史阶段,也是中国本土文化与外来思想激烈碰撞的一个重要的时间节点。此时的中国佛教,一身而兼外来宗教与本土文化二任,扮演着十分重要的角色。当时所产生的一大批佛学名著,也是近现代中国思想文化的一个重要组成部分。梳理近现代中国思想文化的发展大势,理解思想文化与社会发展之间的相互关系,对我们达到文化自觉和文化自信,具有十分重要的意义。

资料链接

稻盛和夫与佛家思想

稻盛和夫(1932年1月21日—2022年8月24日),每年都要抽出一两个月的时间去化缘,去思考人生,在65岁的时候他就出家。当记者问及为何出家时,他说:"佛教中有这样一句话叫'自利利他',而我在企业经营当中也经常要求员工帮助他人。我认为,以佛教思想为基础从事企业经营远远比一般的企业经营高尚得多。"他认为,人生就是提升心智的过程。在他外出化缘过程中,遇到一位清洁工大姐,看到稻盛和夫的僧人打扮后,忙不迭地从怀里掏出了100日元,递给稻盛和夫,她说:"师傅您一定很累了吧,回去的路上买个面包吃吧。"稻盛和夫没有想到,仅仅能解决自己温饱问题的清洁工,竟然愿意对自己这样一个陌生人伸出援手,他感动得流泪了。也就是在那一瞬间,他突然感觉自己悟了,达到了一直苦苦追求的幸福境界。幸福是什么,那就是帮助他人,即利他。在他78岁高龄时,应日本政府以一元年薪之邀,担任日本航空公司总裁之职,使濒临破产的日本航空公司起死回生,用一年多时间拿到三个世界第一:盈利世界第一、准点率世界第一、服务世界第一。

稻盛和夫一生都在践行佛家思想中的"敬天爱人"的价值观(也就是企业的使命):"公司的存在,不是为了实现自己的个人抱负,而是为了守护员工的生活,给他们带来幸福的人生。"

佛家探讨的是人应当怎样活着,在对过去、现在、未来的审视中找寻人生意义,发现宇宙真相。管理哲学所探讨的正是企业的使命和价值,佛家的思想要求管理者向内求得思想高度。管理最主要的便是管人,但人是最难管理的,既要管好别人,更要管好自己。一个人越成功,越需要自己内省,更需要从内部对自己进行约束和管理。所以说,佛学并非青灯古佛,并非无所事事,它是一种哲学,一种智慧,一种人生高度。禅能修身,能养性,能疗伤,能治病,它就像冬日里的一抹暖阳,照在行者的身上,让人远离浮躁,保持清醒的头脑。

二、佛家对生命的认识

(一)佛家的生命本质

在佛家的观念里,生命的本质就是苦,"有此身故有此苦"。而人身这具肉体本身就有三种苦,即生理的苦痛、处事的苦痛、心灵的苦痛。佛家认为,人之所以苦,其根源在于自我的不断索取、攀援和执着,佛将其称为集。在集的背后,则是人生下来就形成了一个我的意识并将我的意识置于其他万物之上,从而被这个我的意识所支配。在我的支配下,人就不断地向外界索取、占有、满足我的身心欲望,也就形成了集,从而形成了苦。欲望越大、执着越大、集索越大,苦也越大。因此,佛家认为要断苦,根源在于灭集,而灭集,根源在于勘破假我的幻象,灭掉心中的我执。

在灭掉我集后,即可以成就清净涅槃之道。这就是所谓的原始佛教的最重要的"苦、集、灭、道"四圣谛。围绕着苦集灭道四圣谛的,则是万物的无常之理。因此,与通常认为佛法是唯心的(即认为破除心中的我执和成就清净涅槃是修行者的主观想象)不同,佛法同样也是唯物的,所谓心物一元,①佛法唯物的根源就在于其是建立在对世间万物的变化的观察之上。②

"四圣谛"是以不同的形式体现出来的。苦谛(苦的形态),即生、老、病、死、爱别离、怨憎会、求不得。集谛(苦的缘由),由贪、嗔、痴等烦恼的因促使身、口、意三方面进行颠倒活动,形成业力,由个人的惑加上个人业力,从而造成了苦果。灭谛(灭苦的真理),只有灭除了惑和业后,进入了安乐、清净状态,才能达到"涅槃寂静"的境界。道谛(灭苦的方法),佛家认为灭苦的方法有以下几种,通过持戒可以使人的行为不会妄作妄为;通过修定,可以保持人的心灵不乱;也可以通过开慧使人不会变得愚痴颠倒。

(二)佛家的生命哲学

佛家认为人的一生需要的是修行,而修行的目的在于断恶修善、积功累德,它不仅仅是禁止妄为,更多的是开悟、启发他人。开悟的途径是"八正道",即正见、正思、正语、正业、正命、正勤、正念、正定。

(1)正见。见苦、集、灭、道四谛之理而明之也。以无漏之慧为体,是八正道之主体也。又作谛见。即见苦是苦,集是集,灭是灭,道是道;有善恶业,有善恶业报;有此世彼世,有父母;世有真人往至善处,去善向善,于此世彼世自觉自证成就。

(2)正思。正确的思维,正确的思考,亦即思考四谛的道理,以引发正当的欲念,明白了世间的因果,断集证灭,离苦得乐。又作正志、正分别、正觉或谛念。

(3)正语。讲真话。以真智修口业不作一切非理之语也。以无漏之戒为体。又作正言、谛语,即远离妄言、两舌、恶口、绮语等。

(4)正业。以真智除身之一切邪业住于清净之身业也。以无漏之戒为体。又作正行、谛行,是指人们的行为举止要符合正常的规范和要求。

---

① 程恭让.释迦牟尼及原始佛教思想的交流性问题[J].五台山研究,2021(1):25—31.
② 何哲.无我、平等与慈悲:中华大乘佛家思想与人类治理体系完善[J].江南大学学报:人文社会科学版,2022(6):84—97.

(5)正命。清净身口意之三业,顺于正法而活命,离五种之邪活法(谓之五邪命)也。以无漏之戒为体。又作谛受。即舍咒术等邪命,如法求衣服、饮食、床榻、汤药等诸生活之具。这可以解读为正确地对待生命本身。

(6)正勤。发用真智而强修涅槃之道也。以无漏之勤为体。又作正方便、正治、谛法、谛治。发愿已生之恶法令断,未生之恶法令不起,未生之善法令生,已生之善法令增长满具,即谓能求方便精勤。

(7)正念。以真智忆念正道而无邪念也。以无漏之念为体。又作谛意。即以自共相观身、受、心、法四者。

(8)正定。以真智入于无漏清净之禅定也。以无漏之定为体。又作谛定,即离欲恶不善之法,成就初禅乃至四禅。

佛家的"八正道"是"四谛"理论中引导修行之人证悟的思想指向,它与"苦谛""集谛""灭谛"紧密相连,环环相扣,构成了苦谛与集谛互为因果、灭谛与道谛互为因果的一套完整的"四谛"理论体系。其中,正语、正业、正命三种修行方法是依托人的行为而展现,是可控、可量化的。正见、正思、正勤、正念、正定五种修行方法属于人的意识范畴,是无法估量与评价的。因此,从"八正道"所包含的八种修行方法看,以"八正道"修得"涅槃解脱"仍离不开世俗环境,仍需投入世俗环境之中身体力行地去感受、体悟,在实践中审视自我,在实践中锤炼自我,在实践中找寻自我,最终证实"八正道"的真正价值所在。

而企业在经营过程中,可以把其经营过程和经营目的作为一种修为来进行,将从另一层面来引领企业家的修炼,这也是"八正道"思想的内心修养的意义所在。

第二节　佛家的人性论

一、缘起性空的人性假设

任何一个管理者都会对人性进行探讨,只有了解人性问题才能采取后续的管理方式和方法。道家的老子认为人性无好坏,儒家的孟子提倡性善论,而法家则赞同性恶论,墨家认为人性好利。不同的学派有不同的人性认识,故而管理手段和方式也不尽相同。

关于人性假设的思想，佛家的假设与现代管理学迥异，它认为对人性最好的假设理论是缘起性空，即人性的善或恶等是由各种原因引起的，有了生起善的因，人性就是善的；如果聚集恶的因，那么人性就会变为恶。人性的本体是空性的，遇缘会变，这也是管理制度设计能够起到作用的一个重要原因。

《显句论》云："是故，一切法之生，观待因缘者，为缘起生义。"根据佛家观点，内有情都是由从无明到老死的十二缘起而产生的。离开缘起，没有一法存在。外界的无情法，也是依缘而生，特定的因缘聚合，产生特定的果法。因缘转变，果也随之而转变。内外诸法都是以如是因、如是缘而显现如是果的。

二、人性的本体是空性的

"一切诸法，因缘生故，无有自性，是为实空。"缘是由两方面组成的：有因有果，相对而生（观待而立）。现实的人性是由缘起产生的。同样的与生俱来的人性是多种因素混合作用的结果。人性的来源既是过去积累的结果，也与现在的环境自我选择相关。

佛家认为，人的本性既不是善也不是恶，不是僵化的，不是侧重于某一方面，没有一个实有的不变的人性，人性的特点就是缘起产生的，我们不能假定其为善或恶，或者社会的人等不存在一个固定的、特定的人性，其过去不存在，现在不存在，将来也不存在。过去心不可得，已经过去的行为、经验积累，只是作为现在人性的一个缘起因素之一，不能作为决定因素，否则，人就不会有变化。

《大宝积经》和《杂阿含经》里都讲："此有故彼有，此生故彼生；此无故彼无，此灭故彼灭。"其实缘起有两种：一是依靠此因产生彼果，就像种子和苗芽一样；二是依靠此法成立彼法，即互相观待而有，就像东方和西方、人和动物、左和右等一样。但不管是依靠此因产生彼果，还是观待此法而有彼法，实际上因缘而生的法是绝对性空的。为什么呢？因为它是依靠因缘而生。《大智度论》里讲："一切诸法，因缘生故，无有自性，是为实空。"其意是说，一切法都是依靠因缘而生。所以根本不会有自性，绝对是空性。

三、人性是会变的

佛家的人性假设思想认为人性是会变的，而且变化是有规律、有基础的，不会乱变,这个规律就是随缘起缘灭而生灭的。过去没有一个不变的人性,现在也没有产生一个不变的人性,未来也不可能出现一个不变的人性,一切都是变化的。《方广大庄严经》云:"深入缘起,觉悟真实。"即如果我们真正懂得缘起法,万法的本性就已觉悟。

(一)人性的变受缘的影响

有没有一个不依赖其他因缘而独立存在的人性呢?根据佛家的缘起性空理论,这样的一个不依赖其他因缘、不变的人性是不存在的。人性的产生是缘起的,而不是特定的、先天决定好的,人性是变化的,是刹那变化的,变化的原因就是缘起;具体的人性思想是在不断生灭的。

如假设所有的人都是善的,都是与生俱来的善,这与现实相违。在任何时间、任何空间只要存在着管理行为,就会既有正面教育、正面激励,也有负面教育、负面激励;如果人性都是善的,那么惩戒教育、管理又有什么用呢?而且即使是善的,善的程度是不是一样的呢?如果不一样,又会是什么原因引起的呢?通过现实观察,我们可以得知人与人善的程度是有很大区别的,如悲悯心,有些人只对本家族的人有悲悯心,有些人不仅对人类有悲悯心,甚至对动物都有悲悯心,如佛陀。

佛家并不否认每个人先天的人性差异,同时认为所谓与生俱来的人性只是人性发展阶段的一个结点,一方面我们要重视它,另一方面也不必过于关注它,因为它是可变的。所以人性本身应该是有的,但又是可变的。作出一个与生俱来的人性假设,也是合理的,在理论上可以找到支撑的依据,佛教的唯识论就充分演示了相关的内容,在管理的实践中也可以通过观察得知。同时,佛教强调不应该拘泥于与生俱来的人性假设,因为它毕竟是可变的,可变的原因是因为它是缘起性的,如果缘起发生了改变,人性也就发生了改变,这也为我们改善管理提供了理论的依据。

《维摩诘所说经》亦云:"深入缘起,断诸邪见。"所有邪见、无明、烦恼、痛苦,全部都是对法不了解,如果真正懂得缘起,一切都不会执着。不是先有一个固定的人性,而是这个人性也会随着我们的假设而变化,我们的管理也是造就人性的一个因素。

（二）人性的变受过去的心影响

按照佛家的观点，我们现在的心是受过去的心影响的，就是说如果在过去我们的心中善良的因素居多，那么我们现在的心也更容易趋向于善；同时，我们的心还受周围环境的影响，如果我们自己的定力不强，环境的影响就会更大；当然，最重要的是，我们的心主要还是取决于当下的选择，我们当下的一念心可以产生很大的力量。我们的人性，既受过去习惯的影响，还要受现在环境的影响，更要受自己当下的选择的影响。我们的人性是各种因素综合的结果。

一个人以往的经历直接影响到一个人的想法，从而会对现在的心产生一定的变化。因为过去的经历对他个人认知已经产生了内在的影响和思维习惯的改变，而这个影响将会直接产生对某种事物的认知，故而过去的经历会影响到一个人心性的变化。一个人莫名地变好或变坏，必然是受到了他人生经历中某些因素的影响。

（三）人性的变受个体所在社会环境的影响

环境会影响到人的思想，从思想再影响到人的行为和举止。我们每个人生活在社会大环境中，必然会受到周边环境的影响，有时大环境会裹挟着你往前走。当然，最关键的一点便是人性的变化还得受个人主观因素的影响，即个人的选择和取向。如果一个人想要做好事，哪怕在恶人谷长大的，例如《绝代双骄》中的小鱼儿，心中还是保留着善心，非但没变坏，反而充满了正气，因为他选择了良知。

佛家缘起性空的管理思想认为，从缘起的角度看，所有的人性都不是凭空而来的，它是具体的经济社会发展和个性选择的产物。从性空的角度看，人性一定是变化的，随着经济社会的发展与个性选择的变化，它也在不断地发生着变化。因此，在现实的管理中，我们不仅不能否定人生假设的合理性，要选择适当的人性假设作为管理的基础；同时又要不拘泥于具体的人性假设，要看到它的可变性，并预先做出相应的制度设计，进行有目的的调适。

第三节　佛家的组织思想

佛教作为一大宗教门派，门徒众多且德行不一，如何管理好这诸多的门徒是一大学问。因此，对于众多的门徒，佛家专门制订了相关规章制度，其中"六和敬"就是最主要的维护僧团组织的人际关系处理原则。

一、"六和敬"的组织建设思想

"六和敬"思想是世界三大语系——巴利语、汉语、藏语系佛教的共同依止。"和敬"是之于自己和他人两个方面来说的。所谓"和"，就是"外同他善"；而所谓"敬"，则是"内自谦卑"。佛陀"六和敬"的生活规范一直延续至今。"六和敬"在僧团和合中具有举足轻重的作用，作为防止僧团之间出现忿诤的手段，历代经典对"六和敬"的价值均有重要论述。

（一）身和同住

大众同住，必须做到身业清净、文明、和睦相处。所谓"三千威仪，八万细行"，举止言谈，具足僧相的风度和庄严，绝无拳打脚踢等粗暴野蛮的举动。因为许多人住在一起，所以每个人都要做好个人清洁卫生；在行为上，不侵犯他人，大家和睦相处，和谐快乐，彼此互相帮助，尊重，包容；遇有疾病，相互照顾，平等共居，和合共住。

（二）口和无争

大家说话语气要谦和礼貌，声音要悦耳可爱，不宜恶口粗声，引人不快，避免由于语气较冲而引起无谓的争端。人与人间诸多矛盾，除非一些利益冲突，主要是由于语言或行为引起他人不快而造成的。因此，佛家明确规定了讲话的语气和方式，给大家树立了一个共同的行为规范。

（三）意和同悦

心是一切行为、语言的基础。有什么样的心，就会有什么样的行为语言，进而形成什么样的世界。《华严经》云"三界唯心"，大家同住一起，必须要做到意业清净，即要有善良的用意、坦白的胸怀，有值得欢心快意的事，要大家一起和悦，不要为求个人的欢乐而不顾大众的欢乐，或把个人的快乐建立在大众的痛苦之上。也就是要求人们心、行、语相统一，做到"知行合一"。

（四）戒和同修

戒律，是每个修行人所秉持的戒条，无论在哪修行都必须遵循戒律，守住自己的生活规范。《遗教经》云："戒是正顺解脱之本"，由清净的戒行得悟人生的真理，并表现出了一种比较圆满的戒相。戒是无上菩提本，百善戒为先。戒是定、慧二学的根本。无戒则定、慧仿佛盖在沙滩上的高楼，容易倒坍。无规矩不足以成方圆，戒律乃是维持教团的柱石，目的是消极止恶和积极行善，以培养修行的智慧和福德的资粮。

（五）利和同均

利即获得有益身心的事物，包括物质上的财利和精神上的法利。组织里的一切利必须同均，而不应是损人利己的贪污现象。

（六）见和同解

要在思想上、观念上保持高度的统一，知见决定一个人或团体的走向与成败，佛家非常看重一个人知和见的"正"。见即意见、见地或见解。见和同解就是要在思想上、观念上保持高度的统一，知见决定一个人或团体的走向与成败，佛教最重正知正见。见和同解要求建立共识，即思想上和看法上相统一，对一切问题的看法、想法不统一就会导致分化，也就不会产生追求真理的共同目标。

"六和敬"不仅是佛家成员之间的人际交往准则，也是佛教僧团与世俗团体、组织、个人之间交往的法则。在当前国家、团体、个人之间的交往和联系日益密切的形势下，"六和敬"对于创造和维护和平、稳定、有序的社会秩序亦具有重要的借鉴意义。

二、六度万行的实践思想

（一）六度

在佛家思想中，一个人要实现人格的最高成就必须研习六种行为（即六度）：布施、持戒、忍辱、精进、禅定与智慧。

其一，布施。布施有三大类：一是财物布施。财分为内财与外财，内财是用身体帮助别人，如当义工，以劳力、智慧、技能为社会大公服务，这是内财布施；外财是身外之物如金钱、物品等。一切所有内外之财，能施与有所需的众生，称为财物布施。自己有的，如果别人有需求，能舍，能够供奉别人，能够赠与别人，心地清净无有贪念。布施就是舍，就是放下；能舍，就是清凉、自在，就开智慧。二是诸法布施（知识布施）。你所懂得的，有人来请教，尽心尽力地把所知道的都教给他，不吝法，悭贪心没有断。三是无畏布施。众生遭难危苦，心生恐怖、畏惧，你能够帮助他，使他远离恐怖，身心得到安稳，称为无畏布施。这三种布施，如果没有把悭贪心断掉，这个布施不能称为波罗蜜，只是布施而已。去掉人心里的贪婪欲望，增强人的内心力量。

在管理工作中，能够以清净心、真诚心服务一切众生、服务社会、服务人民。而不求利益，这是布施。佛菩萨能施，因为知道身心世界无所有、不可得。世间人不肯布施，以为身心世界是真有，在这里面贪而无厌、患得患失；只知道为自己，不晓得为众生。

其二，持戒。持是保持不失，戒是戒律；戒律是善业，是恶业的反面。戒律也归纳为三大类：一是律仪戒。律是有条文规定，像法律一样，譬如五戒、十戒、菩萨戒、比丘戒，都有条文。仪是讲威仪、仪态。戒律里面关于威仪的地方非常之多，威仪就是小节。连小节都不犯，这叫不犯威仪。也就是说，礼节、规律是在生活中要遵守的。二是善法戒。一切善法，对自己身心有利益的，可以增长善根。虽然戒律里没有，但我们要遵守，也算是持戒。三是益众戒。对于自己身心没有好处，可是对于众生有好处，菩萨也应该舍己为人。这是属于菩萨戒，菩萨能够牺牲自己、成就别人。

制度是用来约束佛教中的众生，而在日常管理中同样需要不同的制度来约束人们的行为及维持企业的正常秩序。在管理中，必须遵守国家法律与社会规范。戒律保持不失，无论在哪，都要守住自己的本心，正可谓"不忘初心，方得始终"。

其三，忍辱与精进。在修行过程中，人们会遇到各种各样的不公平之事，遇到不公正之事，要学会忍受，要在挫折中增进。挫折和磨难是修炼人的意境的关口和考验。做人做事都需要我们一贯以之地去坚持，但在这段过程中必然会经历各种磨难，唯有磨难才能锻炼一个人坚强的意志，从而克服人生历程中的各种困难。同理,一个优秀的管理人员同样需要在工作中克制自己的非理性欲望,为服务众生而不停地工作。

其四,禅定与智慧。要求我们在管理中保持自己心态的稳定,时刻注意修自己的内心。"般若"是智慧,它是从清净心里面生的,智慧是从定中生的;心要是散乱,就没有智慧。般若有三种:"实相""观照""方便"。实相是体,是般若智慧的本体;观照是自受用,是自修自证;方便是教化众生,善巧方便。般若的功德是"大觉",大觉就是成佛,圆满彻底的觉悟。自觉之后一定要"度他",要帮助别人。

智慧,在佛教里又称为般若。什么是智慧呢,明白一切事相叫做"智",了解一切事理叫做"慧"。这里面也有个过程,先需要明白事物的真相和真理,然后才能成为大觉大悟的佛,成佛之后,再去度他人。也就是说,有道行的人都要有大慈大悲的心态,要帮助他人,拯救处于苦难中的众生。

(二)万行

六度思想的实践叫做万行。行是动词,万行就是无量无边的行门。度就是帮助他人,服务社会,服务众生。这是大乘佛法的本愿,我们要利益一切众生,佛经上有一偈说明因果原则:"假使千百劫,所作业不亡,因缘会遇时,果报还自受。"《华严经普贤行愿品》云:"菩萨若能随顺众生,则为随顺供养诸佛,若于众生尊重承事,则为尊重承事如来。若令众生生欢喜者,则令一切如来欢喜。何以故?诸佛如来,以大悲心而为体故。因于众生,而起大悲;因于大悲,生菩提心;因菩提心,成等正觉。譬如旷野沙碛之中有大树王。若根得水,枝叶华果,悉皆繁茂。生死旷野菩提树王,亦复如是。一切众生而为树根,诸佛菩萨而为华果,以大悲水浇益众生,则能成就阿耨多罗三藐三菩提故。是故菩提属于众生,若无众生,一切菩萨终不能成无上正觉。善男子,汝于此义应如是解。以于众生心平等故,则能成就圆满大悲。以大悲心随顺众生故,则能成就供养如来。菩萨如是随顺众生,虚空界尽,众生界尽,众生业尽,众生烦恼尽,我此随顺无有穷尽。念念相续,无有间断,身语意业,无有疲厌。"

三、佛家的自我约束

佛家除了上述"六度"自我修行的过程,在日常生活中还需要一定的戒律的约

束,这些约束有十条:

(1)不杀生。不杀生而慈心于仁,在佛家观念里,所有的生物都是有生命的,所以他们认为素食可以慈心于怀。

(2)不偷盗。偷是指诈骗潜窃,盗是指强劫豪夺。别人的东西不可随意占有,更不可强制夺用。

(3)不邪淫。除正式结合的夫妻外,不得行淫,不贪图他人美色。

(4)不妄语。说话诚实,不要胡说八道,随便忽悠他人。

(5)不两舌。不搬弄是非,不挑拨离间。

(6)不恶口。为人处世,讲话要和蔼,不恶言相向。

(7)不绮语。不可狂妄,轻浮。修行人讲话要真、实。诚、信的基础在于人们的真诚,如果到处都是谎话连篇,那么这个社会成了一个谎言的世界。

(8)不悭贪。不贪婪,更不能借着修行的名义狂揽钱财。

(9)不嗔恚,是指不要随便发怒。现代人脾气很大,尤其是有点成功的人,脾气更大,这可不好,不要随便发怒。

(10)不愚痴。要有智慧,不要人家说什么就信什么,要用自己的思想和脑子去看问题,分析问题,而不是盲目跟从,做个明白事理的人。

这十条戒律是为了管束僧众,从其内心和行为上进行约束,毕竟作为一个大组织为了能使众人相聚,必须制定符合他们自己组织内部的规矩,这才能保证组织的顺利运行。

从"六和敬"和"六度万行"思想来看,佛家管理思想的核心是重视组织内部的团结、统一;重视群我关系;重视自我约束。一个人只有提高自己的修养,才能用他的才学去为社会大众服务。

第四节　顿悟观:慧能的管理思想

一、禅宗思想与慧能

传说菩提达摩为禅宗创始人,被尊为初祖,其后几代的传承者依次有慧可、僧璨、道信、弘忍等。禅宗传承的影响,自四祖道信时开始扩展,结束了流动生活,于黄梅双峰山聚众定居,垦荒自给。五祖弘忍始为朝廷承认,其禅称为"东山法门",门徒布于全国,形成许多传禅基地。后弘忍将衣钵传给六祖慧能。安史之乱后,禅宗分为南北二派。北宗尊神秀为领袖,强调"拂尘看净",要求"慧念以息想,极心以摄心",通过打坐"息想",起坐拘束其心,实现拂除客尘烦恼,清净自心的目的,被称为"渐悟"。南宗奉慧能为领袖,经慧能弟子神会等人的努力,受到自藩镇以至王室的重视,主张心性本净,觉悟不假外求,不重戒律,不拘坐作,不立文字,强调"无念""无相""即心是佛""见性成佛",自称"顿门"。慧能著名的弟子有南岳怀让、青原行思、荷泽神会、南阳慧忠、永嘉玄觉,他们形成了禅宗的主流。

慧能(638—713),俗家姓卢,祖籍河北,出生于广东新河,在湖北黄梅县师从五组弘忍学习佛法,得传正法眼藏和祖传衣钵。慧能于676年落发,次年回到韶州曹溪宝林寺,弘扬顿悟法门,与神秀在北方倡行的"渐悟"相对,史称"南顿北渐""南能北秀"。武则天和唐中宗曾召慧能入京,都被推辞了。慧能圆寂后,受唐宪宗追谥为"大鉴禅师"。惠能用通俗简易的修持方法取代繁琐的义学,形成了影响久远的南宗禅,成为中国禅宗的主流。

二、慧能的管理思想

(一)人皆有佛性,根基个个别

佛法平等,但众生根器有区别,所得利益也有多少。每个人的悟性是不同的,有的人悟性高,接受能力强;有的人悟性低,接受能力弱。但不管如何,每个人都有学习的机会。至于能悟到的深度,那还得要看每个人的悟性。

慧能继承发扬了人人皆得成佛的佛性理论,旗帜鲜明地提出"人人皆有佛性,皆可以成佛"的思想。这一思想在他第一次参见五祖弘忍时,就明确地表达出来了:"人虽有南北,佛性本无南北,揭獠身与和尚不同,佛性有何差别?"这一番不同凡响的回答,强调了佛性人人具有,在成佛面前众生平等。

他说:"菩提般若之智,世人本自有之。""我心自有佛,自佛是真佛,自若无佛心,何处求真佛?""世人性本自净,万法尽在自性。"这个自性就是没有差别的本性、实性,本性就是佛,离性无别佛,"自性能含万法是大",而"万法在诸人性中""三世诸佛,十二部经,在人性中本自具有"。这些自性、本性、实性,不因凡愚之人而减少，不因圣贤之人而增多，"当知愚人智人，佛性本无差别；只缘迷悟不同，所以有愚有智"。因此，他主张即心即佛，不离世间的自性自度，追求现实生活中的即时解脱。

因为众生皆具佛性，所以从理论上讲人人都可能通达管理的内在道理，人人都能当管理者。但是因为人的根基不一样，是不是每个人都能成为现实的管理者，也应该因人而异。

（二）自性本具足，含藏诸万法

在禅宗看来，佛法不在经典，而只能向内探求，在师徒间的会意中获得。将其应用于管理中，就是一个组织要有共同的目标，共同的愿景，大家绞成一股绳，一股力量，推动整个组织不断地向前发展。

慧能禅学思想的核心是顿悟自性，见性成佛。他在大梵寺第一次升坛说法时就明确地对众宣示："菩提自性，本来清净；但用此心，直了成佛。"这是佛教所要解决的根本问题。慧能在五祖弘忍处因得《金刚经》"应无所住，而生其心"的激发，顿悟"一切万法，不离自性"，随即以五个"何期自性"来描述他的悟境："何期自性本来清净，何期自性本不生灭，何期自性本自具足，何期自性本无动摇，何期自性能生万法！"在这里，慧能从心性论的角度出发，深刻地揭示了人类心灵主体的高度自我觉悟及其透过迷情而显示的无限能动作用。

根据六祖慧能的自性含藏万法观点，其他真正的管理方法就在自己的心中。通过开发自身内在的智慧，就能提升管理技巧。"我"与"佛"浑然一体，对于修佛者而言，重要的是认识这一事实，而不是离"我"求佛。禅宗的成佛论要旨在体悟自心清净，旁鹜他求必定修不成正果。既然己心是觉悟成佛的关键，那么行为主体外向索求，必以其内在本心为根基。"禅"的要点不在其形式。"佛"无处不在，向没有佛性的地方用功永远不能成佛，而离我们最近的具有佛性的地方就是自己的心性，所以要"明心见性"。禅宗的这一思想包含着深刻的管理智慧：一个组织，只有正确把握存在和发展目标，勾画出组织成员接受并心甘情愿地为之奋斗的共同愿景，才可能形成源源不绝的内在动力，从而使组织不断地向前发展。

（三）佛性本不二，非善非不善良

慧能认为佛性真谛超越万法，不落有形，是非常非无常、非善非不善，即佛性是不二的。如他说:"佛性是不二之法,《涅槃经》明其佛性不二之法,即此禅也……佛性非常,非无常……佛性非善,非不善,是故不断,名为不二。又云:蕴之与界,凡夫见二,智者了达其性无二……明与无明,凡夫见二,智者了达其性无二。无二之性即实性,实性无二……故知佛性是不二之法。"在慧能看来,佛性是不断不常、不来不去、不在中间及其内外、不生不灭、性相如如、常住不迁的。慧能这种佛性不二的思想,在整个佛教义学中占有重要的地位。这体现了佛家的二分法,不来不去,不生不灭,不断不常,它体现的是圆融而不是对立。

不论是从哲学、宗教,还是从科学等角度来看,世间的现象和观念,都不出相对的或二分法的观点。也可以说,二是一的两面,一是二的全体;一一定与二同在,二一定不离一。此即《六祖法宝坛经》所说定慧不二、动静不二、善恶不二、众生与佛不二、世间与出世间不二等。因此,《六祖法宝坛经》最后的《咐嘱品》说:"动用三十六对。"所谓动用,是从清净的自性而取智慧的功用。六祖理出36对相对的观念和事相,要大家能够出离两边而通达运用,实际上也就是不二法门的延伸。

禅宗讲究不二法门,并不强调人与我的对立,应用到管理实践中,就是管理方法重在圆融而不是对立。要使各方的利益相关者都能从管理活动中得到益处,这样的管理才有长效性。

(四)动与静一体,理和悟并重

一般人以为,动和静是两种不同的现象,动的时候不是静,静的时候不是动。但《六祖法宝坛经》展示的是在一切境界里,身体可以跟着动,而智慧心也有所反应,但是称为"真如"的心体是不动的。禅宗能够成为中国佛教的主流之一,能够长久地受到欢迎,就是由于它能像佛经里所说,莲花出于污泥而不为污泥所染,处于动态的环境还能保持不动的宁静心。禅宗不仅重视动静一体,还强调知行合一、理论与实践并重。《六祖法宝坛经》中的"说通和心通",是指教理和证悟。如果没有实际证悟的经验,不会真正懂得佛陀所说甚深的教理;如果对经典真正认识了解的话,也必定是有了实际证悟经验的人。

既然人人有佛性,每个人都能成佛,为什么人世间会有那么多人未能成佛、还在受苦呢?慧能说:"只缘心迷不能自悟,须假大善知识示导见性。"世人未能成佛的原因是他们的佛性没有显现,而佛性没有显现的原因是妄念浮云遮掩了人的清净佛性。慧能强调菩提之道是以心传心,开悟成佛完全是一种"如人饮水,冷暖自知"的个人经验。经书只是给自悟提供启示和方便,是促使心灵开悟的工具,但不是开悟本身;如果不能开悟,那么读多少经书也是没有用的,因为无论如何高明的经文启示,都无法把悟性塞入人的心中。智慧悟性不像一般知识那样可由别人随意传授,而必须用自己的整个身心去体验。经过身心体验能够明心见性的人,不论立不立文字,他本身永远是来去自由、无滞无碍的;尽管他每日与物周旋,但不离自性,达到了逍遥自在的定境。慧能认为成佛是为了获得菩提之心和自性自由,而不在乎菩提之道的形式和方法,出家在家都没有什么分别,只要自性开悟,便可见性成佛。

禅文化是人心的学问,管理本质上是对人的管理,人的管理其实就是人心的管理,将禅文化引入管理具有先天性的优势。比如,"众生平等"有利于构建一种平等团结友爱的管理文化,"不舍道法而现凡夫事"提倡在日常工作生活中修行,"处处是道场"使得工作即修行、企业即道场。

(五) 智与悲双运,见性成佛道

大乘佛教的根本精神可概括为"智慧"与"慈悲"。智慧即正确的思维、正确的判断;慈悲即高度的同情心与责任感。智慧具足,才能明辨是非,分别善恶,树立正确的生活目标;慈悲具足,才能有"人溺己溺"的同情心与"不为自己求安乐,但愿众生得离苦"的责任感。自利利他、自觉觉他,就是我们常说的菩萨精神。慧能思想的核心,简括地说就是"见性成佛"。这是佛教所要解决的根本问题。慧能在五祖弘忍处因得《金刚经》"应无所住,而生其心"观点的激发,顿悟"一切万法,不离自性",并促使他从心性论的角度出发,深刻地揭示了人类心灵主体的高度自我觉悟及其透过迷情而显示的无限能动作用。

人类之所以不能把握"本不生灭""本无动摇""本自清净"的"菩提自性",就是因为我们一举心、一动念都处在自他相对、主客分离的对立状态。通过般若观照,打破自我封闭,就能"识自本心,见自本性"。在慧能看来,人类要打破自我封闭、超越对立的思维模式,只有"顿悟"才是最究竟的捷径,众生与佛之间的不同就在迷悟之别,而迷悟的根源是心。人们的内心世界、方寸之内,有高山、有大海、有恶龙、有鱼鳖!怎样才能使内心平静呢?慧能说:"善知识,常行十善,天堂便至。除人我,须弥倒;去邪心,海水竭;烦恼无,波浪灭;毒害忘,鱼龙绝。自心地上觉性如来,放大光明,外照六门清净,能破六欲诸天。自性内照,三毒即除,地狱等罪,一时消灭,内外明彻,不异西方。"慧能的这些言教,都是佛法的极则,凡夫与圣人只在一念之间,看能否当下转过来,时时用智慧与慈悲心调整自己的念头,就是修行。在管理中也要时时用智慧与慈悲心来考量各项管理活动,这样就能取得管理的成功。

慧能在理论与实践高度统一的基础上总结了他以前的佛学思想,将《般若》等经的"真空"和《涅槃》等经的"妙有"熔于一炉,架构了自己的思想体系。正因为他继承并发展了《般若》等经的甚深空慧,所以他的思想如日中天,朗照万物,摧邪显正,破暗醒愚;也正因为他继承并发展了《涅槃》等经度生严土的思想,所以他高举"佛法在世间,不离世间觉"的宏旨,他以大悲心,"敬上念下,矜恤孤贫""和光接物",普利有情。佛教的理论,不外"真俗双翼,空有二轮"。慧能以其卓越的智慧,熔空有于一炉,汇真俗于一体,极大地发扬了智悲双运、真不废俗的大乘精神,开启了众多管理者的心智之门。

中国人的管理思想中,已经逐渐加入了因果报应、众生平等、顿悟成佛、乐善好施、勤奋隐忍等中国化了的佛家因素,对后世中国管理者产生了潜移默化的影响,也给中国历史上的一些统治者的治国理政行为打上了深深的烙印。

思考题

1. 为何佛家认为人的本质就是苦?
2. 佛家的人性论与道家的人性观有何异同?
3. 佛家的"六和敬"思想对当下的企业管理有何作用?
4. 慧能的思想有哪些?

禅学小故事

求人不如求己

从前有一个穷苦潦倒的人去寺院拜观世音菩萨。几叩首后,他把自己的一肚子苦水一股脑地倾泻出来,并怪罪观音不帮助自己。

他倒完苦水后,扭头一看,有一个和观音像长得一模一样的人也在观音前礼拜。

他诧异地问道:"你是观音吗?"

那人答:"是。"

他更加诧异地问道:"那您自己为什么还要参拜呢?"

那人答道:"求人不如求己呀!"

放下

两位禅者走在一条泥泞的道路上。走到一处浅滩时,看见一位美丽的少女在那里踯躅不前。由于她穿着丝绸的罗裙,所以无法跨步走过浅滩。

"来吧!小姑娘,我背你过去。"师兄说罢,把少女背了起来。过了浅滩,师兄把小姑娘放下,然后和师弟继续前进。

师弟跟在师兄后面,一路上心里不悦,但他默不作声。

晚上,住到寺院里后,他忍不住了,对师兄说:"我们出家人要守戒律,不能亲近女色,你今天为什么要背那个女人过河呢?"

"呀!你说的是那个女人呀!我早就把她放下了,你到现在还挂在心上?"

第八章

东方管理系统的护卫：中医的管理思想

学习要点

1. 了解中医的发展史及其当下所遇到的问题。
2. 了解和掌握中医的天人合一的顺道思想。
3. 掌握中医的整体观。
4. 了解和掌握中医的思辨观。
5. 掌握中医的预防观。

东方管理学是一个完整的系统，从上到下、从里到外都有各自的思想和理论加以维系。《易经》从宇宙规律解决管理的哲学问题。道家从人与自然关系的角度出发，让高层管理者从宏观的角度去制定管理的方针和策略，为组织谋划发展的方向。在指明了管理的方向和目标后，具体的任务还需要中层管理人员加以执行，而对管理干部的选拔和管理则是管理中重要的一环。儒家思想适合指导中层管理。墨家则是从基层的角度去看待管理的问题，提出了管理物质性的合理性和现实性的基础。法家从制度的层面展开了对管理的探讨。佛家则是从管理的核心（即企业的价值与使命）探讨了东方管理学的中心思想。如此这般，东方管理学形成了一个整体、一个系统。从整个系统来看,谁来担负维护东方管理学"肌体"健康的职责呢?答案很明确,那就是中医。在本章我们一起进入中医的世界,了解中医的基本内容和观点。

人类自诞生之日起,就视身体健康为生活的首要因素。中国人根据天地自然等因素,把身体置于天地之中加以权衡,形成了独特的中医学。中医护佑了华夏儿女几千年,从而使得这个族群继续繁衍。同样地,中医的思想在我们日常生活与管理中也起到了重要的作用,保证了我们的生活与工作的可持续性。中医的天人合一的顺道观、人与自然的整体观、根据个人不同体质和病因的辨证观以及根据气候地理等天地环境的特点而形成的对疾病的预防观,都为现代管理提供了借鉴。

第一节　中医的起源及其发展

中医是指中国医学。鸦片战争前后,随着西方列强的侵入,他们的医学也大量涌入,并冲击了当时的国医。为了区别二者,当时的东印度公司把西方医学称为西医,而把当时的国药称为中医。我们通常所说的中医包含两部分:一部分为中医(医理),而另一部分则为中药。中医药是随着华夏文明的出现而出现的。早在三皇五帝时期,就有伏羲发明针灸、神农氏尝尽百草之说。早期的医学著作主要有《黄帝祝由科》《黄帝内经》《黄帝外经》等。《黄帝内经》的主要观点就是不治已病治未病(预防)。

一、上古时期

(一)三皇五帝时期

中国的中医学起源于传说中的三皇五帝时期,相传伏羲发明了针灸并尝试草药,神农更是尝尽百草,并且用茶来解毒。据传在3 000多年前,轩辕黄帝写下了人类第一部医学著作《黄帝祝由科》,后人在这部医药著作的基础上不断增补删改,逐渐形成了后世的《黄帝内经》和《黄帝外经》。其中,《黄帝内经》在世界上首次提出"不治已病治未病"的预防医学观点,形成了防病养生保健的系统观。

> 知识链接

针灸铜人

针灸铜人是宋代医学教学模型。北宋天圣四年(1026年)铸造,天圣五年(1027年),在尚药奉御官、针灸专家王惟一(987—1067)主持下制作完成,共有两个。铜人系青年裸体式,长短大小与真人同,体内装配五脏六腑,与真人生理结构一致,四肢及内脏均可拼拆。外表刻有354个穴位(据王惟一专著《铜人腧穴针灸图经》),旁用金字标明穴位名称。奉宋仁宗旨令,一个针灸铜人置官中,供鉴赏;一个送医官院,作为针灸教学模型和测试医学生及医人针灸能力的工具。在八国联军入侵北京时,两个铜人失踪了。20世纪50年代,郭沫若去日本访问时曾见过这个铜人,后发电报给周恩来同志,等国内专家认定后再赴日本时,对方说没有这个铜人,只好空手而归。据说,这个铜人还在日本的医学博物馆里。

(二)西周

西周时期,中国就已经建立了世界上第一个医院和医疗制度(考核和病历制度)。医院组织设置严密,人员配置合理,考评激励适当。医疗机构设有医师、上士、下士、府(管药库)、史(管记录)、徒若干人,下面又分食医(管饮食卫库)、疾医(内科)、疡医(外科)、兽医四种,这是世界上最早的医学分科。医师总管医药行政,并在年终对医生进行考核。《周礼》记载,"岁冬则稽其事,以制其食",即通过年终考核增减医生的俸禄。当时的患者已经分科治疗,而且建立病历。"死终则各书其所以,而入于医师",规定在死者病历上要写明死因,然后送交医师存档,以便总结并提高医疗水平。

二、春秋至秦汉时期

(一)春秋战国时期

春秋战国时期是中医管理思想的形成期,此时期中医理论不断完善,中医治疗方法进一步提高,并出现了法医和传染病的诊治方法。除此以外,名医辈出,秦国有名医医缓,齐国有长桑和他的徒弟扁鹊。扁鹊发明了中医独特的辨证论治方法:"四诊"(望、闻、问、切)。扁鹊看病行医坚持"六不治"原则:依仗权势,骄横跋扈的人不治;贪图钱财,不顾性命者不治;暴饮暴食,饮食无常者不治;病深不早求医者不治;身体虚弱不能服药者不治;相信巫术不相信医道者不治。春秋战国时期流行的主要医学著作有《黄帝内经》《黄帝外经》《扁鹊内经》《扁鹊外经》《白氏内经》《白氏外经》和《旁篇》7部。

(二)秦代

秦代出现了世界上最早的专门的法医"令史"。秦律规定,死因不明的案件原则上要行尸检,司法官如违法不进行检验,将受到处罚。秦代的《封诊式》对法医鉴定的方法、程序等有较为详细的记载。在人命案件中,鉴定检验的主要内容有尸体的位置,创伤的部位、数量、方向以及大小等。令史检验完成之后,必须提交书面报告,称为"爰书"。"爰书"是世界上最早的法医鉴定和现场勘察报告。秦代还建立了"疠迁所"(即传染病医院),并制定了治疗传染病的隔离制度。据1975年湖北省云梦睡虎地出土的秦简记载,当时规定,凡经医生在给病人检查后发现有鼻梁塌陷、手上无汗毛、声音沙哑、刺激鼻腔不打喷嚏等症状者,一律送至疠迁所隔离治疗。

(三)汉代

到了西汉,中医的阴阳五行理论已经非常完备,名医则有太仓公淳于意和公乘阳庆,东汉出现了著名医学家张仲景和华佗。张仲景完善了中医的辨证理论,人称"医圣"。他采用辨证论治的基本原则,在《伤寒论》中归纳出"八纲辨证"和"六经论治",经由这两种方法辨证论治后,再采用"八法"(汗、吐、下、和、温、清、补、消)治疗疾病。"八纲辨证"是书中贯彻辨证论治的具体原则,"八纲"(阴、阳、表、里、寒、热、虚、实)是运用"四诊"(望、闻、问、切)分析和检查疾病的部位、性质而归纳出来,"六经论治"是整个脏腑经络学说在临床医学上的具体运用。

在汉代,大量的医药和历算等书籍传入西藏(《西藏王统记》)。在汉代还出现了专门性的妇科医院,西汉时的"乳舍"是世界上最早的妇产医院。到了东汉末年,华佗已开始用麻沸散进行麻醉手术,并创立了世界上最早的健身体操"五禽戏"。

三、魏晋南北朝与隋朝

魏晋南北朝时期,中医最伟大的成就是创立了医学院,使中医的传承方式进行了变革。南北朝时期出现了两本儿科专著,即王末钞的《小儿用药本草》和徐叔响的《疗少小百病杂方》。南朝宋元嘉二十年(公元 443 年),太医令秦承祖创建了世界上第一个医学院。到了公元 6 世纪,隋朝完善了这一医学教育机构,并将其命名为"太医署",署内分医、药两部,太医令是医学院的最高长官,丞为之助理,下有主药、医师、药园师、医博士、助教、按摩博士、祝禁博士,在校师生最多时达 580 余人。

四、唐宋时期

唐宋时期中医的理论在中药学方面开始日益重视,形成了较完备的医学分科,统一了针灸穴位,中医理论和著作渐传到国外。

在唐朝,药王孙思邈总结前人的理论和经验,收集药方多达 5 000 个,出版了《大医精诚》《千金要方》和《千金翼方》三本医学著作。唐朝以后,中国医学理论和著作大量外传到突厥、高句丽、日本、中亚、西亚等地。

到唐末宋初,儿科专著《颅经》问世,儿科专家钱乙(1032—1113)则受此书启发,撰写了著名的儿科巨著《小儿药证直诀》,后人把钱乙尊称为"儿科之圣""幼科之鼻祖"。

到了北宋,政府设立翰林医学院(太医局),医学分科已经非常完备,并且统一了中国针灸穴位出版《图经》,为人体的经络提供详细的图画参考。北宋的宋慈根据自己多年的判案经验出版了世界上最早的法医学著作《洗冤集录》。

五、明清时期

《本草纲目》是这一时期的代表作,该书将中医药的自然科学理论进行了诠释。这个时期出现了大批中医药名家,著书丰盛,中医的发展达到鼎盛,并出现了多个医学流派。

明朝时,李时珍的《本草纲目》成书,该书不仅从药学角度,还从植物学、动物学、矿物学、化学等方面对药材的性质、作用进行了描述。《本草纲目》刊行后很快传入日本、朝鲜及越南等亚洲地区,在公元十七八世纪先后被翻译成多种欧洲语言。李时珍还是世界上第一个提出大脑负责精神感觉、发现胆结石病、利用冰敷替高热病人降温以及发明消毒技术的医学家。

这一时期，包括王叔和的《脉经》、皇甫谧的《针灸甲乙经》、陶弘景的《本草经集注》、葛洪的《肘后备急方》、巢元方的《诸病源候论》、苏敬的《新修本草》、王春的《外台秘要》、元丹贡布的《四部医典》《太平圣惠方》、王惟一的《铜人腧穴针灸图经》等在内的大量医学典籍问世。明朝中医发展已经达到顶峰，出现了诸多的医学流派。同时，在朝鲜研究中医的所谓东医学也得到了很大的发展，如许浚撰写了《东医宝鉴》。

清代医学的发展，呈现出一个比较错综复杂的层面，中医学传统的理论和实践经过长期的历史检验和积淀，至此已臻于完善和成熟，无论是总体的理论阐述，抑或临床各分科的实际诊治方法，都已有了完备的体系，而且疗效在当时条件下是卓著的，与世界各国医药状况相比甚至还略胜一筹。尤其是温病学派形成，在治疗传染性热病、降低死亡率、预防传染等方面起到了积极作用。其中，人痘接种以预防天花方法的大力推行，更是中国乃至世界医学史上光辉灿烂的一页。

清代中医在治疗温病（包括传染性和非传染性发热性疾病）方面成就的代表著作有叶桂的《温热论》、薛雪的《湿热条辨》、吴瑭的《温病条辨》及王士雄的《温热经纬》等。清代医家王清任根据尸体解剖和临床经验写成《医林改错》一书，改正了古代医书在人体解剖方面的一些错误，强调了解剖知识对医生的重要性，并发展了淤血致病理论与治疗方法。

六、近现代以来

近代以来，随着西方列强的不断侵略，西医、西药迅速输入中国，从通商口岸向内陆城市不断扩展。建立在人体解剖和现代化学理论基础上的西方医学对中医药造成了很大冲击，原本中医药一枝独秀的单一格局被彻底打破，发展到后来，西医药大有取中医药而代之的趋势。"中医无用""中医药不科学""废止中医"等论调和事件屡有发生，中医药面临着巨大的发展危机。新中国成立后，还有不少人依旧认为中医药"对病理解说得不准确，使用的药物难以理解，消毒手续不严密等"，因而歧视中医药、排挤中医药。

1954年7月9日，刘少奇受毛泽东委托召集会议，传达毛泽东关于中医工作的指示,强调"对中医的'汤头'不能单从化学上研究,要与临床上的研究结合起来,才能提高中医"。① 毛泽东所说的"汤头"就是中医开出的处方及熬出的汤药。中医看病,即使是患了同一种病,因人不同,处方不同;因时不同,处方也不同。因此,中医的疗效到底怎么样,不能只研究中药之间的化学反应,必须与临床效果结合起来。这就充分地肯定了中医的科学性。1982年,第五届全国人民代表大会制定的《宪法》第21条规定,"发展现代医药和我国传统医药"。

进入21世纪,随着人们健康观念的变化和健康意识的增强,中医药治未病的功能受到更多的重视。2016年8月的全国卫生与健康大会强调,"预防是最经济最有效的健康策略""每个人是自己健康第一责任人",我们要发挥中医药治未病的作用,"努力实现中医药健康养生文化的创造性转化、创新性发展,使之与现代健康理念相融相通,服务于人民健康"。② 当前,我国中医院普遍设立国医堂、名医堂、治未病中心,以满足老百姓多层次的中医药健康需要。夏天的"三伏贴"和冬季的养生膏方,需求量不断攀升。中医养生保健知识及其太极拳、八段锦、五禽戏、太极扇等养生保健方法不断推广。中医"治未病"理念深入人心,医养、康养相结合的中医药养老服务体系不断完善。

2019年底的新冠肺炎疫情打断了中国正常发展的路线,但对于中医来说却迎来了新的转机。在疫情防控期间,中医药发挥出了前所未有的功效,中医重新获得了国家的重视和认可,之后国家又连续出台一系列中医法案。2021年1月,国务院办公厅印发《加快中医药特色发展若干政策措施》的通知,要求加强夯实中医药人才基础,提出支持中医药院校加强中医药传统文化功底深厚、热爱中医的优秀学生选拔培养。2023年2月,国务院办公厅再次印发《中医药振兴发展重大工程实施方案的通知》,在通知里进一步明确了"坚持以人民健康为中心,加大投入与体制机制创新并举,统筹力量集中解决重点领域、重要环节的突出问题,破除制约高质量发展的体制机制障碍,着力改善中医药发展条件,发挥中医药特色优势,提升中医药防病治病能力与科研水平,推进中医药发展"。

---

① 中共中央文献研究室.毛泽东年谱(1949—1976)(第2卷)[M].北京:中央文献出版社,2013:245.
② 中共中央文献研究室.习近平关于社会主义社会建设论述摘编[M].北京:中央文献出版社,2017:115.

第二节　中医的顺道观

顺道是指人们应该顺应自然规律,达到人与自然和谐统一,这样才能保证身体健康,延长寿命。顺道体现为人与自然的和谐(具体指人的生活规律方面)以及人与药物的和谐。

一、人与自然的和谐

人们生活在地球上,想要健康地活,就必须遵循自然规律,而这个自然规律反映在中医中即顺道观。

《黄帝内经·素问》曰:"上古之人,其知道者,法于阴阳,和于术数,食饮有节,起居有常,不妄作劳,故能形与神俱旺,而尽终其天年,度百岁乃去。"这里讲的是人们基本的生活原则。按照现代科学的基因测试得出,人的自然生长寿命为100~170岁。

"法于阴阳"是指效法阴阳的准则,阴阳即天地自然,也指身体内部的阴阳。天地一宇宙,而人的身体内部又是一宇宙,同样存在阴阳之道,其中任何器官一失衡人就会生病。

"和于术数"中的术数是指后天(阴阳是先天)。万物都是先有"象",后有"数"。和于术数,是指人要懂得五行生克之道,懂得阴阳,懂得中庸之道,这些统统属于"术数"层面。"术数"是指方法,这个方法不是人们自创出来的,而是根据天地自然规律规定的方法。如何顺道呢?我们要做到以下几点:

1.食饮有节

天食人以五气,地食人以五味。五气入鼻,藏于心肺,上使五色修明,音声能彰。五味入口,藏于肠胃,味有所藏,以养五脏气。气和而生,津液相成,神乃自生。人要吃五谷杂粮,而这些五谷杂粮是进入人的五脏六腑的,滋养我们的身体,为我们的身体提供源源不断的能量。

五气有两种说法:第一种是风、暑、湿、燥、寒,第二种是臊气、焦气、香气、腥气、腐气。"天以五气食人者,臊气入肝,焦入心,香气入脾,腥气入肺,腐气入肾也。"有节,一是指食物要吃应季的;二是指吃饭要有节制,不可过饱。

2. 起居有常，不妄作劳

"起居有常，不妄作劳"是指人们的生活起居要有规律，不要乱来，劳作不要太辛苦。古人云："日出而作，日落而息。"就是指要顺应自然的时间规律。《黄帝内经》说，人身的阳气，白天主司体表；清晨时，阳气开始活跃，并趋向天外；中午时，阳气达到最旺盛阶段；太阳偏西时，体表的阳气逐渐虚少，汗孔也开始闭合。所以到了晚上，阳气收敛拒守于内，这时不要扰动筋骨，也不要接近雾露。因此，一到晚上就不要轻易劳作，更不要参加剧烈的运动，以符合自然规律。

现代人作息不规律，经常熬夜，这有违人体正常的运行规律，时间久了身体会出问题。而有些人则作息规律，因此他们身体非常健康，人很长寿。

3. 天人合一，天人相应

人体内的环境必须与自然界这个大环境相协调、相一致。我们每个人都需要保护好自己的身体，毕竟身体才是革命的本钱。天热如果衣服厚的话，身体毛孔就会打开，就会流汗。天冷了，毛孔就会闭上，气与湿气不畅通，就会往下，化为尿液和口气排出。这是人根据天气变化身体所作出的正常反应，是对大自然的适应性调整。

(1) 人体与季节间的关系。人体会根据季节作出相应的调整与反应，从而保护躯体的健康。例如，春天讲究的是生气，即春生，春天要养阳，多运动，要开心，同时要多吃绿色的东西。如果逆春气，则少阳不生，肝气内变。夏洪，指夏天天气热，人们应该多流汗，晒太阳，通过流汗把身体内部的湿气排出去，即排毒。如逆夏气，则太阳不长，心气内洞。到了秋天，则要讲收，主要以养阴为主，多吃白色的食品以养根本。如果逆秋气，则太阳不收，肺气焦满。到了冬天，则要讲究藏。冬天阳气不足，以养阴、收藏为主，不要参加剧烈运动，尽量少流汗。逆冬气，则少阴不藏，肾气独沉。一年四季应顺其规律生活，这样才能保证我们的身体健康。

(2) 居住环境与自然的关系。人类的作息时间和居住环境同样也都遵循自然规律。例如，中国各地房子建造的结构形式就体现了人与自然间的和谐，不同地区房子的结构不同，南方雨水多，故而房顶是三角形的；西北少雨，所以屋顶是平的。人们的生活习惯、居住环境就是根据地域的环境而形成的特色人文。

同理，企业文化的建立也需要与自然和谐。作为管理者，我们也可以根据不同地域的人文特点，因地制宜地创建不同的企业文化，从而发挥最大的组织效能。在创建企业文化时，也可以根据不同地区、不同季节的特点来设计并开展企业的各类活动，以此来提高企业员工内部的凝聚力和工作效率。

二、人与药物的和谐

中医讲的是人在不同时间、空间的特点，故而用药也呈现一种动态思维，一位优秀的中医师在用药时要思考的不仅仅是在不同的时间、空间状况下产生的寒、湿、暑、热等致病因素，同时还要考虑在时空因素下药物间的搭配效果。药物间的和谐是指药物间"七情合和"，即药性通过和谐搭配产生强大功效。

明代的李时珍在《本草纲目》里对各种药物进行了分类，将药分为君、臣、佐、使等，就如同我们社会的行政组织结构的搭配。君药是指那些可久服，欲轻身益气、延年益寿的药，共有120种。臣药是指斟酌服用，以遏病、滋补虚羸者为本的药，也有120种。佐、使是指那些顺应土地、多毒的药，这些药不可久服，但可以搭配使用。配药也很有讲究，如一君、二臣、三佐、五使；或者是一君、三臣、九佐使。如此进行搭配能产生较好的药效，从而护卫人的身体健康。

例1：酸枣仁汤方药方（主治"虚烦"类型的失眠）。炒酸枣仁30g，茯苓6g，知母9g，川芎6g，炙甘草3g。中药中的第一梯队（君）：重用酸枣仁来大补肝血；第二梯队：茯苓+知母来辅助酸枣仁；第三梯队，用一味川芎来反佐。因为前面三味药都是阴药，过于阴柔了，不利于肝气的条达，所以加了一点川芎来梳理肝气，也顺便中和一下阴柔之性。最后，加了一点炙甘草调和诸药，产生了非常好的药性。

例2：肺结节的方子。蒲公英、莪术、白芥子、猫爪草、王不留、黄芪、红花、诃子。

分析：所谓肺结节，不过就是肺里垃圾太多了而已。既然垃圾太多，那肯定要打扫了，还肺一个舒适的环境。而这些垃圾，就是瘀血和痰阻这些阴邪。结节不是一天两天形成的，而是邪气长期发展而来的。在刚开始的时候，很可能就是一团痰湿在肺里，肺里有痰湿之后，肺就开始咳嗽往外排痰。痰在肺里面时间久了，就会让肺脏的气血流动受阻，慢慢地血液流通变慢，结节就出现了。

其次，大自然有江河，江河不能堵塞，一堵就泛滥。人体有津液，当津液运化不好,不能顺畅流动的时候,它就会凝聚在一起,先是凝聚成痰,痰湿越聚越多,慢慢地有形的包块就出现了。这些包块西医就叫结节,根据所在的不同部位,结节又分为甲状腺结节、乳腺结节、肺结节、卵巢囊肿、子宫肌瘤、脂肪瘤,等等。在中医看来,它们在本质上是一样的,都是"痰核"罢了。

最后,正气不足,水饮内停,气机逆乱,上迫于肺,所以咽痒咳嗽;痰饮内停,血脉运行受阻成瘀,痰瘀互结,所以有形结节积聚于肺;舌红、舌苔薄黄,脉沉为水饮内停、饮郁化热之征。

方子解读:方子中用蒲公英来清热散结,用以打开肺部结节;莪术软坚散结;白芥子消皮里膜外之痰;猫爪草化痰浊,消郁结。王不留活血通经,是消结节的主药;再加上黄芪来补气扶正。这6味药共奏消痰化瘀、软坚散结、补肺益肾的功效。红花活血养血,用来疏通肺部气血;诃子既能敛肺下气消痰,又可苦泄降火利咽喉。

上面的例子充分说明了,如果用单味药未必能起多大的作用,但各种药物的互相配合却产生了巨大药效,而这种药效的功力是无法用简单的化学合成作定性分析的。药物间尚且如此,那么,人与人间的有效的合作又何尝不是呢?配伍观在管理上的应用即人员的搭配。根据药物间合理的配伍这一原则,在管理过程中同样也可以采用类似思维,尤其是在人力资源管理方面。组织成员间合理的配置往往能产生比较大的效果,以利于组织产生更大合力,主要体现在以下几方面:

第一,组织成员间在专业上的互补。如文+理,或文+文,不同的专业所赋予的知识能力能产生不同的效果。例如影视剧《神探狄仁杰》中的狄仁杰与李元芳,李元芳是员猛将和武将,但是他考虑略有欠缺,离不开狄的思想指导;狄仁杰也需要一名能将来帮他执行具体的方针策略并进行人身保护,所以两个人成了最佳的黄金搭档。在实际的工作过程中,企业管理者可以对员工在专业上进行文科理科的专业搭配,以弥补学科特点导致的思维偏颇,文理搭配可以弥补各自的不足。

第二,组织成员性格上的互补和搭配。活泼与稳重的放在一起,既可保证整体局面合理,又可以调剂工作气氛。如《亮剑》中的李云龙与他的政委赵刚,一个爆一个稳,但两个人搭在一起就形成了巨大的爆发力。

第三,组织成员间在年龄上的配伍。一个组织最好的搭配便是老、中、青三个年龄梯队,一个带一个,老的有经验,年轻人有体力,中年人是骨干,这样就形成了良好的合力。

第四,组织成员间在性别上的配伍。不同性别的人在思维方式上存在着不同的着力点,男女间往往存在不同的思考方式和性格特点,因此,在工作过程中可以根据不同的岗位性质进行性别搭配,所谓"男女搭配,干活不累"说的正是这个理。

中医的药物搭配正是为了发挥不同药性的药物互相作用而产生的作用,人事间的合理搭配能产生的效用同样如此。

第三节 中医的整体系统观

整体系统观念,是指中医学对于人体本身的统一性、完整性以及对人与自然相互关系的整体认识。概括地说,就是认为人体与外界环境是一个统一的有机整体,而人体本身也是一个大体系的缩影(即人身小天地),也是一个统一的有机整体。

一、整体观的理论基础

古人认为任何事物都具有矛盾的两方面,他们通常把万物对立的两方面按其性分为阴阳两大类。万物之阴是相同性,如地、女、母、黑暗、向下、反面、静、柔、冷等统称为阴性。万物之阳亦是相同性,如天、男、父、光明、向上、正面、动、刚、热等为阳。古人根据阴阳对立统一的观点,认为人体是一个有机整体,人体内部也存在着阴阳对立统一的关系。人体的一切组织结构,既是有机联系的,又可以划分为相互对立的阴阳两部分。

1. 对立制约

自然界的一切事物和现象都存在着相互对立的阴阳两个方面。对立的阴阳双方时刻都在相互对立的状态中相互制约着。如寒凉与温热、水与火相互对立。同时,温热可以驱散寒冷,冰凉可以降低高温,水可以灭火,火可以蒸化水液等,温热与火属阳,寒冷与水属阴,这就是阴阳之间的相互制约。阴阳制约的结果,使事物取得了动态平衡。就人身体的正常生理功能而言,功能之兴奋为阳,抑制为阴,兴奋制约抑制,抑制制约兴奋,二者相互制约,从而维持人体功能的动态平衡。

2. 互根互用

阴阳互根是指一切事物或现象中相互对立着的阴阳两个方面,二者具有相互依存、互为根本的关系。阴或阳任何一方都不能脱离另一方而单独存在,每一方都以另一方的存在作为自己存在的前提和条件。如云、大气与雨,这三者阳中有阴,阴阳依存。如果由于某种原因,使阴阳双方这种互根互用的关系遭到破坏,就会导致"孤阴不生,独阳不长"。

3. 消长平衡

"消"是削弱、减少;"长"是增强、增长。阴阳增长是指相互对立又相互依存的阴阳双方不是处于静止不变的状态,而始终处于"阴消阳长"或"阳消阴长"的运动变化之中。阴阳之间的平衡,不是静止的和绝对的平衡,而是始终存在着阴阳双方的消长变化,是动态的、相对的平衡。

一年四季中,由春到夏,寒气(阴)渐减,热气(阳)日增,是"阴长阳消"的过程。一年四季春夏秋冬更迭的规律出现,正是阴阳在消长中保持着相对的动态平衡的结果。

二、整体观的内容

(一) 人体与自然环境的整体关系

中医学的整体观念强调人体内外环境的整体和谐、协调和统一。中医学认为人体是一个有机整体,既强调人体内部环境的统一性,又注重人与外界环境的统一性。外界环境是指人类赖以存在的自然和社会环境。现代系统论认为,生命系统包括细胞、器官、生物体、群体、组织、社区、社会以及超国家系统8个层次。在环境中,生命系统根据不断变化的物质流、能量流和信息流,调节无数的变量而维持生存。天人关系是中国古代哲学的基本问题。在中国古代哲学中,天的含义大体有三:一是指自然之天,二是指主宰之天,三是指义理之天;人的含义大体有二:一是指现实中认知的主体或实践主体,二是指价值意义上的理想人格。天人关系实质上包括了人与自然、社会的关系。中国古代哲学气一元论认为:天人一气,整个宇宙都统一于气。天和人有着物质的统一性,有着共同的规律。中医学根据朴素的唯物主义"天人一气"的"天人合一"说,用医学、天文学、气象学等自然科学材料论证并丰富了天人合一说,提出了"人与天地相参"的天人一体观,强调"善言天者,必有验于人",把人的需要和对人的研究置于天人关系理论的中心地位。

人与自然有着统一的本原和属性,人产生于自然,人的生命活动规律必然受自然界的规定和影响。人与自然的物质统一性决定生命和自然运动规律的统一性。

人类生活在自然界之中,自然界存在着人类赖以生存的必要条件。自然界的运动变化直接或间接地影响着人体,机体则相应地发生生理和病理上的变化。这种"天人一体观"认为天有三阴三阳六气和五行的变化,人体也有三阴三阳六经六气和五脏之气的运动。自然界阴阳五行的运动变化,与人体五脏六腑之气的运动是相互收受通应的。所以,人体与自然界息息相通,密切相关。人类不仅能主动地适应自然,而且能主动地改造自然,从而保持健康并生存下去,这就是人体内部与自然环境的统一性。其具体体现在如下几个方面:

人禀天地之气而生存。中医学认为世界本原于气,是阴阳二气相互作用的结果。天地是生命起源的基地,天地阴阳二气的对立统一运动为生命的产生提供了最适宜的环境。故《素问·宝命全形论》曰:"人生于地,悬命于天,天地合气,命之曰人。""天覆地载,万物悉备,莫贵乎人。"生命是自然发展到一定阶段的必然产物。人和天地万物一样,都是天地形气阴阳相感的产物,是物质自然界有规律地变化的结果。人类产生于自然界,自然界为人类的生存提供了必要条件,故《素问·六节脏象论》曰:"天食人以五气,地食人以五味。"新陈代谢是生命的基本特征。生命既是自动体系,又是开放体系,它必须和外界环境不断地进行物质、能量和信息交换。人是一个复杂的系统。气是构成人体的基本物质,也是维持生命活动的物质基础。它经常处于不断自我更新和自我复制的新陈代谢过程中,从而形成了气化为形、形化为气的形气转化的气化运动。没有气化运动就没有生命活动。升降出入是气化运动的基本形式,故《素问·六微旨大论》曰:"非出入则无以生长壮老已,非升降则无以生长化收藏。""出入废则神机化灭,升降息则气立孤危。"总之,人类是自然界的产物,又在自然界中生存。

自然界对人体的影响。人和自然相统一,人与自然有着共同规律,均受阴阳五行运动规律的制约,而且在许多具体的运动规律上又有相互通应的关系。人的生理活动随着自然界的运动和自然条件的变化而发生相应的变化。所以《素问·天元纪大论》说:"至数之机……其往可追,敬之者昌,慢之者亡。"

（二）人与社会人文环境的整体统一性

1. 人的作息与自然一体

"人与天地相参""与日月相应"。因此,我们的生活方式也要与自然和谐地融于一体。《黄帝内经》的作息时间表很好地体现了人这台机器具体功能的运行规律,而我们就应该按这个时间段来合理安排生产与生活,才能让"人"这台机器工作更持久。

根据天地自然的规律,一年有十二月之分,一天也有十二时辰之分,而每个时辰都对应着人的五脏六腑。因此《黄帝内经》根据这一规律,得出五脏六腑的运行规则,而人们则根据这一规则相应地做好工作安排：

子时（23:00 至 1:00）：胆经当令,此时应熟睡以促进胆的代谢。

丑时（1:00 至 3:00）：肝经当令,是肝脏进行修复和血液更新的重要时段。

寅时（3:00 至 5:00）：肺经当令,此时人体进入阳盛阴衰之时,适合进行深呼吸和静心活动。

卯时（5:00 至 7:00）：大肠经当令,建议起床排便,避免睡懒觉。

辰时（7:00 至 9:00）：胃经当令,适宜吃好早餐以养胃。

巳时（9:00 至 11:00）：脾经当令,是学习和工作的黄金时段。

午时（11:00 至 13:00）：心经当令,适宜小睡以养心。

未时（13:00 至 15:00）：小肠经当令,适宜喝水以促进吸收和排浊。

申时（15:00 至 17:00）：膀胱经当令,适宜饮水以促进泌尿系统代谢。

酉时（17:00 至 19:00）：肾经当令,建议吃清淡晚饭。

戌时（19:00 至 21:00）：心包经当令,保持心情舒畅,适合散步聊天。

亥时（21:00 至 23:00）：三焦经当令,建议睡觉以养百脉。

由此可见,人体是一台非常精密的仪器,其能与自然密切结合,人的身体在不同的时间段由不同的器官起主导作用,引领身体机能的运作。人们爱惜身体就应该遵循《黄帝内经》的作息规律,毕竟身体任何一个"零部件"发生问题,都会影响到"人"这台机器的运作。

2. 人的生活习惯与自然一体

我们的生活习惯,吃、住、穿等也都要根据当地的习惯来进行,如北方人吃面、南方人吃米,西南地区爱吃辣椒,东部地区爱吃糖,都体现了地域性。南方温暖湿润适合种稻子,北方干旱松软土地适宜于种小麦,西南潮湿吃辣椒可以去湿寒,这都是人与自然整体统一性的具体表现。

(三)人体本身是一个有机的整体

中医认为人体本身是一个有机的整体,这主要体现在中医的经络观中。经络是经脉与络脉的总称,是联系全身各部、运行气血、调节机体活动的通路。经络是人体运行气血、联络脏腑形体官窍、沟通上下内外的通道。经和络既有联系又有区别。经指经脉,犹如途径,贯通上下,沟通内外,是经络系统中的主干;络为络脉,如同网络,较经脉细小,纵横交错,遍布全身,是经络系统中的分支。

中医与西医的区别在于,西医原理是头痛医头、脚痛医脚。例如,牙疼,去看西医,给你处理一下,弄点止疼药,或者干掉牙神经,或直接拔掉那颗牙,这样就不会让牙齿产生痛感;而中医则不同,它是从人的整体角度去观察,看看是否因为生活作息问题引起五脏的劳累,还是因为哪个环节的问题而引起的牙疼问题。正因为人是一个整体,人的身体无论哪个部位出了问题,都会从身体的其他部位反映出来。例如,牙疼压合谷穴和内庭穴,就是根据大肠经和胃经的经络所致。

人的身体内部还有奇经八脉,这些经络联系了整个身体脉络。经络学的理论告诉我们,世间万物都是一个系统,而系统又由事物的各细枝末节构成,系统上的任何一个关节都能影响到全局。企业也同样如此,在管理过程中我们要把企业的运行放在一整体上来看。

(四)中医的整体观对企业管理的启示

同理,企业就是一个整体系统,系统内部就相当于人体内部的各脏器,每个部门(脏器)都有各自不同的功能,他们在企业运营中各自运行、缺一不可。只有建立在企业的整体系统观上,企业才能发挥其最大效力,各组织的效用也同样如此。

在管理学中,系统是指由若干相互依存、相互作用的要素或系统组合而成的具有特定功能的有机整体。从系统形成方式看,可分为自然系统和人造系统。自然系统是由自然物质组成的系统,人造系统则是人为了实现某种目的而有意识地建立的系统。从系统是否与环境交互作用看,则可分成封闭系统和开放系统。

系统具有整体性、相关性、有序性及与外部环境的互动性的特点。整体性是指从构成上来看，系统是由若干既相互联系又相互区别的要素构成的整体。从功能上来看，系统的整体功能实现依赖于要素的相互作用。相关性是指系统各要素之间的相互制约、相互影响、相互依存的关系。系统的有序性是指系统在相对稳定的结构状态下有序运行。其主要表现在两个方面：第一，系统内各要素相互作用的层次性，即构成系统的各要素在不同的层次上发挥作用。第二，系统要素相互作用的方向性，即系统各要素在纵向的各层次间和横向的各环节间朝一定的方向交互作用。系统与外部环境的关系是互动的，一方面，系统要根据环境的特点及变化选择并调整自己的活动；另一方面，系统会通过自己的活动去影响和改造环境，使环境朝有利于自己的方向变化。

管理活动所要处理的每一个问题都是系统中的问题。因此，解决每一个具体的问题，不仅要考虑该问题的解决对直接相关的人和事的影响，还要顾及对其他相关因素的影响；不仅要考虑到目前的影响，还要考虑到对未来可能产生的影响。只有把局部与整体、内部与外部、目前与未来统筹兼顾、综合考虑，才能妥善地处理组织中的每一个问题，避免顾此失彼。

在管理过程中，组织及其管理活动是一个多元、多级的复杂系统。在这个系统中，不同层次的管理者有着不同的职责和任务。各管理层次必须职责清楚、任务明确，并在实践中各司其职，各行其权，各负其责，以正确发挥各自的作用，实现管理的目标。如果管理工作层次不清、职责不明，或者虽然层次分明，但上级越权指挥、下级越权请示，不按组织层次展开工作，则可能使管理系统变得一片混乱。

组织和环境的作用是交互的，管理者不仅应根据系统论的观点，注意研究和分析环境的变化，及时调整内部的活动和内容，以适应市场环境特点及变化的要求，而且应努力通过自己的活动去改造和开发环境，引导环境朝着有利于组织的方向发展变化。

第四节　中医的思辩观

中医具有完整的理论体系，其独特之处就在于"天人合一""天人相应"的整体观及辨证观，强调人与自然的和谐统一。而这种天人合一思想认为，人的生命活动规律以及疾病的发生都与自然界的各种变化(如时节、气候、地域、昼夜、晨昏等)息息相关,人们所处的自然环境不同及其对自然环境的适应程度不同,其体质特征和发病规律亦表现不同。因此,在诊断治疗同一种疾病时,应注重因时、因地、因人制宜,不能千篇一律。同时,中医对人体各个组织、器官的看法也是统一辩证的思维,它们在生理上和病理上都是互相联系、互相影响的,因而不能孤立地头痛医头、脚痛医脚,而应该从整体的角度来对待疾病的治疗与预防。中医特别强调"整体观",提倡在人的整体中对疾病的发生、发展、诊断、治疗进行辩证的思考。

一、形体与精神的辩证统一

1. 阴阳辩证思维

阴阳学说认为,阴阳是宇宙中相互关联的事物或现象对立双方属性的概括。阴阳最初是指日光的向背,向日光为阳,背日光为阴。阴阳的交互作用包括阴阳交感、对立制约、消长平衡、相互转化。自然界的万物(包括人)皆由阴阳两大类物质构成,阴阳两类物质既相互对立又相互依存,并处于时刻运动与变化之中。在正常生理状态下,人本处于一种动态的平衡之中,一旦这种动态平衡受到破坏,即呈现为病理状态,通过对人体阴阳变化的分析,可知疾病的发生和发展情况。而在疾病的治疗中,以纠正阴阳失衡为原则,从动态的角度出发,配以不同的施治方法和手段,恢复阴阳的平衡,可以达到健康的目的。在预防和养生方面强调阴阳和时令的结合,则可以维护阴阳平衡。

2. 精气转化的辩证思维

气是构成天地万物的原始物质。气的运动称为"气机",有"升、降、出、入"四种运动形式。由运动而产生的各种变化,称为"气化",如动物的"生、长、壮、老、已",植物的"生、长、化、收、藏"。气是天地万物之间的中介,气的运行使天地万物得以交感相应,如"人与天地相参,与日月相应"。中国古典医学思想认为,天地之精气化生为人。中医认为气、血、津液是构成和维持人体生命活动的基本物质,气的生成源自先天与后天。禀受于父母的精气,称为"先天之气"。肺吸入自然的清气,与脾胃运化水谷产生的水谷之气,合称为"后天之气"。气有推动、温煦、防御、固摄、气化、营养等作用。中医将人体的气分为元气、宗气、营气、卫气、脏腑之气、经络之气。气的"升降出入"运动失常,称为"气机不调",其表现形式有气滞、气郁、气逆、气陷、气脱、气闭等,通过对气机的观察可辨识人体健康和疾病状况。

3.藏象间的辩证思维

藏指人体内的五脏六腑、奇恒之腑,通称为脏腑。象包括形象、征象和应象,形象即脏腑的解剖形态;征象即脏腑表现于外的生理病理;应象即脏腑相应于四时阴阳之象。透过外在"象"的变化,以测知内在"藏"的生理、病理状态,称为"从象测藏",即"视其外应,以知其内脏"。"脏腑"不单是解剖形态的概念,而是包括解剖、生理、病理在内的综合概念。中医将人体脏腑分为五脏(肝、心、脾、肺、肾)、六腑(胆、胃、大肠、小肠、膀胱、三焦)和奇恒之腑(脑、髓、骨、脉、胆、女子胞),五脏的功能为"化生和储藏精气",六腑的功能为"腐熟水谷、分清泌浊、传化糟粕"。所以当不同脏腑出现不同的病机变化都将在外象有所表现,从而通过对象的辨识可知病之所在。

藏象学说中的"藏"是指隐藏于人体内的脏腑器官,即内脏。象有两种含义,一是指脏腑器官的形态结构,如"心象类圆,形如莲花"。精神统一于形体,精神是由形体产生出来的生命运动。我们可以从表象看出其内在的变化,如从人的脸色看出人的身体状况。人面部气色明润有光华,筋骨有力,肌肤丰泽,指爪有光泽,毛发浓密有光,就意味着人的五脏功能正常,没有大的疾病。

4.五行相生相克的辩证思维

五行学说。五行学说是古代的一种朴素的唯物主义哲学思想,属元素论的宇宙观,是一种朴素的普通系统论。五行学说认为,宇宙间的一切事物,都是由木、火、土、金、水五种物质元素组成的,木、火、土、金、水分别代表肝、心、脾、肺、肾。中医五行学说是研究人体整体的各个系统之间的关系,并且通过中药、按摩、针灸,甚至心理治疗的方法和手段去调节各个系统之间的平衡,以此保持身体健康。

自然界各种事物和现象的发展变化,也都是这五种物质不断运动和相互作用的结果。古人在长期的生活和生产实践中,在对木、火、土、金、水五种物质的直观观察和朴素认识的基础上,进行抽象而逐渐形成的理论概念,是用以识别和归纳各类事物五行属性的基本依据。五行特性概括为"水曰润下,火曰炎上,木曰曲直,金曰从革,土曰稼穑"。

五行相生。自然界中的五行,彼此间通过相生与相克的变化维持着一种平衡关系。相生,指金、木、水、火、土等物质间具有相互滋生和助长的关系,这种关系称为"母子关系"。即金生水、水生木、木生火、火生土、土生金。而这五种物质间又彼此相互制约,即金克木、木克土、土克水、水克火、火克金。

五行相乘、相侮。乘,是指乘虚侵袭之义。五行中某一行对其所胜一行的过度克制,即相克太过,是事物间关系失去相对平衡的一种表现,即木乘土、土乘水、水乘火、火乘金、金乘木。五行中某一行对其所不胜一行的反向克制,即反克,又称"反侮",是事物间关系失去相对平衡的另一种表现。即木侮金,金侮火,火侮水,水侮土,土侮木。在中医里,用五行来代替人体的五脏系统的功能和关系。用五行的相生、相克、相侮等关系来制约着五脏器官的运行规律。肝胆是木,心、小肠是火,脾胃是土,肾、膀胱是水,肺、大肠是金。

二、辩证观的实践

"望、闻、问、切"是中医判断人体病诊的手段和方式。一个优秀的医生就是通过这种手段去观察个体的外观、形象、声音、脉搏的变化来判断个体的具体情况,然后再根据其内因手段在问诊中的使用。望,是观察病人的神、色、形、态的变化。神是指精神、神气状态;色是五脏气血的外在荣枯色泽的表现;形是形体丰实虚弱的征象;态是动态的灵活呆滞的表现。这就是通过对病人面目、口鼻、齿、舌和苔、四肢、皮肤进行观察,以了解病人的"神"。闻,是指听声音和嗅气味两方面,医生凭听觉了解病人的语音、呼吸、咳嗽、呻吟等声音变化和借助嗅觉嗅取病人口腔和排泄物的气味,用以协助辨别疾病的寒、热、虚、实。问,是指通过问诊来了解患者起病时间、发病原因、病情经过、现在自觉症状、饮食、睡眠及既往病史,再结合其他三诊,做出判断。问诊涉及内容广泛,与西医问诊基本相同,但从中医辨证论治需要出发,应甄清寒热、汗、身感、大小便、饮食、胸腹、耳、口等各种状况,以真实地了解病因或病况。切,是指脉诊和触诊。脉诊指切脉,掌握脉象。触诊,就是以手触按病人的体表病变部分,察看病人的体温、硬软、拒按或喜按等,以助诊断。

中医通过"望、闻、问、切"四种方法来掌握病人的情况,了解成因及其发展,从而来判断事物的发展规律。其中,《扁鹊见蔡桓公》中所讲述的故事正是医生从外形来判断人的身体内部问题事例。

"望、闻、问、切"同样也可以体现在对企业的诊断上。例如,20年前山东青岛的出租车司机评价海尔的员工,说他们与别的企业的人不一样,海尔员工的脸上都有种朝气,而有些企业体现出的是一种暮气,那说明企业内部有问题了。所以说,望、闻、问、切在企业管理中同样适用,当然这需要一定的水平,正可谓"内行看门道,外行看热闹",内行人士光从企业员工的气色、员工的办事效率上就可以判断企业的内在情况。

第五节　中医的预防观

一、中医预防观的理论发展

中医从人体健康保健、疾病预防、疾病辨证施治等充分体现了预防的思想观念。早期的中医书里就强调了预防的重要性,如《伤寒杂病论》里说:"夫人禀五常,因风气而生长。风气虽能生万物,亦能害万物,如水能浮舟,亦能覆舟。若五脏元真通畅,人即安和。夫治未病者,见肝之病,知肝传脾,当先实脾。四季脾旺不受邪,即勿补之。"《金匮要略》也认为:"上工治未病,何也?师曰:中工不晓相传,见肝之病,不解实脾,惟治肝也。夫肝之病,补用酸,助用焦苦,益用甘味之药调之。酸入肝,焦苦入心,甘入脾。脾能伤肾,肾气微弱则水不行,水不行则心火气盛,心火气盛则伤肺,肺被伤则金气不行,金气不行则肝气盛,肝必自愈,此治肝补脾之要妙也。肝虚则用此法,实则不可用之。经曰:'勿虚虚,勿实实,补不足,损有余。'是其义也。余脏准此。上药一百二十种,为君,主养命以应天,无毒。多服、久服不伤人。欲轻身益气,不老延年者,本上经。上药令人身安命延,升天神仙,邀游上下,役使万灵,体生毛羽,行厨立至。中药养性,下药除病,能令毒虫不加,猛兽不犯,恶气不行,众妖并辟。凡药上者养命,中者养性,下者养病。"

唐代的孙思邈把"治未病"完善成"上工治未病,中工治欲病,下工治已病"。意思是说,最优秀的医生是防止人生病,他们根据阴阳、五行等规则预测相应的病症可能的发展变化,进行实时预防,以保健康。一般的医生是把那些将要发病的情况给解决掉,而最差的医生则专治那些已经有问题的病人。

在现实生活中,我们同样也会犯此类错误,所有的问题都是隐藏在正常情形之下的。但是,我们大部分人都缺少一双"慧眼",无法透过现象去看其内在的问题,而一味地停留在表象上。大部分人都不知道自己的水平,却认为自己眼光一流,从而制造管理混乱局面。此时,即使有人像"先知"一样指出有可能出现更混乱的局面,但是那些大多数人会把这个"先知"直接撂倒、干掉。因为大部分人看不到优秀的人能看到的东西,更加想不到其后面所产生的结果,反而认为这个人不协调,唱反调,不随大流,所以这就成为组织里最可怕的因子。这正是组织有"病"而不自知的表现。

中医经典著作将治国与医理相联系,认为治国与防病、治病同理。《黄帝内经》云:"故主明则下安,以此养生则寿,殁世不殆,以为天下则大昌。主不明则十二官危,使道闭塞而不通,形乃大伤,以此养生则殃,以为天下者,其宗大危,戒之戒之。夫治民与自治,治彼与治此,治小与治大,治国与治家,未有逆而能治之也,夫惟顺而已矣。顺者,非独阴阳脉,论气之逆顺也,百姓人民皆欲顺其志也。夫九针者,小之则无内,大之则无外,深不可为下,高不可为盖,恍惚无穷,流溢无极,畲知其合于天道人事四时之变也,然余愿杂之毫毛,浑束为一,可乎?明乎哉问也,非独针道焉,夫治国亦然。"治国要以通达为要,顺时、顺势为重,要使各部门沟通顺畅,信息传递通达,管制办法实用且恰到好处,这也相通于人体预防、保健和疾病治疗之理。

一名真正优秀的医生,是治未病;同理,一名优秀的管理人员,应具有能防止可能会发生问题的能力,而不是等问题出现后再想办法阻止。当然,问题发生后第一时间应想办法解决,而不是把这个问题弃之不管,更不是制造新的问题和矛盾。例如,一名主管,他应该非常注重企业内部员工的状态,而如果他没有细心关心员工的家庭生活、困难状况、身体健康,一味地给人家施加各种压力,结果导致企业内部员工怨气冲天,这其实是企业要出问题的症状之一;发展到后来,企业所有的员工都会惰工、磨洋工。如果这时管理人员再不重视员工士气问题,那么这个企业迟早也以破产而告终。

世界卫生组织研究表明,人体健康有15%取决于遗传,10%取决于社会条件,8%取决于医疗条件,7%取决于自然环境,60%则取决于人的日常生活方式。由此可见,人的身体健康在于日常的预防,尤其是日常的生活作息要规律。

中医一直主张,未病先防病、已病防变,"故邪风之至,疾如风雨,故善治者治皮毛,其次治肌肤,其次治筋脉,其次治六腑,其次治五脏,半死半生也"。治国亦然!

二、预防观的内容及启示

根据中医的理论,人们的生活必然符合天、地、时的规律。因此,我们的生活作息就要符合规律、合理安排工作时间。企业内部的轮班制度的安排也要考虑人与机的因素,唯有如此,才能创造和谐的工作环境,达到企业内外部各类关系的圆融。同时,在工作和生活过程中,为了保证人体机器的健康,还需要合理安排饮食;而为了可持续性地生活,工作与生活两者关系要保持平衡。

在预防过程中也要防止过度预防行为。如为了防止感冒,先把各种消炎药吃下去再说,免得感冒,这是预防吗？不是。这是提前吃毒,把自己的天生免疫系统干掉了。再例如,为了防止精神病患,于是有人提出去医院检测,结果大家都到医院检测,就是为了证明自己不是精神病。这么一来,如果长久折腾,不病也成病了。这不是顺道,这是迷信,大家迷信机器,把机器当成了万能的,除了把人的身体搞坏,其实没有任何好处。

企业要做好正常的预防工作,做好日常的正常安排,但也不可过度预防。因为预防而限制企业和人们的正常工作与生活,这是逆自然行为。

思考题

1. 中西医的治病思路有何不同？
2. 中医的整体观如何体现人与自然相统一的思想？
3. 中医的治未病思想对管理有何启示？
4. 中医的"望、闻、问、切"的思想对企业的诊断有何借鉴？
5. 如何理解中医"上工治未病,中工治欲病,下工治已病"的观点？

案例故事

一、张仲景治穷病

东汉时期,洛阳一带常年荒旱,瘟病流行,人们缺医少药,不少人死于病魔。这事传到了张仲景的耳朵里,他不顾年迈多病,从南阳来到洛阳行医。无论官宦之家还是庶民百姓,凡来求诊的人,张仲景都热情接待,细心诊治,每每药到病除,以至于声名远播。

一个冬天的早晨,天刚蒙蒙亮,张仲景家的门就被一个叫李生的孩子叩响了。衣衫褴褛、骨瘦如柴的李生见了张仲景后,怯生生地说:"大人,您是神医,求您可怜可怜我这个无依无靠的孤儿,给我看看病吧!"张仲景让李生坐下,拉过他的手,认真地切起脉来,然后又看过舌苔、气色,最后肯定地说:"你根本没有病。"

"我有病!我是穷病,请大人诊治!"李生声泪俱下地说。原来李生父母双亡,他卖掉全部家产后才勉强安葬了父母,可现在地主又逼他还账。因此他恳求张仲景为他开一剂灵丹妙药,医治他的"穷病"。

张仲景听了李生的哭诉,很久没说话。他行医多年,治好的病人不计其数,但治穷病还是头一回。他让弟子给李生取了两个馍,又沉思良久,写下了一个药方:白茅根,洗净晒干,塞满房屋。

李生看到这个药方后,十分纳闷,但又不好细问。他回到自己住的破庙后,就召集穷苦人家的孩子,到茅草地里刨起茅草来。不几天,他们就把村子附近的茅草都刨完了。李生住的那个破庙,里里外外被茅草根塞得满满当当的。

这年冬天,洛阳一带没落一片雪。第二年春天,也没下一滴雨,空气干燥,疫病蔓延。洛阳城的达官贵人都争先恐后地请张仲景看病。张仲景让弟子在这里应诊,自己则来到李生所住的村子,为穷苦百姓看起病来。

针对这次疫情所表现出来的病征,张仲景开的方子里都少不了白茅根,少则三钱,多则一两。其他医生见张仲景如此用药,也都暗中仿效。这样,没过多久,白茅根便成了奇缺的珍贵药材。药铺里卖断了货,张仲景师徒就介绍他们去李生那里购买。李生见穷人来买,就少收或不收钱;见富人来买,就高价出售。

这场瘟疫过去后,李生大赚了一笔。他用这笔钱到京城买回粮食,分发给穷苦百姓。因李生为乡亲们办了好事,乡亲们纷纷过来,合力帮他修建了一间茅屋。从此,李生有了自己的住处,过上了安稳的生活。

李生感念张仲景恩德,更惊叹他的先见之明,便问张仲景是如何判断出疫情的。张仲景不慌不忙地说出了其中的道理。原来他根据一冬无雪、气候干燥、百病杂生的现象,推测来年春天瘟疫定会流行。而那荒郊野生的茅草根有清伏热、消瘀血、利小便的功能,正是治瘟疫的良药。

二、因地制宜

春秋末年,伍子胥逃到吴国,吴王很器重他。一次,吴王征询伍子胥有什么办法能使吴国强盛起来,伍子胥说:"要想使国家富强,应当由近及远,按计划分步骤做。首先要修好城市的防御工事,把城墙筑得既高又坚实;其次应加强战备,充实武库,同时还要发展农业。充实粮仓,以备战时之需。"吴王听了高兴地说:"你说得很对!修筑城防,充实武库,发展农业,都应因地制宜,不利用自然条件是办不好的。"

这种"因地制宜"的措施果然使吴国很快强盛起来。无独有偶,18世纪,法国的启蒙思想家孟德斯鸠也提出过一项因地制宜、治理国家的政策,即"地理环境决定论"。他认为:土地膏腴,出产丰富,使人因生活富裕而柔弱怠惰,贪生怕死,这些地区的国家常是"单人统治的政体";土地贫瘠和崎岖难行的多山国家,人民勤奋耐劳,生活俭朴,勇敢善战,他们不易被征服,常是"数人统治的政体"。他建议立法者考虑不同的地形环境、气候因素来制定恰当的法律。

中医强调因地制宜治疗疾病。因为不同的地区所引起的疾病各不相同。在西北高原地区,气候寒冷,干燥少雨,当地人们依山陵而居,常处在寒风凛冽之中,多吃牛羊乳汁和动物骨肉,故体格健壮,不易感受外邪,其病多内伤;而东南地区草原沼泽较多,地势低洼,温热多雨,人们的皮肤色黑,腠理疏松,多易致痈疡,或易致外感。因此,治疗时就应该根据地域不同,区别用药。如同为外感风寒,则西北严寒地区,用辛温发散药较重;而东南地区,用辛温发散药较轻,这就是因地制宜原则在中医学上的具体应用。

参考文献

陈传明. 管理学[M]. 北京:高等教育出版社,2020.
苏东水. 东方管理学[M]. 上海:复旦大学出版社,2005.
赵晓雷. 中国经济思想史[M]. 长春:东北财经大学出版社,2013.
姜杰. 管理思想史[M]. 北京:北京大学出版社,2012.
姜杰. 中国管理思想史[M]. 北京:北京大学出版社,2011.
吴照云. 中国管理思想史[M]. 北京:经济管理出版社,2017.
赵靖. 中国经济管理思想史教程[M]. 北京:北京大学出版社,1993.
钱穆. 中国思想史[M]. 北京:九州出版社,2012.
方豪. 中西交通史[M]. 上海:上海人民出版社,2008.
[英]斯图尔特·克雷纳. 管理百年[M]. 闾佳,译. 北京:中国人民大学出版社,2013.
周髀算经[M]. 胡永斌,译注. 重庆:重庆出版社,2023.
张闻玉. 古代天文历法讲座[M]. 桂林:广西师范大学出版社,2021.
冯时. 中国天文考古学[M]. 北京:中国社会科学出版社,2017.
陈久金. 中国古代二十八宿[M]. 西宁:青海人民出版社,2022.
陈久金. 中国古代天文历法[M]. 西宁:青海人民出版社,2022.
田合禄. 五运六气天文历法基础知识[M]. 太原:山西科学技术出版社,2016.
周春才. 漫画易经[M]. 台北:易冠出版有限公司,2011.
曾仕强,刘政君. 易经真的很容易[M]. 西安:陕西师范大学出版社,2012.
张其成. 张其成全解周易[M]. 北京:华夏出版社,2018.
张文木. 气候变迁与中华国运[M]. 北京:海洋出版社,2017.
路辉. 古中医天文学:无极之境[M]. 北京:中国中医药出版社,2017.
周易[M]. 杨天才,译注. 北京:中华书局,2016.
庄子[M]. 孙通海,译注. 北京:中华书局,2016.
萧天石. 道德经圣解[M]. 北京:华夏出版社,2007.

姬氏道德经[M].姬英明,译注.北京:朝华出版社,2019.

张汝舟.二毋室古代天文历法论丛[M].贵阳:贵州大学出版社,2016.

徐复观.中国人性论史·先秦篇[M].北京:九州出版社,2014.

吕澂.中国佛学流略讲[M].北京:中华书局,2021.

释印顺.中国禅宗史[M].北京:中华书局,2021.

蒋维乔.中国佛教史[M].北京:商务印书馆,2015.

汤用彤.汉魏两晋南北朝佛教史[M].北京:商务印书馆,1997.

[美]格里高利·克拉克.应该读点经济史[M].北京:中信出版社,2009.

毛泽东.西藏工作文选[M].北京:中央文献出版社、中国藏学出版社,2001.

[德]黑格尔.历史哲学[M].王造时,译.上海:上海书店出版社,2007.

[美]埃尔斯沃思·亨廷顿.文明与气候[M].吴俊范,译.北京:商务印书馆,2020.

孙文晔.东方行纪——700多年来马可·波罗故事的去伪与存真[N].北京日报,2023—06—27(09).

[美]保罗·肯尼迪.大国的兴衰:1500—2000年的经济变迁与军事冲突[M].北京:国际文化出版社,2006.

[德]马克思,恩格斯.马克思恩格斯全集(第二、三卷)[M].北京:人民出版社,1985.

[法]西斯蒙第.政治经济学原理[M].何钦,译.北京:商务印书馆,1964.

[英]边沁.道德与立法原理导论[M].时殷弘,译.北京:商务印书馆,2000.

方振邦.管理思想百年脉络:影响世界管理进程的百名大师[M].北京:中国人民大学出版社,2012.

何星亮."文化自信"理念的形成及其意义——学习十九届五中全会精神的体会[J].民族研究,2021(2):32—38.

颉茂华,扎力嘎胡,陶娅.中国工商管理学:实践探索、理论创新与历史使命[J].财会月刊,2021(5):114—120.

张强,唐泳,卢启程.管理学教材建设的中国式管理缺失问题研究[J].管理观察,2015(29):135—137.

吕福新.东方管理学的建树、创新和发展[J].商业经济与管理,2003(12):33—36.

张兵红,吴照云.中国管理理论概念研究:演变、重构及延伸[J].商业经济与管理,2021(11):47—61.

曹振杰,王学秀."管理学在中国"研究的理论反思与实践探索——第2届"管理学在中国"学术研讨会综述[J].管理学报,2010(2):159—170,253.

左益寰.阴阳五行家的先驱者伯阳父、史伯是一人而不是两人[J].复旦学报:社会科学版,

1980(1):97—100.

赵士孝.《易传》阴阳思想的来源[J].哲学研究,1996(8):70—78.

张华清.儒家起源问题辨析[J].管子学刊,2013(1):28—33,60.

韩延明,李文婷.探析孔子的"仁爱"思想及其和谐社会理念[J].江苏社会科学,2011(4):76—82.

张金光.秦制研究[M].上海:上海古籍出版社,2004.

王晓毅.慎到的法理学说[J].东岳论丛,2001(6):110—113.

孙小迎.试论慎到的"分权"思想[J].广西大学学报:哲学社会科学版,1988(S1):78—80.

戴木茅.法治臣民,术防重臣——韩非法术观论析[J].政治思想史,2017,8(4):1—18,197.

孙君恒,高珍.墨家为功利主义学派论[J].江汉论坛,2013(4):69—72.

姜义华.胡适学术文集(下册)[M].北京:中华书局,1991.

冯友兰.贞元六书·新原道(下)[M].上海:华东师范大学出版社,1996.

孙诒让.墨子间诂[M].北京:中华书局,2001.

陈逢治.论墨子"善守御"的军事防御策略[J].齐鲁学刊,2006(5):27—31.

程恭让.释迦牟尼及原始佛教思想的交流性问题[J].五台山研究,2021(1):25—31.

何哲.无我、平等与慈悲:中华大乘佛家思想与人类治理体系完善[J].江南大学学报:人文社会科学版,2022(12):84—97.

中央档案馆.中共中央文件选集(1949.10—1965.5)第17册[M].北京:人民出版社,2013.

中共中央文献研究室.毛泽东年谱(1949—1976)第2卷[M].北京:中央文献出版社,2013.

中共中央文献研究室.毛泽东思想年编(1921—1975)[M].北京:中央文献出版社,2011.

中共中央文献研究室.习近平关于社会主义社会建设论述摘编[M].北京:中央文献出版社,2017.

中共中央文献研究室.习近平新时代中国特色社会主义思想专题摘编[M].北京:中央文献出版社,2023.

习近平.习近平谈治国理政[M].北京:外文出版社,2020.

张金光.秦制研究[M].上海:上海古籍出版社,2004.

欧阳凤莲.《商君书》户籍管理思想与秦国户籍管理制度[J].古代文明,2009(2):57—63.

姜义华.胡适学术文集(下册)[M].北京:中华书局,1991.

黄帝内经[M].北京:人民卫生出版社,1963.

彭子益.圆运动的古中医学[M].北京:中国中医药出版社,2007.

曲黎敏.曲黎敏精讲《黄帝内经》[M].天津:天津科学技术出版社,2019.

张传玺,李培浩.中国古代史纲[M].北京:北京大学出版社,1985.

翦伯赞.中国史纲要(上册)[M].北京:人民出版社,1966.

周志强.中国古代思想史[M].南宁:广西人民出版社,2006.

范广增.中国古代管理思想荟萃[M].北京:科学技术文献出版社,1992.

樊国华.先秦诸子与管理哲学[M].北京:新华出版社,1991.

何奇.中国古今管理思想选萃[M].北京:企业管理出版社,1987.

李安拙,刘应时.中国古代管理文选[M].长沙:湖南文艺出版社,1987.

刘云柏.中国儒家管理思想[M].上海:上海人民出版社,1990.

黎红雷.儒家管理哲学[M].广州:广东高等教育出版社,1993.

潘承烈等.中国古代管理思想之今用[M].北京:中国人民大学出版社,2001.

孙聚友.儒家管理哲学新论[M].济南:齐鲁书社,2003.

中国古代管理思想编写组.中国古代管理思想[M].北京:企业管理出版社,1986.

黄钊.道家思想史纲[M].长沙:湖南师范大学出版社,1991.

邵汉明.名家讲解庄子[M].长春:长春出版社,2007.

陆钦.庄子通义[M].长春:吉林人民出版社,2005.

陈引驰.庄子精读[M].上海:复旦大学出版社,2005.

钱宪民.庄子选评[M].上海:上海古籍出版社,2004.

张荣明.庄子传奇庄子百问[M].合肥:安徽文艺出版社,1997.

张与弛.道家的管理之道[M].北京:中国商业出版社,2007.

胡道静.十家论庄[M].上海:上海人民出版社,2004.

王先谦注.庄子集解[M].北京:中华书局,1991.

谢祥皓,李思乐.庄子序跋论评辑要[M].武汉:湖北教育出版社,2001.

王夫之.庄子解[M].北京:中华书局,1981.

李锦全,曹智频.庄子与中国文化[M].贵阳:贵州人民出版社,2001.

王德有.庄子神游[M].北京:社会科学文献出版社,1999.

姚蒸民.法学哲学[M].台北:台湾东大图书股份有限公司,1986.

李海生.近现代的先秦法家研究法相尊严[M].沈阳:辽宁教育出版社,1997.

沈德鸿.万有文库(第一集)[M].北京:商务印书馆,1935.

潘乃樾.韩非子与现代管理[M].北京:中国经济出版社,1995.

熊礼汇,茅穗穗.韩非子与现代管理[M].上海:学林出版社,1999.

李明德,马小红.中国古代法律的社会特征[M].北京:中共中央党校出版社,1993.

张国际.《慎子》研究[D].郑州:郑州大学,2005.

王永祥,潘志锋,惠吉兴.燕赵先秦思想家公孙龙、慎到、荀况研究[M].保定:河北大学出版社,2002.

朱日耀.中国政治思想史[M].北京:高等教育出版社,1992.

冯友兰.中国哲学史新编(第一册)[M].北京:人民出版社,1982.

张有智.先秦三晋地区的社会与法家文化研究[M].北京:人民出版社,2002.

武树臣.法家思想与法家精神[M].北京:中国广播电视出版社,1998.

圣严法师.正信的佛教[M].上海:上海佛学书局,2008.

沈行如,吴信如.般若与业力[M].北京:民族出版社,2002.

宣化上人.六祖法宝坛经浅[M].北京:宗教文化出版社,2006.

南怀瑾.如何修证佛法[M].北京:北京师范大学出版社,1993.

丹明.虚云大师说禅[M].兰州:甘肃文化出版社,2005.

净空法师.净空法师法语[M].上海:上海佛学书局,1993.

张纯一.墨子集解[M].成都:成都古籍书店,1988.

方援楚.墨学源流[M].北京:中华书局,1989.

张纯一.墨子间诂笺[M].北京:台北艺文印书馆,1975.

栾调甫.墨子研究论文集[M].北京:北京人民出版社,1957.

詹剑峰.墨子的哲学与科学[M].北京:人民出版社,1981.

王冬珍.墨子思想[M].台北:台湾正中书局,1987.

陈问梅.墨学之省察[M].台北:台湾学生书局,1988.

郑杰文.20世纪墨学研究史[M].北京:清华大学出版社,2002.

傅云龙.中国哲学史上的人性问题[M].北京:求实出版社,1982.

蔡尚思.十论墨家[M].上海:上海人民出版社,2004.